U0925731

国家社会科学基金项目研究成果

图书馆服务与管理丛书

基于用户需求的图书馆服务质量评价研究

主　编　吴冬曼

副主编　邵　敏　郭依群　张喜来

上海交通大學出版社

内容提要

本书是国家社会科学基金项目“基于用户需求的图书馆服务质量评价研究”(项目编号:06BTQ001)的最终研究成果。本书以当前国际图书馆界主流的评价模式作为研究基点,借鉴美国研究图书馆协会(ARL)设计推出的LibQUAL+®的原理和方法,根据中国国情和馆情,在对用户需求进行充分调研的基础上,结合国内外多个图书馆开展服务评价的实践,经过系统的理论研究和实证检验,跨越不同类型和规模的多个图书馆,构建基于我国本土图书馆用户需求的图书馆服务质量评价体系,其中包括适合大学图书馆、公共图书馆和专业图书馆的不同评价指标,以及与评价实施方案相关的评价程序、评价方法和各种文档及软件系统。本书调查研究的内容一定程度上揭示了我国研究型图书馆服务质量状况,对研究型图书馆服务工作具有积极的促进作用,有助于推动我国图书馆服务评价的理论研究。本书可供各级各类图书馆管理人员、实践工作者、高校图书馆学情报学以及信息管理类师生阅读和参考。

图书在版编目(CIP)数据

基于用户需求的图书馆服务质量评价研究/吴冬曼主编. —上海:上海交通大学出版社,2012

ISBN 978-7-313-08542-9

Ⅰ.基... Ⅱ.吴... Ⅲ.图书馆服务—服务质量—研究—中国 Ⅳ.G252

中国版本图书馆CIP数据核字(2012)第107364号

基于用户需求的图书馆服务质量评价研究

吴冬曼 **主编**

上海交通大学出版社出版发行

(上海市番禺路951号 邮政编码200030)

电话:64071208 出版人:韩建民

浙江云广印业有限公司 印刷 全国新华书店经销

开本:787mm×960mm 1/16 印张:15.75 字数:295千字

2012年8月第1版 2012年8月第1次印刷

印数:1~2030

ISBN 978-7-313-08542-9/G 定价:50.00元

版权所有 侵权必究

告读者:如发现本书有印装质量问题请与印刷厂质量科联系

联系电话:0573-86577317

总 序

图书馆学作为一门学问在其产生初期是以指导图书馆实务为宗旨的。1807年，德国人施雷廷格提出了“图书馆学”这个专门名词，那时关注更多的是图书馆目录编制的问题。19世纪下半叶作为一门近代科学的图书馆学逐步发展起来，但那时比较偏重实务，所以常以“图书馆经济”(英文为library economy，日文为“图书馆经营”)名之。1931年印度人阮冈纳赞发表《图书馆学五定律》，探讨图书馆工作的基本规律。1933年美国人巴特拉《图书馆学导论》出版，于是以研究图书馆的发生发展、组织管理及工作规律的图书馆学逐步成熟起来。尤其是20世纪是科学技术的世纪，也是学科兴盛的时代。伴随20世纪60至70年代计算机科学的发展，情报学迅速成熟起来。信息革命改变了社会信息交流方式，也影响了图书馆及图书馆学。图书馆(学)概论在一段时间里处于不明朗状态。不久，图书馆学与迅速发展的情报学结盟(commons)，进入图书馆学、情报学携手共进的时代。为了突出现代科学的成分，很多图书馆学系纷纷改名，将图书馆学系改名为图书馆情报学系、信息管理学系等，其重心逐步向情报学倾斜。

由于企事业单位及政府部门对图书馆学情报学专业人员的需求迅速增长，以及图书馆从业人员资格证书制度尚未建立等原因，图书馆在图书馆学情报学专业的就业市场份额中所占的比例越来越小。图书馆就业面越小，面向图书馆的课程所占比例也越小，这种恶性循环直接影响了图书馆学情报学专业的正常发展。图书馆与图书馆学出现了逐渐分离的趋势。

图书馆学的研究对象是图书馆，因此早期大量研究聚焦图书馆本身，图书馆“三要素”、“五要素”之说曾经影响图书馆界数十年。但后来的几十年里图书馆学的关注点转移，图书馆不再成为学科研究的重点对象。虽然图书馆学与其他学科的融合有利于学科本身的深化和发展，但每一门学科都有自己的边界，无论如何发展，如何延伸，都不能偏离学科的核心。图书馆学是一门应用的学科，其研究的主要对象应该是图书馆。偏离了图书馆，图书馆学就不成其为图书馆学。实际上图书馆学向其他学科过度倾斜、过度融合的问题是相当严重的。翻开图书馆界的杂志，不难看到这种过度倾斜和过度融合的倾向。那种以为图书馆学仍然是(印刷型)图书本位的图书馆学的传统观念早已过时了。图书馆学意义上的“书”(book)，即使在信息社会以前也不仅仅指印刷型的图书，阮冈纳赞发表《图书馆学五定律》的时候，就有过“图书馆本质功能的知识传播将通过不同于印本的方式实现”(《数字图书馆论坛》,2008 年第 3 期,第 14 页)的预测,说明他所指的“书”已经包含图书馆提供的各类信息资源。同样,图书馆学意义上的“图书馆”也不仅仅指人类正进入一个无所不在的信息时代。在这一剧烈变化的社会环境中,图书馆面临着新的挑战和机遇。深入开展图书馆学理论研究是我国现代图书馆事业发展的一个亟待解决的课题。图书馆事业的发展有赖于图书馆学的引领,图书馆学的发展有利于图书馆事业的创新。两者相辅相成,图书馆事业发展了,图书馆学才能更有作为,图书馆学发展了,图书馆事业才能更有活力。

图书馆学发展要以科学发展观为指导。科学发展观的核心是坚持以人为本,树立全面、协调、可持续的发展观。图书馆学的科学发展要立足图书馆的核心价值,将以人为本贯穿始终,以维护公众基本文化权利和满足公众基本文化需求为宗旨,更加重视来自一线的需求,更加关注来自一线的课题。将满足用户需求、解决实际课题放在学科攻关的重要位置上。同时,图书馆学发展要致力于解放思想,转变观念。社会环境的巨大变化加速了图书馆的嬗变,传统的三要素即人、资源、馆舍已经发生重大变化。现代图书馆已经成为整合各类信息资源、综合各类传播手段、提供各类复合型服务的学习和交流中心。我们需要在更高的起点、更深的层面上重新思考图书馆学的学科定位以及实践指导的功能。

值得一提的是,上海交通大学出版社潘新先生邀集一批知名专家,瞄准学科前沿,深入探讨图书馆学情报学理论与实践问题,并将研究成果汇集成《图书馆服务与管理》丛书。丛书的出版不仅将大大丰富图书馆学情报学领域的研究成果,而且将有利于推动我国图书馆事业的蓬勃发展。

吴建中

2010 年 10 月

序

欣闻吴冬曼老师主持的国家社科基金项目“基于用户需求的图书馆服务质量评价研究”顺利结题，并即将由上海交通大学出版社付梓出版，作为她当年大学的老师和现在的同仁，深感欣慰，特表祝贺。

众所周知，图书馆具有悠久的历史，但今天的图书馆比以往任何时代的图书馆都在经历着更为严峻的挑战和考验。网络的影响、搜索引擎的冲击和数据库商提供的信息服务，已使图书馆处于严峻的竞争态势。因此，图书馆必须变革，必须创新，必须转型，更需要证明自己的价值。而所有的变革、创新、转型都必须建立在服务能力与服务水平的不断提升的基础之上。服务始终是图书馆的核心问题和根本所在。而通过服务评价，不断地审视服务的水平、问题、差距和改进的方向，一直是图书馆学研究的重点，也是图书馆界需要持续关注并不断加强的重要工作。

吴冬曼老师主持的国家社科基金项目“基于用户需求的图书馆服务质量评价研究”前后历时 5 年，组织清华大学图书馆的同事和其他同仁，从用户需求这样一个全新的视角，秉承“以人为本”、“用户第一”、“服务至上”的管理和服务理念，以当今国际图书馆界主流的评价模式作为研究基点，借鉴美国研究图书馆协会(ARL)设计推出的 LibQUAL+® 的原理和方法，根据中国图书馆的现实情况，在对用户需求进行充分调研的基础上，结合国内外多个图书馆开展服务评价的实践，经过系统的理论研究和实证检验，构建基于我国图书馆用户需求的图书馆服务质量评价体系。该评价体系根据我国图书馆的实际以及用户需求的特点，从客观评价和效果评价入手，提出我国研究图书馆服务评价的一整套理论、指标、方法体系、技术支持和组织流程规范，最终确立有中国特色、与国际接轨、能适应中国图书馆服务评价实践需要的一整套评价方案。在大学图书馆、公共图书馆和专业图书馆的实证研究，进一步检验了该系统的应用效果，具有良好的推广价值。

图书馆服务评价是图书馆学研究的重要领域。该领域一直是我国图书馆学研究的一个较为薄弱的方面，图书馆界也热忱期待图书馆服务评价理论与实践的新成果和新突破。吴冬曼老师在国家社科基金的支持下，将研究成果以专著的形式出版。该书选题意义重大，具有较强的理论创新性，通过较大规模的调研提供了大量翔实的数据，应用价值和学术水平均达到很高水准，堪称近年来图书馆服务评价研究的精品力作。该书不仅在理论上确立了以用户需求为中心的图书馆服务评价导向，而且提供了图书馆服务评价组织实施过程中非常重要的评估指标、评估程序、技术支持、调查问卷、调研数据、工作文档、分析报告等,这些资料是经过实践验证的,是图书馆组织开展服务评价工作不可多得的参考资料。

吴冬曼老师1985年从东北师范大学图书馆学系毕业,先后在大连外国语学院图书馆、辽宁师范大学图书馆工作过,曾担任辽宁师范大学图书馆副馆长。2002年至今在清华大学图书馆工作,先后担任信息参考部副主任、采编部主任,现任资源建设部主任,有着扎实的图书馆学理论根基和丰富的业务管理经验,对用户服务有独到而深刻的认识。从研究过程和书稿的内容看,作者付出了艰辛的努力,是非常不容易的。我也特别期望课题的研究成果能早日出版,以使更多的同仁受益,使更多的图书馆在开展服务评价过程中受益,也期待该书的出版,能弥补国内图书馆服务评价理论研究的不足,推动建立具有中国特色的图书馆服务评价理论体系的建立与不断完善。

是为序。

中国图书馆学会副理事长、
中国社会科学院图书馆馆长、教授
杨沛超
2012年3月12日于北京

前 言

图书馆最主要的特征是服务性，服务是图书馆的本质属性，但如何评价图书馆服务的好坏，并非易事。多年来国内外图书馆界从理论和实践上进行了不懈的探索，似乎也一直没有找到一种普遍认同的理论和方法，直到 1999～2000 年前后 LibQUAL＋®（前身为 SERVQUAL）的推出和不断地探索试验，并得到越来越多的图书馆所采用，图书馆服务评价问题才从理论和方法上有了实质上的推进。尽管 LibQUAL＋®还存在着不少方面的问题，其重要意义和国际影响力仍无与比拟，一定程度上解决了传统图书馆服务评价一直没有解决的一些难题，成为目前国际图书馆界服务评价最重要的模型和工具。

我国图书馆界较早地引介了 SERVQUAL 和 LibQUAL＋®，不少图书馆直接利用 LibQUAL＋®或修改后的 LibQUAL＋®对本馆的服务进行评价分析。依据 LibQUAL＋®的原理和方法，从国情和本土用户需求出发，跨越不同类型和规模的多个图书馆，构建基于本国图书馆用户需求的图书馆服务质量评价体系，是一个更复杂、更有难度的任务。我们在清华大学图书馆 2004 年及后续的基于改造后的 LibQUAL＋®进行用户满意度评价的基础上，从国内图书馆服务评价的需求出发，申请了国家社科基金课题：基于用户需求的图书馆服务质量评价研究（项目编号：06BTQ001），以期系统地总结服务评价的相关理论和方法，并设计出适合国情的研究型图书馆服务评价指标和实施方案。

项目研究历时 5 年多，调研工作动员了国内数十家不同类型的图书馆参与，调查分析软件开发、数据处理和分析工作量巨大，整理各参与馆数据报告耗时费力，整个研究工作的难度和挑战性远远超出了课题申请书的预期设计。但看到我们付出巨大努力之后的研究成果以及对各参与调查馆的影响与效果，我们也甚感欣慰，因为我们是在严谨认真地进行研究，特别是组织国内 19 家研究型图书馆实施“图书馆服务质量评价用户调查”，产生了一定的社会效益和成果影响力，得到了各参与馆的积极支持和高度认可，也间接证明了本课题所提出的评价指标和评价体系具有良好的实际应用意义。

本课题得到了课题组全体成员的大力配合，得到了国内众多馆长和专家的积极支持，清华大学图书馆领导和同事在各个方面给予了热情指导和全力协助。特别是参与用户开放问卷调查和最终参与“图书馆服务质量评价用户调查”试验的图书馆所给予的帮助，是保证研究目标得以实现的关键。在此，课题组对所有关心、支持、帮助本课题任务完成的图书馆领导和同事、同行们表示深深的谢意！对本书所有引用和参考的文献作者表示感谢！

本书是在课题研究报告基础上修改而成的。撰写分工如下：

第一章:吴冬曼

第二章:郭依群　吴冬曼

第三章:邵　敏　吴冬曼

第四章:张喜来

第五章:邵　敏　张喜来

第六章:吴冬曼

图书馆服务质量评价研究,是一个难度很大的课题,不是一个 LibQUAL+® 模型或对其改造就能解决的,也不是通过某项研究就一劳永逸的。随着用户需求与使用图书馆服务行为的变化,随着信息环境的变化和信息技术的发展,图书馆服务评价也需要动态地调整和适应。所以,任何评价理论、方法、模型都需要不断地创新与发展。从这个意义而言,本研究也只是一个开始。我们愿意与广大同仁一道,共同探讨和研究图书馆服务质量评价理论相关规律,勇于实践,大胆探索,推动图书馆个体和整体服务质量的持续提升。我们相信,基于用户需求的图书馆服务质量评价方法、模型和技术,只有实现在国际化基础上的本土化,才有可持续发展的前景。

吴冬曼

2012 年 3 月

目 录

第1章 绪 论

图书馆是服务性质的机构，图书馆的任何工作都应以用户服务为中心，目的是满足用户对文献信息的需求。因此，图书馆工作的好坏，在于其服务工作的效果，在于服务对象的认可与否，在于服务对象满意度的高低。基于用户需求的图书馆服务质量评价，需要在理论上进行深入的研究与探讨，也需要在实践中建立一整套方法与模式。

1.1 背景和由来

适应信息环境和用户（亦称读者，本文规范为用户）需求的变化，不断提高图书馆服务质量，是图书馆赖以生存和发展的基础。定期对图书馆服务做出全面、系统、客观的评价，及时了解和把握用户需求，调整工作发展战略与目标，是做好图书馆服务工作的前提，是确立服务重点、合理调配人力、进一步提升服务水平、树立服务形象的重要基础①。服务质量是图书馆的命脉，是图书馆生存和发展的生命线，是图书馆一切工作的出发点和归宿，是评价一个图书馆最核心的指标。

随着信息环境的变化和用户需求的不断提高，人们越来越认识到，图书馆服务质量并不能与馆藏数量、馆舍面积、计算机和网络设备等物理环境条件画等号，而是由用户对图书馆服务的认知、感受和期望所决定的，是通过用户对图书馆服务满意度体现出来的。只有从用户的需求和满意出发，提高图书馆服务质量才更有针对性，才能产生应有的效果。因此，研究和改进图书馆服务质量，必须首先立足于用户的需求，从用户的需求出发，根据用户的需求确立图书馆服务质量的评价体系。

图书馆服务质量测评已经受到业界广泛关注。人们开始接受这样一个观点：图书馆是为用户而存在的，图书馆服务质量如何，最终应由用户来决定②。无论采用何种评价体系和方法，都应该把用户评价置于核心和突出位置。服务质量的优劣应该以用户是否满意为评判依据。所谓为用户提供优质的、高水平的服务就是要为用户提供满意的服务。满意的程度越高，说明图书馆服务工作做得越好、越有成效；用户对哪些方面的服务不满意，我们就应该根据不满意程度的测度和排序，适时调整和改进工作，针对用户实际需求和意见不断完善图书馆各方面工作的方法和策略，更切实地体现“以人为本”、“用户第一”、“服务至上”的管理和服务理念。

图书馆服务质量评价可以有多个维度，比如从评价的客观性可分为：主观评价、客观评价；从评价的主体可分为：自我评价和第三方评价；从评价的项目可分为：具体服务内容和创新性评价、服务效果和服务影响力评价；而客观评价又可分为：服务成效评价、用户满意度评价。尽管上述划分有交叉，但体现了服务质量评价不同的导向和不同的作用。其中，用户满意度评价客观性更强，评价效果更明显，因而正在被国内外广泛地采用。用户满意度评价虽然只是图书馆服务质量评价的一种维度，不能代替图书馆服务质量评价，但已受到国内外同行的广泛重视，在越来越多的图书馆中得到应用。

在实践上，近些年来，国内许多高校、公共和专业图书馆开始重视图书馆服务质量的测评工作。测评工作对促进图书馆改善条件、明确存在的问题、确立发展方向产生了重要影响。但也应该看到，目前国内图书馆评价比较侧重对不同类型的图书馆内部业务内容的评价，而不是由用户对利用图书馆服务后产生的效果作出的评价。前者虽然也需要，但不能代表图书馆评价的主流。如果没有用户的参与，没有用户的感知而产生的满意度的评价，图书馆的任何评价都是苍白无力的。而且由于没有一个适合国情馆情的评价指标体系和评价方法，造成图书馆之间服务评价没有可比性，因而也不能真正体现图书馆服务水平差异和图书馆服务的好坏。

近些年来，在西方图书馆界，以 LibQUAL+® 为代表的图书馆评价方法的出现，表明图书馆评价正在从注重内部业务的评价，转变为主要从用户需求角度的满意度评价。通过建立真正反映用户需求的评价指标体系，利用网络调查方法，对用户需求进行客观的调查和跟踪，分析存在的差距，已成为图书馆服务评价一种新的趋向。

LibQUAL+®起源于20 世纪 80 年代末在服务行业兴起的一种新的服务质量评价方法 SERVQUAL[③]。90 年代末，美国研究图书馆协会（ARL）通过美国教育部高等教育改善基金（FIPSE）资助，开始实施“研究型图书馆服务效果评价”项目。该项目以 SERVQUAL 为基础，重新定义调查问题、评价层面以及调查方法，旨在提供一种新的用于衡量图书馆服务质量和服务效果的方法。自 2000 年以来，至今已经历了十多年的试验和探索，有上千所美国和世界各国的图书馆参加，是当前国际图书馆界最有影响的服务质量评价方法和用户评价体系。

清华大学图书馆经过一段时间的调研，于 2004 年 3 月开始，参考借鉴 LibQUAL+®基本模式，首次在全校范围内采用 web 方式，自行开发设计用户调查数据分析系统，进行用户满意度评价的大胆尝试，取得了比较好的预期成效，受到用户和业界的好评[④]。清华大学图书馆的实践初步证明 LibQUAL+® 的评价方法应该同样适用于国内其他图书馆。

为了做好更深入的研究，形成更系统、更权威、更有普遍应用价值的研究成果，促进国内研究型图书馆服务质量评价工作提升水准，为国内同类图书馆的相关研究和实践提供参考，在国家社会科学基金项目的支持下，我们组成以清华大学图书馆相关人员为主体的课题组，联合国家图书馆、中国科学院国家科学图书馆和部分高校图书馆、公共图书馆和专业图书馆，在清华大学图书馆已有工作的基础上，对国内外相关研究工作成果进行系统梳理、总结和提炼，从不同类型研究型图书馆（本文指大型公共馆、大型专业馆和研究型大学图书馆）的实际状况出发，站在用户的角度和立场上，以用户对图书馆的需求出发，经过反复讨论和分析研究，经过试验和实践检验，提出了一套基于用户需求的图书馆服务质量评价的方法和模式，并通过了多个图书馆的实证。这项研究一方面提供了研究型图书馆服务质量的测度和评价结果；另一方面为国内研究型图书馆进行本土化的服务质量评价提供了具有借鉴价值的模型和体系。

1.2　研究目的和意义

图书馆是为用户而存在的。图书馆一切工作的最终目的就是满足用户自身教学科研工作中对文献信息不同层面的需求。如果图书馆工作偏离了用户的需求，图书馆就失去了发展的正确方向，图书馆的服务也就将成为无源之水、无本之木。因此，要充分认识基于用户需求的图书馆服务质量评价的重要性，不仅是我国当前图书馆学理论建设迫切需要解决的问题，也亟待在实践上解决图书馆评价和服务质量评价的方法与模式问题。

本书的研究范围限于研究型图书馆，因为研究型图书馆具有更多的共性和可比性。本书所界定的研究型图书馆，是指承担为研究型用户服务的大型图书馆，可能是重点大学图书馆、大型专业图书馆、省级公共图书馆和国家图书馆。当然，不同类型的研究型图书馆在宗旨和任务上仍存在一定的差别，即使同一类型的图书馆（比如重点大学图书馆）由于学校的性质不同等仍存在着差异。本书尽可能兼顾这种差别，形成具有共性和特性的评价指标，在同一类型内的不同规模图书馆的差异不特别考虑，但可以有本地化指标提供个性化选择。

本书研究的目的和意义在于：

(1) 在理论上确立以用户满意度为核心的图书馆服务质量评价导向

本书研究认为，图书馆生存的意义是用户需要。任何时候，图书馆都不能背离服务这一图书馆的根本属性。现代意义上的图书馆的本质在于为用户提供满足其需求的多种多样的服务，最大限度地满足用户对文献、信息和知识的需求。用户需求的满足是图书馆一切工作的最高准则。因此，用户满意度是图书馆评价的一个根本性问题。图书馆评价的核心是服务质量评价，服务质量评价的核心是用户满意度评价。否则,所谓的图书馆好与不好,就失去了其本质意义。如果用户评价是不满意的,则图书馆服务做得再努力、再辛苦,都要质疑其价值。所谓图书馆的成本效益,在成本确定的情况下,重要的是考察其服务的效益,衡量的核心指标是用户满意度。这是图书馆的服务属性所决定的。遗憾的是,有些图书馆在构建评价指标、开展图书馆评价时,有意或无意地忽视了这一点,以图书馆自己对自己的主观评价代替用户对图书馆的客观评价,以图书馆内部业务评价代替图书馆服务效果评价,以图书馆员自我构建的评价指标代替产生于用户内在需求的评价指标。本书研究成果针对当前图书馆服务评价的需要,从理论上确立以用户满意度为核心的图书馆服务质量评价导向。

(2) 在应用上探索建立从用户需求出发的图书馆服务质量评价体系

再好的理念、思想和理论,都要应用于实践,指导实践活动。图书馆必须重新审视图书馆的服务质量问题,因地制宜,调查和研究用户对图书馆的真正需求是什么,分析研究用户对图书馆的认知和期望,从用户需求出发,建立能真正反映用户对图书馆服务需求与期望的评价指标和评价方法。能够通过评价,发现图书馆服务中的不足和差距,分析存在的问题和可能的原因,提出相应的对策,并切实在今后的工作中加以改进和不断完善。评价不是目的,持续地提高用户服务质量,才是一切评价的根本所在。本书研究有利于加强评价理论和方法在图书馆服务中的应用,结合图书馆的实际,把握图书馆服务评价的最新发展和未来趋向,指导图书馆服务评价的开展。研究过程和研究成果理论结合实际,不仅有益于加强图书馆服务评价理论研究,更有益于将理论和方法用于指导图书馆服务评价的实践。

(3) 在实践上构建具有指导和借鉴意义的本土化的图书馆服务质量评价模型

评价的要素是客观和公正。如何做到评价的客观性和公正性,是一个需要不断探索的过程。不同类型、不同规模、不同地域的图书馆都有其自身的特殊环境和现实需求,很难套用国外的评价指标或评价方法,也不可能制定一套指标应用于不同类型的图书馆。因此,本书研究侧重解决的问题是:在实践上,探索建立适合我国国情的、基于用户需求的、对用户满意度测评具有指导和借鉴意义的一套本土化的、具有一定普适性的图书馆服务质量评价方法和模式(本书称为 CLQ)。本书的研究过程和实证结果,吸收了国内外相关的研究成果、专家意见、用户期望和本书作者们的智慧,体现了以用户需求为中心的准则,基于用户需求来测评图书馆服务质量问题,确立客观的、基于用户需求的图书馆服务质量评价指标体系和方法体系。初步的实践证明,这样一套评价指标与方法,能全面真实反映图书馆服务的水平和效果,揭示图书馆服务各方面工作中存在的种种问题,有助于指导和调整图书馆工作的发展方向。

1.3 研究内容

本书的研究主要包括以下六个方面：

(1) 总结分析图书馆评价的主要理论和方法

通过对国内外大量相关专业文献和国内外主要研究型图书馆评价实践的调研，对国内外图书馆评价的主要理论和方法进行总结梳理，系统把握图书馆服务评价研究与实践的主要进展和发展态势，进一步凝练图书馆服务评价理论从侧重内部业务到侧重用户需求和服务效果的转变动因。

(2) LibQUAL+®的原理、应用与评价

系统介绍美国研究图书馆协会（ARL）推广使用的 LibQUAL+®，阐述 LibQUAL+®所蕴含的思想和发展过程，分析 LibQUAL+®在图书馆服务评价上的优点和不足，评价国外图书馆 LibQUAL+®使用的效果和运用这一评价方法所产生的影响，提出 LibQUAL+®对我国研究型图书馆开展服务质量评价可借鉴之处和应用前景。

(3) 基于用户需求的图书馆服务质量评价指标设计

从现实的用户需求出发，提取用户对图书馆服务的认知和期望，作为图书馆服务评价指标设计的主要依据。具体做法是，选取若干图书馆进行开放的用户调查，以获取来自用户的关于图书馆服务需求的第一手数据，辅以少量的图书馆馆员调查和专家咨询相佐证。同时，通过调研历次用户调查指标、用户意见汇总分析结果，以及 LibQUAL+®指标演变汇总分析和其他国外主要评价指标汇总分析，提出一套基于用户需求的适用于国内研究型图书馆的服务评价指标体系。随后通过第二轮一定范围的图书馆用户调查，对评价指标进行修正和完善，形成适应中国研究图书馆用户需求和用户服务实际的一套评价指标体系(CLQ)。

(4) 利用网络开展图书馆服务评价的技术方法与设计

借鉴 LibQUAL+®，开发一套具有自主知识产权的用于图书馆用户满意度评价的技术系统，提出利用网络开展图书馆服务质量评价调查的一整套技术解决方案和组织方案。系统的应用范围不仅限于一个图书馆，还可方便地推广应用到其他研究型图书馆。

(5) 组织开展测评实验

选取一定数量的研究型公共馆、专业馆、大学图书馆，组织开展联合服务满意度测评调查试验，获得第一手可供分析研究的图书馆服务评价的数据，用于验证所提出的评价指标、评价方法、网络调查系统、评价组织方案等的适用性和有效性，同时可用于了解我国主要研究图书馆的服务效果。

(6) 提供测评实验报告

为使参与调查馆受益，为每个参与调查馆提供基于实际调查数据的全面而翔实的调查报告和综合报告，提供该馆用户调查结果和可供横向比较的数据，汇总用户开放意见建议，为该馆改进工作提供参考依据，也为课题研究工作提供实证。

本书的重心是提出能适应国内研究图书馆的特点、反映用户现实需求的服务评价指标体系。为此，本书作者用心设计，经过反复讨论和分析论证，包括对同类研究成果和实践的借鉴，图书馆员自身的认知，用户对图书馆服务的自我期望的实验数据获取，多个不同类型研究型图书馆的测评分析等等，力图能比较系统而深入地揭示用户对图书馆服务质量的认知规律，形成本书研究成果的思想基础和研究基础。

1.4 研究方法

在本书研究中，主要采用的方法是：

(1) 文献分析法

广泛地搜集、整理、研究国内外图书馆服务评价理论和方法的新趋势，了解和学习国外有关图书馆服务质量评价的主流方法和指标体系，重点学习和借鉴LibQUAL+®理论和实践，总结国内相关研究和实践的成果和不足，形成本研究的研究思路和侧重点。

(2) 问卷调查与专家咨询法

在理论研究的基础上，通过一定数量的开放式问卷调查和专家咨询，收集分析来自用户的关于图书馆服务需求和期望的第一手数据，采用一定的方法对这些数据进行筛选和提炼，形成基于用户需求的图书馆评价初选指标，进而研制适合国情的科学合理的评价指标体系，并最终确立反映用户现实需求的图书馆服务评价指标体系和基于网络的用户测评方法(CLQ)。

(3) 实证分析法

选取、组织一定数量国内各类(公共、高校、专业)研究型图书馆进行实证研究，通过服务质量评价试验，验证第三方服务质量评价的组织流程和关键技术方法，获得宝贵的试验数据，为本书提供第一手研究数据和研究参考依据，检验、修改评价指标和方法的适用性，同时为参与调查的图书馆改进服务提供数据报告。

1.5 研究思路框架和创新点

尽管国外在LibQUAL+®的研究上相对成熟，国内图书馆也进行了很多关于图书馆服务质量评价的研究与实践，但国内用户对图书馆服务的现实需求是什么，图书馆的了解和研究十分有限，对用户现实需求的把握不完整，不深入，因而未能提出具有一定普适意义的一整套评价指标、评价软件、评价方法、评价模型、评价方案。

有鉴于此，本书的研究思路与框架是：

将客观地了解我国研究型图书馆用户对图书馆服务的现实需求作为课题研究的切入点。为此，广泛地对国内外相关的研究与实践活动进行调研和整理分析，重点研究 LibQUAL+®的背景、指标体系及演变过程、实际应用和评价效果，通过开放问题征集用户对图书馆服务及其评价的需求，并经咨询部分图书馆员和图书馆学专家之后，形成初步的基于用户需求的图书馆服务质量评价指标，再通过征求用户意见，反复修改，不断完善，形成最终的指标体系，在指标体系构建之初，充分体现用户对图书馆服务的真实需求。

在了解用户需求、形成评价指标体系的基础上，对部分研究型(公共、专业和大学)图书馆进行服务质量的测评。为体现不同类型图书馆的特殊性，在制订核心指标的同时，设置若干不同的备选评价指标供选择，以保障评价的客观性和针对性。由研究人员作为第三方，以网络的形式进行服务的测评和数据采集和分析。

为每个参与调查图书馆提供调查数据和综合数据分析报告。同时，研究人员通过参与调查图书馆数据横向对比，发现国内图书馆服务中存在的共性问题和不同图书馆特定的问题，为研究工作提供分析和研究依据。通过实证进一步验证指标体系、评价工具和评价方案。

本书的创新点主要体现在以下两个方面：

(1) 理论创新

提出并建立“中国的 LibQUAL”(Chinese LibQUAL，简称 CLQ)，在参考和借鉴 LibQUAL+®的指标和技术方法以及国内外相关研究与实践的基础上，根据我国图书馆的实际以及用户需求的特点，从客观评价和效果评价入手，提出我国研究型图书馆服务评价的一整套理论、指标、方法体系、技术支持和组织流程规范，最终确立有中国特色、与国际接轨、能适应中国图书馆服务评价实践需要的一整套评价方案(CLQ)。

(2) 实践创新

首次在国内以第三方形式，主要采用网络的调查方法，进行不同类型多个研究型图书馆的基于用户满意度的服务质量评价联合调查，从不同类型图书馆当前的真实的用户需求出发，通过定量和定性相结合的方法，不仅揭示并分析国内研究型图书馆的服务现状和服务的客观效果，而且可以进行横向比较，了解不同类型、不同图书馆服务效果上的差异，为更准确地认识图书馆服务发展现状，改进图书馆服务质量，明确今后图书馆服务发展方向，提供重要的决策依据。

第 2 章　国内外图书馆服务质量评价的研究与实践

任何服务工作都要通过检验服务质量来评价服务效果和服务效益，服务质量是图书馆必须关注的核心问题。为此，近些年来，国内外图书馆界进行了大量的理论研究和持续的实践探索，其中 LibQUAL+® 的相关研究和实践尤其具有代表意义。在继承和借鉴的基础上，结合中国图书馆的实际，探索本土化的图书馆服务质量评价方法与模式，是中国图书馆服务质量评价研究必须面对和解决的问题。

2.1　国外图书馆服务质量评价理论与实践

2.1.1　服务质量评价理论发展沿革

自 20 世纪 50 年代以来，全球经济经历了一场结构性的变革，服务业步入产业的前沿，服务业的产值取代工业产值成为三大产业之首。许多企业将主动投资于服务以及提升服务质量作为有别于同类企业并取得竞争优势的重要手段。

与此相适应，对于服务、服务质量以及服务质量评价的研究蓬勃发展，至今已形成了较为成熟的理论体系。2000 年，北欧学派(Nordic)代表人物、芬兰学者克里斯丁·格罗鲁斯(Christian Gronroos)在总结以往众多服务定义的基础上，把服务的概念描述为“服务是由一系列或多或少具有无形特征的活动所构成的一种过程，这种过程是在顾客与员工、有形资源的互动作用中进行的，这些有形资源(有形产品或有形系统)是作为顾客问题的解决方案而提供给顾客的”[⑤]。

服务质量是顾客评价服务的主要因素。20 世纪 60 年代引入了顾客满意的观点。经过长期研究，学者们发现在服务性企业中“顾客满意—顾客忠诚—企业的盈利性”之间存在着显著的正相关关系[⑥]。服务质量的评判具有很强的主观性：在一定的环境和道德前提下，顾客根据自身的需要或期望，决定服务质量达到的标准。

奥利弗(Richard L. Oliver)指出服务质量不同于顾客满意度(Satisfaction)，服务质量可说是顾客对于事物较具延续性的评价，而顾客满意度则是顾客对于事物的一种暂时性、情绪性的反应。1982 年，克里斯丁·格罗鲁斯(Christian Gronroos)提出顾客感知服务质量概念并对其构成进行了详细的研究。顾客感知服务质量被定义为顾客对服务期望(expectation)与感受到服务绩效(perceived performance)

之间的比较。

此后，美国的服务管理研究组合 PZB(A. Parasuraman、V. A. Zeithaml 和 L. Berry)对顾客感知服务质量进行了更为深入的研究。他们于 1985 年提出了差距模型[7]，认为消费者对服务的评价，即顾客感知的服务质量(SQ)，是期望的服务(E)与感受的服务(P)之间的大小和方向的函数，用公式表达为：SQ＝P－E。在这个模型中，他们将服务质量因素(维度)归纳为 10 类，即可靠性、响应性、胜任力、接近性、礼貌性、沟通性、信赖性、安全性、有形性和理解(了解)顾客。1988 年，他们建立了 SERVQUAL 感知质量评价模型，把上述 10 个维度缩减为 5 类：有形性、可靠性、响应性、保证性和移情性[8]。

随着网络经济的发展和电子服务的成长，学者们开始研究如何评价网站的服务质量。SERVQUAL 的创始人之一 Parasuraman 等人随后(2005 年)又提出了针对电子商务服务质量的评价模型 E-S-QUAL[9]。该模型由两组量表构成。其中基础 E-S-QUAL 量表具有 4 个维度：有效性、完成性、系统可靠性以及隐私性，主要用于评价电子商务网站的核心服务。第 2 个量表(E-RecS-QUAL：e-recovery service quality)用于当顾客购物遇到问题时，评价网站的服务补偿措施，包括 3 个维度：响应性、补偿性和接触性。

通过比较传统服务质量评价模型和电子服务质量评价模型的维度，我们可以看出，两者有相似和相异的维度。可靠性和响应性是共有的维度，但在电子服务中有效性和完成性则显得更加重要，成为评价电子服务质量的核心维度。有效性指顾客登录网站后，易于从这个网站上找到需要的物品并进行订购和付款；完成性指顾客总能从该网站上获得适时、快捷、准确的商务服务。

2.1.2　国外图书馆服务质量评价理论的研究

2.1.2.1　国际、国外标准的研究与发展

图书馆作为公益性社会文化机构，其工作绩效一贯受到各方面的关注，国际图书馆界提出过许多评价指标和方法。当前全球图书馆正处于变革和发展中，既有实体图书馆，也有数字图书馆，并且通常是将两种形态的服务混合在一起提供给用户。因此对图书馆服务的评价也要从这两种形态出发。对于实体图书馆服务的评价体系，国外的评价理论和指标体系以及实证研究都比较充分和完整。但对于数字图书馆服务评价理论和指标体系的研究还多处在“学术探讨”阶段，缺少完整的服务评价平台，较多是将少数测评指标嵌套在对实体图书馆服务的评价指标中。

1998 年国际标准化组织(ISO)颁布的针对图书馆服务与资源的国际标准——《ISO11620-1998 信息与文献—图书馆绩效指标》(ISO11620-1998 Information and documentation-Library performance indicators)，是一个全面评价图书馆服务绩效

的指标体系，它对评价指标、结构体系、测评方法均作出了明确规定。2003 年国际标准化组织又对 ISO11620-1998 的绩效指标进行了修改和增加，形成了修订版《ISO11620 AMD 1-2003 信息和文献工作—图书馆绩效指标；修改 1：图书馆附加绩效指标》(Information and documentation-Library performance indicators；Amendment 1：Additional performance indicators for libraries)。

2008 年推出的《ISO11620-2008 Information and documentation-Library performance indicators》是该国际标准的第 2 版，它取代了第 1 版和修订版内容。第 2 版同时关注电子图书馆和传统图书馆的服务与资源，将电子和传统图书馆服务与资源的绩效指标整合到同一个文件中，并对电子和传统图书馆服务的绩效指标进行了全面彻底的更新[10]。

ISO11620-2008 属于指导性文件，可用于各国各类型图书馆的绩效评价，通过该标准，有助于了解国际图书馆用户服务发展成果及趋势，并进行图书馆间的沟通与交流。标准中对于每项指标在目标、适用范围、指标的定义、统计方法以及对结果的解读和影响指标的因素都作出详细描述。ISO11620-2008 的具体指标项如表 2-1 所示：

表 2-1 ISO11620-2008 信息与文献-图书馆绩效指标

指标项	绩效指标名称
B. 1	资源、利用和基础设施(Resources, Access & Infrastructure)
B. 1. 1	馆藏(Collection)
B. 1. 1. 1	所需文献之可获得率(Required Titles Availability)
B. 1. 1. 2	所需文献占馆藏之比例(Percentage of Required Titles in the Collection)
B. 1. 1. 3	主题目录检索成功率(Subject Catalogue Search Success Rate)
B. 1. 1. 4	被拒会话的比率(Percentage of Rejected Sessions)
B. 1. 2	获取(Access)
B. 1. 2. 1	排架准确率(Shelving Accuracy)
B. 1. 2. 2	闭架书库索取文献时间中位数(Median Time of Document Retrieval from Closed Stacks)
B. 1. 2. 3	馆际互借速度(Speed of Interlibrary Loan)
B. 1. 2. 4	馆际互借成功率(Percentage of Successful Interlibrary Loans)
B. 1. 3	设施(Facilities)
B. 1. 3. 1	人均公用工作站数(Public Access Workstations per Capita)
B. 1. 3. 2	人均可使用公用工作站小时数(Workstations Hours Available per Capita)

（续表）

指标项	绩效指标名称
B.1.3.3	用户人均面积(User Area per Capita)
B.1.3.4	人均座位数(Seats per Capita)
B.1.3.5	实际开馆时间与用户需求的开馆时间之比(Hours Open Compared to Demand)
B.1.4	员工(Staff)
B.1.4.1	人均员工数(Staff per Capita)
B.2	利用(Access)
B.2.1	馆藏(Collection)
B.2.1.1	馆藏流通率(Collection Turnover)
B.2.1.2	人均借阅量(Loans per Capita)
B.2.1.3	呆滞馆藏率(Percentage of Stock Not Used)
B.2.1.4	人均内容单元下载量(Number of Content Units Downloaded per Capita)
B.2.1.5	人均馆内资源使用量(In-library Use per Capita)
B.2.2	获取(Access)
B.2.2.1	人均到馆率(Library Visits per Capita)
B.2.2.2	以电子方式提出信息需求的比率(Percentage of Information Requests Submitted Electronically)
B.2.2.3	外部用户的比率(Percentage of External Users)
B.2.2.4	外部用户借阅率(Percentage of the Total Library Lending to External Users)
B.2.2.5	用户人均参与图书馆活动的数量(User Attendances at Library Events per Capita)
B.2.2.6	用户人均参与培训课程的数量(Number of User Attendances at Training Lessons per Capita)
B.2.3	设施(Facilities)
B.2.3.1	公共座位利用率(Public Seating Occupancy Rate)
B.2.3.2	工作站利用率(Workstation Use Rate)
B.2.4	总体情况(General)
B.2.4.1	服务目标人群比率(Percentage of Target Population Reached)
B.2.4.2	用户满意度(User Satisfaction)
B.3	效率(Efficiency)

（续表）

指标项	绩效指标名称
B. 3. 1	馆藏(Collection)
B. 3. 1. 1	借阅平均成本(Cost per Loan)
B. 3. 1. 2	数据库访问平均成本(Cost per Database Session)
B. 3. 1. 3	内容单元下载平均成本(Cost per Content Unit Downloaded)
B. 3. 1. 4	到馆服务平均成本(Cost per Library Visit)
B. 3. 2	获取(Access)
B. 3. 2. 1	文献采访时间的中位数(Median Time of Document Acquisition)
B. 3. 2. 2	文献加工时间的中位数(Median Time of Document Processing)
B. 3. 3	员工(Staff)
B. 3. 3. 1	服务用户之员工比率(User Services Staff as a percentage of Total Staff)
B. 3. 3. 2	回答问题正确率(Correct Answer Fill Rate)
B. 3. 3. 3	采购经费与员工成本比率(Ratio Acquisition Expenditure to Staff Costs)
B. 3. 3. 4	员工的文献加工能力(Employee Productivity in Media Processing)
B. 3. 4	总体情况(General)
B. 3. 4. 1	用户人均成本(Cost per User)
B. 4	潜力与发展(Potentials & Development)
B. 4. 1	馆藏(Collection)
B. 4. 1. 1	用于购买电子资源的支出占文献采购总支出的比率(Percentage of Expenditure on Information Provision Spent on the Electronic Collection)
B. 4. 2	员工(Staff)
B. 4. 2. 1	提供电子服务的员工占员工总数的比率(Percentage of Library Staff Providing Electronic Services)
B. 4. 2. 2	员工参加正规培训人均时数(Number of Attendance Hours at Formal Training Lessons per Staff Member)
B. 4. 3	总体情况(General)
B. 4. 3. 1	图书馆接受专门捐赠或创收获得的经费的比率(Percentage of Library Means Received by Special Grant or Income Generated)
B. 4. 3. 2	资助机构拨付给图书馆的经费的比率(Percentage of Institutional Means Allocated to the Library)

在该标准“绩效指标的使用(Uses of performance indicators)”一节中，有这样的阐述：作为图书馆制订计划和评价的工具，该绩效指标有两个目的，一是使图书馆的运行过程易于管理，为图书馆员、出资方和用户间提供沟通的基础；二是既可用来对同一图书馆内不同阶段的工作进行比较，也可在具有相同任务和目标的图书馆间进行绩效比较与分析。

通过与第 1 版指标的比较发现，第 2 版的绩效指标明显地更倾向于关注那些直接面向用户的服务项目，并且极大地扩充了与电子图书馆、电子资源相关的绩效指标。更为可贵的是，该标准还提供了一些考量图书馆可持续发展潜力的指标，这实际上可为图书馆提供一定的发展思路。

作为一个针对各类型图书馆的国际性标准，很多指标都采用基于比率的数据。

但是目前该国际指标不包括对图书馆服务结果评价的绩效指标，无论是对个人的服务或是对于整个社区的服务都没有涉及，“用户满意度”只是其中的一个三级指标项。

从 20 世纪 90 年代末期，欧洲委员会开始资助“EQUINOX：图书馆绩效测度与质量管理系统”的研究，该项目着重研究电子图书馆环境下图书馆业绩的评价指标，共有 14 项指标[11](如表 2-2 所示)。

EQUINOX 的目的是作为 ISO11620 的补充，而非取代它。这两套指标体系的共同优点是可在图书馆之间进行比较。

表 2-2　EQUINOX：图书馆绩效测度与质量管理系统

序　号	绩效指标
1	电子图书馆服务的人群的比例
2	每个目标人口中使用电子图书馆服务的时段数
3	每个被服务的人口远程使用电子图书馆服务的时段数
4	每项电子图书馆服务的每个时段中浏览文献和记录的数量
5	每项电子图书馆服务的每个时段的成本
6	每项电子图书馆服务的每个时段中浏览每篇文献或记录的成本
7	以电子方式发送信息请求的比例
8	图书馆计算机工作站的使用率
9	每个被服务的人口可使用图书馆计算机工作站的小时数
10	所有尝试获取服务时段中被拒绝时段的比例
11	电子图书馆服务采购占全部采购经费的比例

（续表）

序　号	绩效指标
12	每个被服务的人口参加正式的电子图书馆服务培训课程的数量
13	开展开发、管理和提供电子图书馆服务和用户培训的图书馆员占图书馆总人数的比例
14	用户对电子图书馆服务的满意度

2.1.2.2　图书馆服务质量评价理论的研究

当我们梳理图书馆服务质量评价理论的发展脉络时，可以明显地看到管理学中服务营销理论的影响。其中以标杆分析法和用户满意度调查两种评价理论的影响最大。

(1) 标杆分析法

标杆分析法(benchmarking)，又称定标比超、竞标赶超、战略竞标、基准化分析法，是一个来源于企业质量管理的概念和方法。始于20世纪70年代，其定义是对照最强的竞争对手或公认的行业领先者，持续地对本组织的产品、服务以及行事方式进行衡量的过程。也就是说一个组织将自己的各项活动与同行业中从事该项活动最佳者进行比较，从而确立业绩目标和质量改进项目，以改善现有工作和流程来弥补自身的不足。

标杆分析的过程实际上是一个调研与取经的过程。通过放眼组织外部，确保找到最佳的行为方式，并在本组织内采纳和实施。通过与最佳者的比较，将会使参与其中的人受到启发和激励，从而产生改进自身工作的富于创造性的想法。标杆分析的终极目标是，使本组织实现领先的绩效水平，从而充分满足顾客不断提高的期望，因为顾客的期望都是由本行业中最优秀的服务者所能达到的水准决定的。

借助该方法可对图书馆整体运作流程进行评价并提出改善的方法，涉及用户服务(参考咨询)、业务管理(采编)、馆员(人力资源管理)等方面。标杆分析法既能征求用户的意见了解用户的需求，同时又能参考同行的先进经验改善自己的工作。

标杆分析法的工作流程大致为[12]：第一步，用户需求分析与评价，通过用户访谈、问卷调查等方法了解用户及其需求；第二步，确定待评价的业务流程及相关评价指标；第三步，选择标杆分析伙伴，即参照对象；第四步，数据搜集与对比；第五步，就分析结果提出改进方案并向主管部门汇报。采用标杆分析法既可全面评价图书馆的绩效，亦可仅评价图书馆工作的某一个环节。

(2) 用户满意度调查法

用户满意度调查方法的理论基础是美国学者 L. L. Berry、A. Parasuraman 和 V. A. Zeitheml 于1988年提出的顾客感知服务质量评价模型—SERVQUAL。

图书馆借助此模型形成了以测度图书馆用户对于图书馆服务满意程度为目标的图书馆服务质量评价模型。

用户满意度是用户接受图书馆提供的信息资源和服务的现实值(感知)与期望值(认知)之间的比值。根据美国学者奥利弗(Richard L. Oliver)提出的“期望—实绩模型”和韦斯卜洛克(Robert Westbrook)与雷利(Micheal D. Reilly)提出的“需要满足程度模型”[13],图书馆用户对图书馆的满意度就是用户对图书馆及其服务的期望值(认知)和利用图书馆、接受图书馆服务之后的现实值(感知)之间的差值,当用户的感知大于认知时,表现为满意,反之则表现为不满意。差值越大,图书馆工作距离用户的期望就越远,用户就越不满意。

Danuta A. Nitecki 在 1994 年研究并实测了将 SERVQUAL 模型应用于图书馆服务评价的可能性[14]。她选择了馆际互借、参考咨询和研究生指定参考书这三项专业性很强的图书馆服务作为研究对象,使用经过修正的 5 个维度(有形性、可靠性、响应性、保证性和移情性)22 个指标 7 分量表进行测量,分别测量用户的期望值和感受值。她将问卷邮寄给 564 位随机选取的使用过三项服务之一的用户,获得了 351 份有效反馈。

1996 年 Danuta A. Nitecki 指出[15],仅靠藏书量来衡量图书馆服务质量的做法已经过时,需要找到新的途径来构想图书馆的服务并且测量其效果,这是当前大学图书馆面临的挑战。而评价一个图书馆的成绩要依靠用户对其服务质量的评判。权衡用户的期望和感受并尽量弥合它们之间的差距,是一个机构提供高质量服务的基本要素。

根据基于用户调查的数据分析,Danuta A. Nitecki 发现,SERVQUAL 模型在大学图书馆范畴易于采用和管理,作为一种测量图书馆服务质量的工具具有应用前景。最后,Danuta A. Nitecki 强调还需要更多地关注如何提供高质量的图书馆服务,对于到底什么是高质量的图书馆服务和如何在大学图书馆中测量它仍然缺乏清晰的认识[16]。

此后对图书馆服务质量评价的研究持续受到关注,并随着 SERVQUAL 模型的应用,使通过测量顾客期望—感受差距来评价图书馆服务质量的概念被普遍接受[17],并因此衍生出更具针对性的图书馆服务质量评价模型——LibQUAL+®。此外,国外还有人开发了 TELOS 等软件辅助用以进行用户满意度评价[18]。

国外的相关研究结果表明:馆藏资源质量越高,用户满意度越高;图书馆馆员的需求响应速度越快,用户满意度越高;图书馆馆员的能力越高,用户满意度越高;图书馆馆员态度越积极,用户满意度越高;图书馆中的物理设备越好,用户满意度越高[19]。

纵观国外图书馆服务质量评价在过去 15 年的发展,很显然,人们一直采用市场期望的概念来测量图书馆服务质量[20]。这一方面是受到其他领域服务管理理论发展的影响，试图利用一般服务质量评价的理论和方法解决图书馆的服务质量评价问题；另一方面，这样一种来自用户的客观评价驱使我们重新思考图书馆的服务目的、服务理念和服务实践：图书馆的服务是否真正与用户的需求相契合，在多大程度上满足了用户的需要，图书馆的服务工作有哪些方面还需要改进。尽管用户的评价并不是图书馆评价的全部，但它所提供的评价思想和评价工具，代表的是作为服务机构的图书馆评价的主流。

基于用户满意度调查的评价方法是实证中应用最广的，因为能够更为直接地掌握图书馆服务的效果和用户需求，以该理论模型形成的评价体系（指标体系）也较多。除 LibQUAL+®之外，还有 Rodski（现为 Insync Surveys[21]）、DIGIQUAL[22]、MINES[23]等。美国研究图书馆协会（Association of Research Libraries，ARL）还建立了一个 StatsQUAL™门户（http://www.digiqual.org/）[24]，包括 LibQUAL+®、DigiQUAL™、MINES for Libraries™和 ClimateQUAL™等一系列评价工具体系。

2.1.3 国外图书馆服务质量评价的实践进展

2.1.3.1 用户满意度评价模型 LibQUAL+®和 Insync

20 世纪 80 年代，美国服务市场营销学家 L. L. Berry、A. Parasuraman 和 V. A. Zeithaml 依据全面质量管理（TQM）理论，率先提出了被称为 SERVQUAL 的服务质量评价模式，试图建立一种科学的服务质量评价体系。他们认为服务质量的评价要根据用户的感知，并着眼于用户的期望。用户的期望是开展优质服务的先决条件，也是衡量服务提供者表现的重要依据。SERVQUAL 的提出，很快受到英美图书馆界的关注，并应用到图书馆服务质量评价中。然而在实践中，人们发现，作为一个比较完整的评价体系，SERVQUAL 的科学性和可靠性有待于进一步研究与探讨。作为满足人们文献信息和知识需求的图书馆服务，有着自身特殊的发展规律和评价内容。因此，有必要根据 SERVQUAL 的评价内容，研究出适合图书馆服务发展的评价模式，LibQUAL+®的产生正是这一研究的结果。

LibQUAL+®是美国研究图书馆协会于1999 年提出并实施的评价图书馆服务质量的新方法，利用改进后的 SERVQUAL 对不同大学与研究图书馆服务进行以用户调查为基础的大规模评价，最终目的是克服 SERVQUAL 用于图书馆服务评价中所存在的不足，明确并建立一种实用的图书馆服务质量评价模式，以评价、改进和提高图书馆的服务质量。

LibQUAL+®评价体系几经修改，最终确立为三个层面：服务影响、图书馆环境、信息控制。每一层面被分为若干个问题。ARL 要求图书馆用户对 LibQUAL+®中的每一个层面及每一个问题选取其所认为的最低限度、实际感知和理想水平的赋值，从而获得用户对图书馆服务质量的客观评价，探明其存在的服务质量问题，并作为图书馆管理者制定战略规划、改进和提高服务质量的指南。至今，全世界已有上千个图书馆采用 LibQUAL+®进行图书馆服务效果的评价。

LibQUAL+®使人们对图书馆评价的方式由经费投入和馆藏资源评价转移到以用户为中心的服务质量评价，形成了以网络为基础的图书馆服务评价工具，制定了图书馆信息服务评价的机制和规则，在图书馆之间确认最佳的信息服务行为。LibQUAL+®在图书馆领域，特别是研究型图书馆中，重新定义了差距原理和服务质量评价体系，体现了通过网络公开透明的大规模的以用户为中心的信息调查的有效管理[25]。

Rodski(2007 年已经更名为 Insync)采用澳大利亚心理学家 Stanley Rodski 发明的方法。1998 年，澳大利亚心理学家 Stanley Rodski 博士及其领导下的 Rodski 行为研究小组将其在神经心理学领域的研究成果——用户满意度调查测评方法，应用于大学图书馆用户服务满意度研究领域。由澳大利亚大学图书馆馆长委员会与其合作，利用行为测试方法，实施基于网络调查为主的用户满意度测评。根据各个图书馆调查结果建立数据库，从而便于各馆进行图书馆之间的横向比较和参照自身进行纵向的历史比较，帮助图书馆了解自身发展的沿革，以及与其他图书馆相比管理与服务的优势与差距，并在与墨尔本大学、昆士兰大学、新南威尔士大学等合作中取得了较好效果。Rodski 调查主要在澳大利亚和新西兰等国的图书馆采用，特点是已经形成了一个标杆(benchmarking)数据库，参与调查的馆可以将自己的数据与标杆数据进行比较。

2005 年新西兰奥克兰大学图书馆进行了第 4 次用户满意度调查，该馆每隔两年做一次，这样可与过去调查结果对比，看到变化，并可横向与其他图书馆进行比较。每份问卷有 40 个问题，对调查结果分析用户感受的差距(重要性和效绩之间的差距)。调查的方法是首先请用户填写各种指标的重要性，然后是图书馆的各项服务绩效(performance)，然后算出差距。

表 2-3 是根据 2005 年新西兰奥克兰大学用户调查报告整理出来的 Rodski 调查方法采用的评价指标。

表 2-3　奥克兰大学图书馆用户调查指标(2005 年 8 月)

类别评价	变　量	
沟通	电子数据库易于利用	[Q1]
	信息资源(图书、电子资源等)易于利用	[Q2]
	员工能够对所提供的服务表述清楚	[Q3]
	员工对我的咨询提供清晰而有用的反馈	[Q4]
	员工接收和处理问题具有专业水准	[Q5]
	员工对信息的服务和馆藏非常了解	[Q6]

（续表）

类别评价	变　量	
服务质量	信息需求能够及时得到跟踪	[Q7]
	员工根据承诺向我提供服务	[Q8]
	员工根据我的建议和想法行事	[Q9]
	员工提供高质量的服务	[Q10]
	员工提供准确的答案	[Q11]
	员工能动地处理与我的关系	[Q12]
服务提供	员工能随时随地地帮助我	[Q13]
	开馆时间满足我的需要	[Q14]
	资料入馆加工的速度快捷	[Q15]
	对于找不到的图书和期刊能采取迅捷而正确的行动	[Q16]
	服务台员工的答复及时	[Q17]
	员工对我的咨询的答复适时并十分关注	[Q18]
	书刊归架快速	[Q19]
	员工对咨询的答复清晰而准确	[Q20]
	图书馆目录(或导航)提供清晰而有用的信息	[Q21]
	对馆际互借和文献传递的请求能迅速地做出反应	[Q22]
	馆藏适应我的需求	[Q23]
	图书馆网页提供清晰而有用的信息	[Q24]
	信息共享空间的计算机软件适合我的需要	[Q25]
	信息共享空间的计算机预约系统有用	[Q26]
设施与设备	向残疾用户提供帮助	[Q27]
	在馆内和信息共享空间的标志完备	[Q28]
	计算机和电子设备完备	[Q29]
	计算机工作站的数量充足	[Q30]
	复制设备充足	[Q31]
	个人座位充足	[Q32]
	团队学习设施充足	[Q33]
	打印设备充足	[Q34]
	图书馆提供我所需要的课程资料	[Q35]
	图书馆和信息共享空间的空间充足	[Q36]
图书馆员工	员工具有专业素养	[Q37]
	员工待人友好	[Q38]
	员工待我公平,没有歧视	[Q39]
	员工对我和我的需求有兴趣	[Q40]

2.1.3.2　LibQUAL+®和 Rodski 的比较

澳大利亚理工大学曾经分别用这两种方法在2002 年(Rodski)、2003 年

(Rodski)、2004年(LibQUAL+®)进行过图书馆用户调查，并从下列方面对这两个指标体系进行了比较[26](如表2-4所示)。他们发现LibQUAL+®提供了较好的服务测评体系、更可靠的方法，通过直接发送电子邮件的方法进行网上调查获得了更好的回复率。

在调查方式上，Rodski是一个行为研究小组建立的调查系统，LibQUAL+®是由美国研究图书馆协会建立的。两个调查都被设计为可以在单个机构实施，并且都可以与机构进行标杆分析与比较。LibQUAL+®必须在一个受控的时间范围实施；Rodski可以在全年中的任何时间实施对调查提供了更多的灵活性，但这种不受时间控制的做法有可能带来在服务需求和活动程度上的季节性差别，这一点在利用采集到的数据与其他图书馆进行标杆分析时就显得格外突出。

(1) 调查内容

表2-4　Rodski与LibQUAL+®评价层面比较

Rodski集中在5个层面	LibQUAL+®集中在3个层面
沟通	服务效果
服务质量	信息控制
服务提供	图书馆环境
设施与设备	
图书馆员工	

(2) 指标和量表

两个调查都提供标准的测评指标并有备选指标。

Rodski有38个指标(2005年奥克兰大学用了40个指标)，并有最多15个对本地服务质量评价的指标。参与调查的用户被要求对这些指标排序两次。第一次是测量每个指标对于他们的重要性；第二次是测量他们对于图书馆在每个指标绩效的印象。这些测量都采用了7分量表，7为最喜欢。在调查表的最后有两个评价选项框，一个是总体性评价，一个是“指出一个我们需要改进的方面以便更好地帮助你”。

LibQUAL+®有22个标准指标，并可以选择5个对本地服务质量评价的指标。每个指标用户要排序3次，即对服务质量的最低忍受值、期望值和感受值。这些指标都采用了9分量表，9为最喜欢。在调查表的最后有一个总体性评价的选项框。

(3) 测评指标

恰当性：两个调查的测评指标有很多相似之处，但又有细微的差别。两个调查都在测度一个恰当的差距。Rodski 测度的是每个指标的重要性和表现的差值。这个差距是在两个相对的量表上的得分中计算出来的。有些指标可能非常重要，但参与调查的用户可能对其表现有很低的期望。Rodski 解释（并且报告）两者的差距并以此确定图书馆服务工作未来发展重心。LibQUAL+®测量每个问题在最低忍受得分与感受得分间的差距。对于每个机构的调查结果，他们不尝试给予解释，但是会给予一般性的指导，提供一些最基本的帮助，例如用红色标出负分值。

重要性：Rodski 标注出重要性在 7 分表中超过 6 的项目，并且列出前 10 位。他们同时也报告不太重要的项目。

绩效：Rodski 报告绩效处于前 10 位的变量和后 10 位的变量。这些变量首先会与该机构前一年的最高值和最低值进行比较（若已经进行过不止一次调查）。如果这些处于前 10 位最重要的变量中的任何一个，同其他进行过调查的图书馆进行比较后，若在整个组中排序在前 50%或后 50%，都会被注明。LibQUAL+®不特别说明这些方面，但会提供每个问题的平均值以及标准偏差。所有调查结束后，提供三个部分的平均数，例如服务效果等，这个平均数来自所有其他参与馆（按大学或学院划分）。每个参加馆在同一时间段，允许访问所有其他参与馆的记事本（Notebook），由每个参与馆自行决定是否进行他们与自己的比较。

(4) 报告

Rodski 提供的报告有 25 页长，附加 263 页的附录，附录包括：

回复统计、总体得分、按图书馆划分的结果——分别列出每个校园、按分类划分的结果——分别列出每个分类，例如本科生、教职员等、按学院划分的结果——分别列出每个学院、按访问图书馆的频率划分的结果——分别列出每天和每月、按在线访问频率划分的结果——分别列出每天和每月、按校园访问频率划分的结果——分别列出每天和每月。

对于上述每个分类，报告提供每个问题的平均分、一个表示优先方面的表格、显示前 10 项问题的概要工作表：最重要的因子、最高表现因子、最大差距、最差表现因子。

Rodski 的报告包括一个相当大篇幅的对于调查结果的解释，包括前 10 位重要的差距，例如哪个阅览室是最需要改进的。它们还包括一个用于可视化呈现的优先次序排序工具，称作“差距网格（gaps grid）”。Rodski 为澳大利亚理工大学图书馆提供与整个 Rodski 用户数据库相比较的比较分数卡，在(1)中提到的 5 个内容层面都有这样的卡。这使得用户可以与最高、最低和中间值进行比较。Rodski 还提供了一页纸的“讨论”来概括他们对于利用澳大利亚理工大学图书馆的感受。

LibQUAL+®提供的报告或称记事本在调查结束后马上就可以获得，并且各个机构可以直接在网上打印。

(5) 与其他机构的标杆分析

Rodski提供一个系统内在的与其他已经进行过调查的图书馆的比较。按照前或者后50%、或者象限给予相关信息。LibQUAL+®调查提供访问其他机构记事本,整个调查的评价值,以及一个用于数据分析的交互式环境,在这个交互式环境中,各个机构可以采集机构数据来进行同行比较。

(6) 调查的实施

Rodski有在线调查和纸质调查两种选择。澳大利亚理工大学图书馆就通过纸质和在线调查两种方式进行,但是每年获得不足200份在线回复,相对而言纸质调查有更多的回复。LibQUAL+®则采用在线调查。

2.1.3.3 其他评价方法的实践

美国医学图书馆协会(MLA)从1998年起开发建立了一个标杆分析数据网站,在搜集各协会成员馆数据的基础上,提供各成员馆自行在网上生成交互式的分析报告,以便图书馆根据自己的需要选择比较的标杆。报告中除包括根据某成员馆选择的图书馆基本统计指标(如馆舍面积、馆员人数等)而产生的符合要求的机构名称及地址列表外,其主要内容是以这些机构的数据为基础而产生的标杆数据,每个指标报告都提供该成员馆数据、平均值、中值、75%的4分位数和最大值。该成员馆即可通过这些标杆数据判断自己的位置及需要改进的目标[27]。

此外还有美国威斯康星—俄亥俄州图书馆进行参考服务的标杆分析、澳大利亚北领地大学图书馆进行的采编标杆分析。

根据对国外多个大学图书馆网页的访问,发现有些图书馆把用户满意度调查的问题嵌套在对图书馆利用情况的调查中(Library Use Survey)。自2003年起,英国雷丁大学(University of Reading)连续就图书馆网站利用情况进行调查,也包括满意度的调查[28]。相对于专门化的满意度调查,这种模式比较简单,涉及的评价指标较少,标定实际感受值的量表只有5级,通常也不调查期望值。

英国有一个全国性的公共图书馆用户调查项目(Public Libraries User Survey,简称PLUS)[29]。它通过问卷调查的方法,了解用户对公共图书馆的利用情况以及他们对于图书馆服务的看法。整个问卷共有十几个问题,其中有3个问题属于专门用于政府绩效管理的"最佳价值绩效指标(Best Value Performance Indicators)"调查的指标,4个问题直接关联到英国国家公共图书馆标准[30]。PLUS既调查用户使用图书馆的行为,如借书、到馆次数,也调查用户对图书馆服务的评价,即满意程度,如等待服务所花费的时间。请用户分5级回答:非常好(very good)、好(good)、足够(adequate)、差(poor)、非常差(very poor),但不调查期望值。许多图书馆都相隔若干年持续进行调查,以便了解用户情况的变化趋势。例如伯明翰公共图书馆系统就分别在1997年、2000年、2003年对中心图书馆和每个社区图书馆进行过

调查。·

随着数字图书馆的发展,近年来越来越多的机构、学者和馆员开始关注对图书馆网站服务质量的评价。在评价模型的设计上亦较多地借鉴电子商务的服务,评价的基本内容还是满意度。一些学者就建立电子服务的评价模型展开讨论,发表了独立研究的成果。如 Hernon 和 Calvert 2005 年的 E-service quality in libraries:Exploring its features and dimensions。该文详细讨论了如何建立评价数字图书馆服务的模型、指标体系、数据采集及分析方法。仍然是基于 e-SERVQUAL,但作者提出了针对图书馆电子服务的 10 个维度(dimensions),并通过因子分析法(factor analysis),找出影响用户服务感知的主要因素。因为是探索性研究,该指标体系在美国和新西兰的大学图书馆中进行过试验性调查。对收集上来的数据使用 SPSS 软件进行分析。

DigiQUAL 是 ARL 从 2003 年起进行的一个研究项目,获得美国 NSF 的资助,用来修正和改进 LibQUAL,以便评价国家科学、数学、工程与技术教育数字图书馆(NSDL)计划为用户所提供的服务。目前 DigiQUAL 已经确立了与数字图书馆服务质量相关的 12 大主题 180 多个评价项目。

MINES for Libraries™(Measuring the Impact of Networked Electronic Services)主要研究用户利用电子资源的使用行为,通过网上交互式的访谈搜集谁在使用电子资源、使用电子资源的地点和使用电子资源的目的,并统计用户的身份。随着图书馆通过网络提供对电子资源的利用,该项目所提供的工具为采集远程用户的信息提供了便利的途径。

ClimateQUAL®是 ARL 支持的最新推出的组织环境与多样性评价工具。依据 B. Schneider 的 ASA(吸引—选择—摩擦)的理论,多样性是组织生存所必不可少的,为此,组织就必须培育各种不同的环境将这一思想渗透到员工和用户之中。ClimateQUAL®的目标是[⑨]:促进健康的组织环境与多样性文化;帮助图书馆更好地理解员工对组织环境与多样性的认识;促进持续的员工反馈信息的采集和解释、认定管理组织环境的最佳实践、实现图书馆在数据基础上的解释与行为。ClimateQUAL® 组织环境(organizational climate)指标包括[⑩]:组织公正环境(分布公正、程序公正、人及关系公正、信息公正)、领导环境(对领导者的信任、领导—成员关系质量、管理人员热衷于服务、真正改革型领导)、人际关系环境(团队层面的人际关系、管理人员对员工的人际关系的管理)、深度多样性环境(非歧视性做法、标准化程序、价值体系多样性)、人口多样性环境(种族、性别、职级、性取向)、创新环境(监管、共事、持续学习的气候)、团队环境(团队利益、团队的组织价值观、团队的结构简易化、团队的信息便捷、用户服务的环境、团队层面心理安全环境、图书馆层面心理安全环境、工作满意度、组织使命感、组织成员行为、组织退出)、工作场所的心理授权(个人授权、团队授权、任务授权)、工作单元冲突(人际关系、任务)。国内已经开始关注国外关于ClimateQUAL®的研究和应用情况,认为ClimateQUAL®给我们提供了全新的评价图书馆服务质量的视角,所展示的全新的图书馆服务质量评价思想,值得我们借鉴和思考[33]。

2.2 国内图书馆服务质量评价的研究与实践

2.2.1 国内图书馆服务质量评价研究的发展

在20世纪末以前较长时间里,我国对图书馆服务的评价较多是按行政隶属关系进行的,由上级主管部门下达统计评价指标,各图书馆按照要求进行统计和上报。以省级公共图书馆评价标准为例,在这些评价标准中,虽然有“用户服务工作”的专项统计指标,但多为开馆时间、到馆用户人数、人均借阅量、持证量、书刊宣传等图书馆开展的工作情况统计。至于这些工作所产生的最终效果如何,是否能够满足用户的需求,则关注很少,总体上看更多地属于图书馆系统自查,参与者都是图书馆的管理者和馆内业务人员。这些数据上报后基本都由主管部门保存,规模相近的图书馆很难看到其他图书馆的数据。

从文献调研的情况看,20世纪末和本世纪初,我国图书馆界开始将市场营销学的理念和方法引入图书馆服务质量的研究与评价,早期有初景利1998年的论文[34],此后逐渐形成研究的热点[35]。这些论文重点介绍了市场营销学中顾客差距—满意理论,并探讨了该理论如何适用于图书馆服务质量评价[36]。对图书馆服务质量评价的研究开始从定性过渡到定量,特别关注用户对所获得的图书馆服务的满意程度。其中许多研究成果都提及LibQUAL+®发展与实践[37],探讨适宜我国图书馆服务质量评价指标体系的建立、数据的采集方法、数据的分析方法[38]。

2003年2月12日教育部发布了新版《普通高等学校图书馆评价指标(征求意见稿)》,“用户评价”被纳入“用户服务”下的二级评价指标。中国图书馆学会于2005年举办了以“信息用户服务质量管理与评价”为主题的学术研讨会。清华大学、北京大学、中山大学、广东部分高校图书馆及一些地方院校的图书馆,均对测评本馆用户服务质量进行过有益的尝试。

2003年,文化部下发了《关于在县以上公共图书馆进行评价定级工作的通知》,对评价定级中使用的评价标准进行了调整,增加了许多用户服务工作方面的指标,例如增加了“用户满意率”、“信息服务”、“社会教育与用户培训”等,强化了对用户服务效果的考量。且“用户服务工作”部分的总分值也从第1次的225分(总分为1 000),上升到280分,成为最多分值项。2009年6月,文化部下发了第4次公共图书馆评价定级的通知，在“用户满意率”指标后的备注栏注明：由评价组发放调查表，对图书馆办馆条件、环境、服务质量、服务效果等征求用户意见。新增了“用户服务工作—数字资源服务”二级指标，包括图书馆网站、网上信息服务（网上预约、网上续借、参考咨询）、数字资源咨询利用等三个三级指标，显示出对数字图书馆服务效果的关注。

上海图书馆王世伟教授领衔的“国际大都市图书馆指标体系研究”是2005年国家社科基金重点项目，并出版了专著[39]。该项目针对城市图书馆（公共图书馆）的评价指标体系进行了一系列的研究，相关的7篇研究论文发表在《图书情报工作》2007年第5期。该项目是国内公共图书馆专家和专业馆员对公共图书馆工作从理论到实际评价指标颇为全面的研究与探索，从评价体系的构建、评价对象选取，到具体的评价指标都有详细的研究，研究同时兼顾了实体图书馆和数字图书馆。

2.2.2　国内图书馆服务质量评价的实践进展

从2000年起，与服务质量评价相关的课题与论文如雨后春笋般出现，这在一定程度上促进了国内图书馆服务质量评价的研究与实践，我国先后有数十个图书馆运用SERVQUAL原型、LibQUAL+®的修正模型以及Rodski模型进行图书馆服务质量实证研究。

从已公开发表的研究论文或调查报告看，这些实证研究大致可以分为两类：一类是有规模的用户调查；一类是小范围的探索性指标调研。参见表2-5。

表2-5　国内图书馆服务质量评价实践一览表

图书馆	评价模型	实施时间	样本容量	指标规模	权重设置	数据分析方法
西南交通大学图书馆	SERVQUAL修正模型	2000年	523	5组12个指标（9分量表）		
宁波大学图书馆	SERVQUAL修正模型	2005年发表论文	287	5组16个指标（5分量表）	乘积标度法	
苏州大学图书馆		2006年发表论文	330	5组27个指标		因子分析、回归分析(SPSS)
武汉理工大学图书馆	Rodski	2006年	200/177	3组19个指标		Rodski Group法
清华大学图书馆	LibQUAL+®修正模型	2004年	1632	4组22个指标		
北京大学图书馆	LibQUAL+®修正模型	2006年	3236	5组25个指标		象限分析法

（续表）

图书馆	评价模型	实施时间	样本容量	指标规模	权重设置	数据分析方法
西南政法大学图书馆	LibQUAL+® 修正模型	2006 年		5 组 24 个指标（5 分量表）	没有分配权重	
中山大学、华南理工大学和华南师范大学联合图书馆	LibQUAL+® 修正模型	2005 年 5 月学生用户群	510	5 组 22 个指标（5 分量表）	乘积标度法	象限分析法
广西壮族自治区图书馆	LibQUAL+® 修正模型	2006 年	192	5 组 24 个指标（5 分量表）	乘积标度法	
中国科学院国家科学图书馆	LibQUAL+® 修正模型	2007 年				
浙江林学院图书馆	LibQUAL+® 修正模型	2008 年	578	5 组 22 个指标（5 分量表）	乘积标度法	
武汉大学图书馆	LibQUAL+®					
四川农业大学图书馆	LibQUAL+® 修正模型	2009 年发表论文	458	4 组 22 个指标（4 分量表）	层次分析法	分层次进行模糊综合评价
上海应用技术学院图书馆	LibQUAL+® 修正模型	2009 年发表论文	314	24 个指标（9 分量表）		SPSS 软件
西北农林科技大学图书馆		2009 年发表论文	182	3 组 13 个指标（3 分量表）		
浙江财经学院图书馆	LibQUAL+® 修正模型	2009 年发表论文	255	4 组 19 个指标（9 分量表）		
河北建筑工程学院图书馆		2009 年发表论文	360	3 组 10 个指标（5 分量表）	层次分析法	分层次进行模糊综合评价
长安大学图书馆		2009 年发表论文	120	5 组 16 个指标（5 分量表）	层次分析法	分层次进行模糊综合评价
浙江大学图书馆	自行开发	2004 年	65	5 组 29 个指标（7 分量表）	加权	
浙江大学图书馆	LibQUAL+® 修正模型	2005 年		4 组 24 个指标		

（续表）

图书馆	评价模型	实施时间	样本容量	指标规模	权重设置	数据分析方法
苏州大学图书馆			330	5组27个指标		因子分析、回归分析(SPSS)
陕西理工学院图书馆	自行开发	2007年发表论文		4组24个指标（5分量表）		
南京邮电大学图书馆		2009年发表论文	400	4组12个指标（5分量表）	用户期望值	分层次进行模糊综合评价

2008年武汉大学图书馆申请实施了完整版的LibQUAL+®用户调查，全额支付费用，完全遵照LibQUAL+®的指标体系和数据采集流程㊵。

河南4所高校图书馆在对LibQUAL+®评价工具改造的基础上，以清华大学用户满意度调查问卷的22个项目为基础，征求专家的意见，根据河南高校的实际情况设计问卷，对LibQUAL+®进行验证性研究，揭示了河南省高校图书馆在服务质量方面所存在的共性问题，提出了改进建议，同时还发现了国内外理论界在图书馆服务质量研究结果方面的异同㊶。

嘉兴职业技术学院图书馆在参考LibQUAL+®模型的基础上，于2007年10月开展了一次面向学生用户群的服务质量问卷调查，对图书馆各项服务的相对感受满意度进行测度。结果显示，图书馆各项服务的用户满意度均处于偏低水平。在测度各项服务的用户关注度后，针对关注度位于前9位的各项服务提出改进服务质量的措施㊷。

上海应用技术学院参照LibQUAL+®评价模型，自行开发设计基于用户感受的服务质量评价系统，并运用该评价系统对上海应用技术学院图书馆服务质量的各个方面进行实验评价㊸。

浙江林学院图书馆将LibQUAL+®加以修正后于2008年5月开展了一次针对学生用户群的调查，在统计数据的基础上，评价了图书馆的服务质量状况，同时，对LibQUAL+®模型在图书馆服务质量评价中的局限性进行了研究和探讨㊹。

在海南，与用户满意度有关的科研课题也被列为省教育厅的资助项目，省高校图工委将建立用户满意度评价指标体系列为2008年的重点工作计划㊺。

复旦大学图书馆于2009年5月在全校范围内进行了一次图书馆用户满意度调查㊻。调查参考了LibQUAL+®，收集和分析了在国内图书馆中的相关实践案例，结合本校实际情况确定了本地化的调查方案。调查结果在图书馆进一步提高服务水平和服务质量等方面起到了重要作用，对图书馆未来的发展规划具有重要意义。

哈尔滨师范大学图书馆借鉴专业化的市场调查方法——神秘顾客法，以实现

LibQUAL+®的本土化改造[47]。神秘顾客法由神秘顾客(通常聘请的是独立的第三方人员,如市场研究公司的研究人员或经验丰富的顾客),通过参与观察的方式(participant observation)到服务现场进行真实的服务体验活动。

天津师范大学青年(教育)基金资助的"关于图书馆文献信息服务满意度调查研究",结合国内的实际情况以及 LibQUAL+®提出"指标体系"模型,通过实证研究并根据分析结果对模型加以修正和完善,最终构建本地区的"指标体系"[48]。

除对图书馆服务质量进行整体评价外,还有图书馆利用 LibQUAL+®模型对图书馆某一服务项目进行评价,例如对电子阅览室的服务进行评价[49]。

2.3 国内外图书馆服务质量评价研究与实践评述

21世纪以来,国内外图书馆服务质量评价的研究与实践呈现如下特点:

(1) 评价的理论基础都是基于用户感受,关注用户期望——感受之间的差异

绝大多数馆借鉴国外现有的评价模型,早期是 SERVQUAL 模型,中期和近期主要是 LibQUAL+®模型,但各调查指标通常均结合各馆的具体情况进行修正,以使指标更有针对性、用户更易理解。

需要特别关注的是武汉大学图书馆的调查,他们的尝试非常有意义,他们没有使用修正模型,而是通过注册、付费,采用并实施原版的 LibQUAL+®调查问卷和调查程序,接受 LibQUAL+®提供的原始数据和各种统计分析调查报告等。这种由专门化的评价机构实施的评价或许将成为图书馆服务质量评价应努力的方向之一。

(2) 绝大多数图书馆评价模型固定在几个主要层面

主要分为5个层面,具体名称或顺序可能略有不同,但基本含义极为相近,即:文献资源、服务效果、图书馆环境、图书馆员、图书馆设施(设备)。每个层面对应的评价指标(问题)大致如表2-6所示。

表 2-6 图书馆评价的主要内容

层 面	评价指标(问题)
图书馆员	图书馆员接待用户的态度
	图书馆员解答用户问题的效果
	图书馆员的仪表举止
服务效果	图书馆对用户个性化需求的关注程度
	图书馆开展的用户培训活动
	图书馆开馆时间的合理程度
	图书馆馆际互借与文献传递的效果
	图书馆对用户意见或建议的回复与改进

（续表）

层　面	评价指标(问题)
服务效果	图书馆网站(主页)满足用户信息需求的程度
	图书馆提供的便利服务(如雨具、休闲吧等)
馆藏资源	纸质图书满足用户需求的程度
	纸质期刊满足用户需求的程度
	查找纸质文献方便的程度
	电子资源(各类数据库)满足用户需求的程度
设施设备	图书馆提供的现代化设备情况
	图书馆各书库和阅览室地理位置的分布情况
	图书馆桌椅、书架的布置和舒适程度
	图书馆各种方位指引和标志的设置情况
	图书馆开水房、洗手间的位置及卫生情况
图书馆环境	图书馆建筑空间设计情况
	图书馆环境的安静和整洁程度
	图书馆室内湿度、照明情况、通风、安全方面的状况

少数图书馆还有另一个层面的调查——用户个人控制(如表 2-7 所示)：

表 2-7　用户个人控制评价

层　面	评价指标(问题)
用户个人控制	用户可以远程(在办公室或家里)获取图书馆电子资源
	用户能够在主页内非常方便地找到所需信息

用户感受值以采用 5 分量表为多，但也有 9 分量表。

陕西理工学院的指标体系比较独特，它突出了对图书馆各个业务环节的用户满意度调查，按照采编、流通、参考咨询、现代服务、综合管理五个方面进行调查。

从表 2-6 和表 2-7 可以看出，评价指标(问题)的表述有两种风格(方式)，一种是中性表达，如表 2-6；一种是正面性表达，如表 2-7。实际上，选择以何种风格表述评价指标，对于用户正确理解每一个评价指标，进而恰当地表达自己的感受和期望至关重要。

(3) 实施调查的单位以大学图书馆为多，公共图书馆和专业图书馆很少

究其原因应该是大学图书馆的用户群相对固定、数量多，对图书馆服务有强烈的需求，对各种调查的形式接受程度高。此外，大学图书馆用户信息库相对较完善，校园内网络条件较好，可通过网络征集用户反馈。总之，大学图书馆的服务环境和用户都相对成熟，易于展开调查和回收数据。

广西壮族自治区图书馆在其实施调查的过程中发现，他们的用户对这一新的

问卷方式还不太了解，对满意度及期望值的含义本身了解也不够，因此在填表时产生误解，甚至不知如何用9分量表中的分值来表达自己的满意度和期望值。

(4) 必须对 LibQUAL+®加以修正

从各馆的总结可以看出，总体而言 LibQUAL+®等国外服务质量评价模型的思路和评价指标，大体适合国内图书馆用于用户服务质量评价，但必须进行修订，根据本馆用户服务工作的实际，设计适合自身情况的指标。

与此同时，在这些已经实施的实证研究中存在的不足也是比较明显的：

第一，如何制订合理、有效的用户服务满意度测评指标。国内外图书馆界提出了各种各样的指标体系，有的还给出了复杂的计算公式，这些指标能否完全涵盖图书馆服务的各方面，准确地反映用户对图书馆服务的感受，还需要在实践中不断地优化，并在适当的时机邀请图书馆用户参与到满意度评价的问卷设计中来，有助于测评指标的全面和完善。

第二，LibQUAL+®本地化。LibQUAL+®是由国外图书馆设计和改造的，对于国内图书馆与国外图书馆之间的差异，LibQUAL+®无法反映出来，不同图书馆之间在业务设计上也有所不同，甚至同一图书馆在各次满意度测评中的调查重点也会有所差异，因此将 LibQUAL+®本地化、个性化是 LibQUAL+®这一目前比较公认的满意度评价方法在实际运用中要解决的问题。

第三，调查的规划与实施均由各图书馆操作。指标修正的过程基本上也都是馆员参与，而很少由馆员通过同用户的大量访谈与调研来修订指标，近乎图书馆自评，客观性值得讨论。

第四，调查的规划与实施中关注指标设计较多，但对整个实施过程的其他环节关注较少，如发放问卷的地点、时间的选择，填表过程中是否需要对用户进行辅导。对调查结果的分析普遍比较简单，缺少信度和效度的检验，总体感觉比较粗放。使用 SPSS 的较少。

第五，除少数几个规模较大的图书馆外，调查采集到的样本量普遍偏小；有些馆还有用户类型分布严重倾斜的情况，如96%的被调查者为本科生；且标定用户感受的5分量表也不易使用户表达更加细致的差别，容易产生偏差。

第六，除少数图书馆外，多数图书馆都仅尝试过一次用户调查，缺少系统性的实证研究，难以验证改进工作的效果。并且各馆自行开发的评价模型，缺少相近的指标，不能建立标杆数据库，无法进行横向比较。应该推出由第三方实施的客观调查。

有鉴于此，有研究者建议[50]：我国在实施以用户为中心的图书馆服务质量评价的初级阶段，可由图书馆联盟牵头实施。这是因为联盟具有明确的共同目标，成员馆的性质相差不多，相互之间协调组织的能力较强，由联盟开展调查比较易行，调查结果也具有可比性。可以为大规模地开展以用户为中心的服务调查先行试点，积累经验。

通过对国内外图书馆用户服务满意度评价研究和实践的粗略调查，可以看出，用户满意度评价是国内外图书馆在发展中关注的问题，也是了解图书馆服务效果和用户需求的有效途径。与国外的情况相类似，国内图书馆对图书馆服务质量的评价似乎也被市场营销的概念所“主宰”，即关注用户对图书馆所提供的服务的实际感受。但是对于用户满意度的高低是否就能代表图书馆服务质量的高低，近两年也开始有一些争论，比如用户满意是否是图书馆首要关注的，用户感知到的服务质量是否等同于客观的图书馆服务质量等[51]。

需要进一步研究和通过实践验证的问题是：LibQUAL+®如何才能在国内图书馆中适用。国内有学者认为[52]，LibQUAL+®方法使用的评价模型存在以下缺陷：测评层面和测评问题设置不尽科学；样本的选择没有考虑用户层面图书馆阅历的差异，绝对平均化；没有看到感知服务水平和期望服务水平之间的相关性。

另外的研究认为[53]，LibQUAL+®可以比较准确地测量出用户满意度，它的结果是评价图书馆服务质量的重要参数，但作为评价图书馆服务质量的工具却有一定的局限性。因为，LibQUAL+®的基本观点——“只有顾客能判断质量，其他的评价都是无关紧要的”很难适应于图书馆；图书馆服务质量并不等同于用户满意度，LibQUAL+®只适宜用来测量图书馆用户的满意度，不能全面测量图书馆的服务质量；LibQUAL+®测量的服务质量实际上是用户感知到的质量，而不是客观的服务质量。因此，在实际工作中，建议把 LibQUAL+®和 ISO11620 这样的评价方法结合起来，它们从不同的角度为我们提供了解图书馆服务水平的信息，同时采用两者可以帮助我们避免偏颇，对图书馆的服务质量有一个更全面、客观的认识。

还有的研究通过 LibQUAL+®服务质量评价体系与我国《普通高等学校图书馆评价指标(征求意见稿)》的比较，分析了两种服务质量评价体系的差异和实际操作中的利弊，指出生搬硬套国外的理论及做法和忽略国内成功的经验，是一种认识上的偏差和倒退，提出要根据国外服务质量体系的研究成果和实践经验，总结我国成功的做法，结合我国的实际情况，扬长避短、合理借用、不断改进、逐步完善，探索一种适合我国图书馆服务质量体系评价与认证的实用模式[54]。

LibQUAL+®服务质量评价体系和方法是正在进行的实验项目，它的最终目标是要制定适合于评价图书馆的一套指标，确定用户对图书馆服务质量作出评价的方法，建立图书馆服务质量评价的模式。我们认为，它的应用对图书馆个体来说，对内可以改进服务质量，对外可以运用评价结果得到更好的认同，争取更大的支持。这个项目另外一个方面的意义在于能够使图书馆将自身的服务质量与其他图书馆做横向比较，也可以将本馆当年的测评结果与往年的测评结果进行比较。

清华大学图书馆具体运用的实践表明，LibQUAL+®的思路和模式也基本适用于国内大学图书馆。通过应用修正后 LibQUAL+®，为我们如何更好地进行图书馆服务质量评价开拓了新视野。我们可以考虑通过借鉴、移植、改造，形成适用于国内各类图书馆服务质量评价的 LibQUAL+®。如果要移植这个方法，并在国内图书馆界广泛应用，还需要进一步探讨研究组织实施方式、运行模式机制、技术开发和技术支持、配套设施、各系统馆际合作等问题。

从清华大学图书馆 2004 年进行的一次全面借鉴 LibQUAL+®的实际效果看，虽然取得了良好的反馈数据，用户反响也很理想，但有些评论和意见也使我们认识到 LibQUAL+®体系、方法的局限。目前，对图书馆服务质量评价的方法很多，很难找到普遍适用的标准模式。关于图书馆服务质量评价问题，从理论到实践都是一个不断创新、不断完善的过程。以 SERVQUAL 为理论和方法基础的 LibQUAL+®同样也有值得商榷的问题。比如，在图书馆用户的主观感知以外，是否存在一个客观的"图书馆服务质量标准"？参加调查的用户是否能够准确表达自己的期望和感知值？用户是否能够把"感觉相当不错"，准确转化为 1～9 级测度上的某个分值？课题组在调查时，也有用户提出意见，"这个调查太麻烦了，大家不会喜欢填的"，"1～9 的含义不明确，让人不敢贸然打分"。

2.4　LibQUAL+®研究与发展

2.4.1　LibQUAL+®的起源和发展过程

今天的图书馆不仅面临着网络和搜索引擎的竞争，而且需要向上级部门及社会证明自己的影响力和贡献力。正如 R. Cullen(2001)所说："二战后，由于高等教育和学术出版的飞速发展，学术图书馆目前正面临着前所未有的挑战。全球数字革命正在影响知识的创造、组织和传播，以及高等教育界自身。企业与大学联盟建立新的高等教育范式。虚拟图书馆支撑的虚拟大学的出现，使我们对学术图书馆角色的许多基本假设及其未来的安全受到了置疑。留住并扩大用户群，为满足用户期望付出更多的努力，是学术图书馆在这种不断变化的环境中生存的唯一出路[55]"。

社会对图书馆的巨大投入所产生的影响与效果，社会有权知晓。在大学图书馆，学生是图书馆的主要用户，而且他们使用图书馆的体验会伴随他们一生，那大学图书馆又为学生做了哪些贡献呢？图书馆如何为教职工与研究生的科研做出具体的、实际的、可测量的贡献呢？图书馆怎样才能为教学做出明显的、可发现的贡献，而且这种贡献是可重复的？

数十年以来，图书馆已经搜集了一些数据做评价之用。长期以来，人们往往将馆藏资源的数量和馆舍大小作为图书馆评价的标准,至少是核心标准。一个图书馆书架上存放的书越多,这个图书馆的质量就越高,这种观念在印本时代是有一定道理的。尽管预言家们早就预想到技术对信息传播的深刻影响,但20世纪90年代以来,网络对全球文化的渗透和影响仍然让图书馆和图书馆人不知所措。面对Google和百度,图书馆的任务变得更为复杂,图书馆的评价也须重新审视,做出相应调整。

这些担忧促使美国研究图书馆协会(ARL)开始了一系列"新标准"的设计。这些设计新标准的努力表明了ARL成员馆的共同决心,即通过产出标准(如衡量服务质量和满意度)来表明ARL成员馆为用户服务的成效和为大学的教学科研目标的实现所作出的努力,证明大学对图书馆的经费投入的意义和价值,图书馆在网络和搜索引擎时代的作用的不可替代性。

其中一个新标准设计就是LibQUAL+®项目。LibQUAL+®所遵从的理论依据是:在一个服务质量评价模型中,"只有用户才能判定质量,所有其他的判断本质上都是无关的"。因此,LibQUAL+®所选取的标准都是以用户视角为基础的。

LibQUAL+®是一种"倾听"用户的全面市场调查方法。Berry(1995)曾解释道:"如果设计合理,实施恰当,全面市场调查能够提供任何其他方法都无法提供的广泛信息。应该搜集的信息包括:用户对服务的期望和感知、服务因素的相对重要性以及用户的行为目的。……全面市场调查的一个重要方面就是对竞争对手的服务质量进行评价。这就需要样本中包含非用户对象,以评定其服务"。尽管LibQUAL+®衡量了用户和非用户的感知,并且收集了同行机构中的感知数据,这些都能得出一些深入的结论,但LibQUAL+®只是11种"倾听方法"中的一种方法的一种形式[56]。

Sarah Pritchard(1996)在《图书馆趋势》(Library Trends)的一篇文章中对图书馆评价的本质做了如下论述:问题的难点在于如何找到能够适用于不同机构的单一模型或一套简单的指标,各机构对同一概念可能会做出不同的描述和界定(如图书馆实现其任务的程度),但通过这个模型或这一套指标可以对这些定义不同的概念进行大范围的横向比较。以前图书馆或者是拿一些过于简单的全国性数据来充数,或者是在进行了一些只适用于本机构的绩效评价,还没有设计出一种有效的方法,能够将这两方面(横向的全面性与纵向的深入性)结合起来[57]。多年来,图书馆评价被认为只是某个图书馆内部的评价,这主要是由于理论上和实践上的原因。首先,理论上讲,图书馆之间缺乏统一的以用户为中心的服务质量的描述,也就是说基于用户的图书馆服务质量理论模型并没有建立起来。其次,在因特网和网络调查出现以前,并没有一种有效的机制能够将各个机构的大量数据快速收集起来。靠纸和笔开展调查费用太高,程序太繁琐,无法在短时间内对各个图书馆的数据进行收集和分析。

为了解决跨机构评价的第一个问题，LibQUAL＋®专家们运用严格的定量与定性研究方法，设计了一个以用户为中心的图书馆服务质量模型，设定了一套共同的元素和用户期望。在方法上 LibQUAL＋®专家们运用了建构主义的扎根理论(constructivist grounded theory)作为分析框架，对商业环境下主要的服务评价工具 SERVQUAL 进行了改造，使其更适合研究型图书馆的环境。

在解决跨图书馆评价的实施问题时，网络技术提供了有效的进行调查推广和数据收集的手段，从而改变了调查方法。通过网络进行调查研究使得扩大调查范围、增加调查对象在成本和过程上都变得更有效。因为这一过程中很少有人工干预，所以就不存在数据录入成本，人工数据录入可能发生的错误实际上也被消除了。也不存在邮寄和印刷成本。调查回收的数据可以立即转变成表格并进行分析，因此网络调查的效率也是很高的。通过建立以用户为中心的图书馆服务质量评价指标和评价系统，并运用网络进行调查，图书馆就可以随时监控图书馆服务的状态，及时了解用户的需求和反应，为改进服务工作提供重要的参照和依据。

2.4.2　LibQUAL＋®简介及发展现状

2.4.2.1　LibQUAL＋®简介

LibQUAL＋®是美国研究图书馆协会(ARL)研制的图书馆服务质量评价模型。它是一个商标名称，因此使用“®”这一标志。在获得注册商标状态之前，使用 LibQUAL＋™作为非注册商标。目前，LibQUAL＋®是唯一正式的名称。其中的“＋”表示除了闭合问答外，还有开放的问题由用户选择。

根据正式的定义，LibQUAL＋®是图书馆用于请求、追踪、了解用户对服务质量的意见并采取相应行动的一套服务[58]。LibQUAL＋®起源于20 世纪 80 年代末在服务行业兴起的一种新的服务质量评价方法 SERVQUAL。

SERVQUAL 是一种应用于服务业的服务质量评价方法。1988 年，美国市场营销学家 L. L. Berry、A. Parasuraman 和 V. A. Zeithaml 依据“全面质量管理”(TQM)理论，在 Journal of Retailing 杂志上发表了一篇题为《SERVQUAL：A Multiple-Item Scale for Measuring Consumer Perceptions of Service Quality》文章[59]，提出了称为 SERVQUAL 的一种新的服务质量评价体系。其理论核心是“服务质量差距模型”，即：服务质量取决于用户所感知的服务水平与用户所期望的服务水平之间的差别程度(因此又称为“期望—感知”模型)，用户的期望是开展优质服务的先决条件，提供优质服务的关键就是要超过用户的期望值。其模型为：SERVQUAL 分数＝实际感受分数－期望分数。

他们定义了五个层面作为衡量服务质量的标准，这五个层面是：

- 有形性(Tangibles)：物质设施、设备、人员和交流资料的外在形式

- 可靠性(Reliability):可靠而准确地开展承诺的服务的能力
- 反应性(Responsiveness):帮助用户并提供快捷服务的意愿
- 保障性(Assurance):工作人员的知识和礼貌及其传达信用和信心的能力
- 移情性(Empathy):对用户给予关切和个别的关注

同时,对每个层面进一步细分,分解出若干问题(共 22 个问题)。要求用户对每一个问题、每一个层面选取他所认为的最低可接受限度、实际感受和理想状况的分数,从而获得用户对服务质量的客观评价。

SERVQUAL 的 22 个具体问题是:①向用户提供快捷的服务;②服务人员彬彬有礼;③服务人员以关切的态度接待用户;④按承诺的时间提供服务;⑤服务人员理解用户的需求;⑥提供服务的资料有视觉吸引力(如摆放显眼而整齐);⑦深切关心用户的主要兴趣;⑧乐意帮助用户;⑨准确无误地维护用户的记录;⑩让用户了解开展服务的时间;⑪提供承诺的服务;⑫服务人员培养用户的自信心;⑬服务人员具有解答用户咨询的知识;⑭随时随地地回答用户的提问;⑮可靠地解决用户所提出的问题;⑯第一次就能正确地提供服务;⑰提供有视觉吸引力的设施;⑱给予用户个别的关注;⑲服务人员衣着整洁、规范;⑳方便的开馆时间;㉑现代化的设备;㉒向用户作出准确性和隐私权的保证。

SERVQUAL 提出后,很快受到英美图书馆界的关注,Texas A&M 大学图书馆和其他一些图书馆先后将修改后的 SERVQUAL 用于本馆的服务质量评价。但几年的图书馆应用实践表明:SERVQUAL 的 22 个指标似乎并没有抓住用户对图书馆服务质量感知的所有相关方面,主要因为 SERVQUAL 是针对银行、零售等其他服务行业提出来的,因此,需要对 SERVQUAL 进行进一步修改以适应图书馆的特定环境。

1999 年 9 月,在 ARL 的成员大会上,ARL 统计与测度委员会、ARL 研究图书馆领导与管理委员会发起了"ARL New Measures Initiative"计划,以缓解图书馆界面临的资金资助单位和用户所带来的压力:他们要求进行基于结果的评价,而不仅仅依靠投入、产出或馆藏资源来衡量其服务质量。ARL New Measures Initiative 计划共有四个子项目,其中包括"使用 SERVQUAL 方法测度服务效果的实用性研究",这便是 LibQUQL+® 的前身。

随后,美国研究图书馆协会(ARL)和 Texas A&M 大学合作,以 SERVQUAL 为基础,继承了 SERVQUAL 的评价方法和工作机理,通过多次用户调查对 SERVQUAL 进行不断的修订,于 2000 年提出了正式确立 LibQUAL+™。2000 年 9 月,FIPSE(美国教育部高等教育改善基金)向 ARL 提供了近 50 万美元的资金,用于资助"研究型大学图书馆服务效果评价"项目,并定名为 LibQUAL+™(现为 LibQUAL+®)。该项目将重新定义调查问题、层面以及数据收集过程,以研制一种新的方法，使得 ARL 和其他大学图书馆能使用它来确定自己的服务效果。这一项目花费 3 年时间，其费用各由 FIPSE、ARL 和 Texas A&M 大学提供。

2001 年 11 月，美国自然科学基金(NSF)向 ARL 和 Texas A&M 大学提供了近 25 万美元的资金资助，用于完成为期 3 年的数字图书馆评价项目。基金支持对 LibQUAL+®方法进行改造用于对科学、数学、工程和技术教育数字图书馆(NSDL)的评价。

LibQUAL+®实验项目在每年的11 月开始征集下一年度参加的单位，于次年的 2、3 月份开始进行调查数据的采集工作。数据采集过程一般持续到 4 月底，然后对采集到的数据进行分析，并根据分析结果修订 LibQUAL+®的调查项目，以形成下一年度的调查项目。

LibQUAL+®项目的目标是研制适用于图书馆的服务质量评价方法和系统，最终形成完全适用于图书馆的服务质量评价方法[60]。LibQUAL+®在经过多轮实验、修正后开始在 ARL 成员馆甚至更大范围内推广使用，成为当前美国乃至世界图书馆界最有影响的服务质量评价方法和体系[61]。许多参与实验的图书馆都根据 LibQUAL+®调查结果为依据，改进图书馆的服务工作。

LibQUAL+®把调查指标首先划分若干层面，每个层面再划分若干问题。对于每一个问题，要求用户从可接受的最低服务水平、实际感知的服务水平和理想的服务水平三个角度予以评判，每一个角度设置从 1 到 9(1 为最低，9 为最高)共九个评分等级，用户根据实际感受选择 1～9 作为该问题的得分。LibQUAL+®调查指标设计，是在和用户进行大量访谈和调查基础上，经过四个阶段的实验和修正，从最初五个层面 41 个指标修正为三个层面 22 个指标。研究表明，最后形成的指标体系，对图书馆服务质量评价有很强的适用性[62]。

2.4.2.2　LibQUAL+®发展现状

LibQUAL+®是一套组织严密、操作规范的基于 Web 的调查方法，有利于促进与形成先进的图书馆服务文化，帮助图书馆更好地掌握用户对图书馆服务质量的认知，系统地收集和解释不同年度用户的反馈，提供同行可比的评价信息，更好地总结图书馆服务的经验[63]。通过对图书馆用户的反复调查实践，LibQUAL+®的测评指标逐渐稳定下来，并成为图书馆服务评价方面影响最大的一种测评工具。从 1999 年到现在，这一测评方法得到广泛推广。2007 年，全世界参与机构已经达到 1000 多家，参与调查的用户数量达到 100 万人次以上[64]，同时还开发了英语、德语、法语、汉语等 17 种语言版本[65]，用户遍布亚洲、欧洲、非洲和大洋洲等 19 个国家的图书馆(2009 年的统计)。LibQUAL+®通过10 多年的不断实践和摸索，其测评指标在不断地修正、完善，指标体系已基本稳定和成熟，已成为超越国界的通用图书馆服务质量测评方法[66]。

LibQUAL+®调查表整体结构由三部分组成：

第一部分：欢迎页。LibQUAL+®的介绍与总体描述。这一页面可以根据图书馆的需要来定制，包括图书馆的标志和名称突出显示在上端。

第二部分：调查表主体。这是调查表的主要部分，包括调查工具本身以及相应的人口问题。其中包括三个层面的22个核心问题、5个本地问题、11个附加问题、1个开放式评论，最后是用户个人信息。

第一个层面是服务影响（Affect of Service），测度图书馆服务的人际层面，包括移情性、反应性、保障性和可靠性等方面，共有9个核心问题，即：工作人员培养用户的信心；给予用户个别的关注；工作人员耐心细致地对待用户；随时准备解答用户的问题；工作人员具有解答用户咨询的知识；以关爱的方式服务用户；工作人员了解用户的需求；乐意帮助用户；可靠地解决用户提出的问题。

第二个层面是信息控制（Information Control），从信息的内容和信息获取两个角度测度服务质量，包括内容范畴、方便性、易于导航和自助，共有8个核心问题，即：电子资源在家中或办公室即可获得；图书馆网站可以使用户自行查找信息；完备的印本资源；丰富的电子资源；专业期刊完备；现代化的设备使用户便捷地获取信息；方便的存取工具使用户能自己查询信息；信息便于存取和独立使用。

第三个层面是图书馆场所（Library as Place），从实用、有效和象征性等方面测度物理环境，共有5个核心问题，即：激发学习兴趣的空间设计；适合个人学习和活动的安静空间；良好的思考、研究和学习场所；图书馆馆址、有吸引力；有适合小组学习和研究的交流社区。

5个本地问题可以从LibQUAL+®所提供的100多个问题集中选择。如果选择了这个选项，这5个问题和调查表的22个问题就形成整体的27个核心问题。

11个附加问题中，5个问题是有关信息素养、3个问题是有关服务过程满意度、服务实际效果满意度、服务总体满意度、3个问题是有关图书馆利用的频次。

开放式问题供用户自由地提出与LibQUAL+®有关或其他相关的问题，可供图书馆了解用户对图书馆服务的意见和建议。

用户个人信息包括年龄、性别、学科、身份和联系方式等。如果图书馆在本地提供奖励，调查表要包括一个答复者的电子邮件地址以便能够抽取获奖奖品。

第三部分：致谢页。感谢用户的参与，并提供LibQUAL+®主页链接和本馆网管的电子邮件。

在22个核心问题和5个附加问题中，用户都要对最低的服务水平、理想的服务水平和感知的服务水平选取相应的指标数值，数值范围为1～9。也可以选择不回答（N/A）。

最低服务水平（可接受的最低值）：表示用户能接受的最低水平，低于这个值则使用户无法忍受；

感知的服务水平(实际感受值)：表示用户亲自经历并感受到的实际水平；

理想服务水平(理想的期望值)：表示用户认为图书馆在该项服务上应该达到的理想水平。

LibQUAL+®最新的发展动态是LibQUAL+®精简版(LibQUAL+® Lite)的实验，被称为“过去若干年来LibQUAL+®最重要的发展”[67]。LibQUAL+®目前存在的主要问题是调查的问题较多(22个核心问题和5个本地问题对用户而言仍然是冗长的)，需要花费用户大量的时间(尽管LibQUAL+®宣称完成这份问卷大约需要13分钟，实际上要远远超过这个时间)，结果是用户的回复率较低(研究表明网络调查的回复率大约在15%～20%)。Texas A&M大学的研究人员早在2000年就对网络调查的回复率问题进行过研究。学者们发现调查表的长度是决定回复率高低的关键因素。因此，LibQUAL+®的开发者致力于最终建立一项填写不超过10到13分钟的调查，甚至花费更短的时间。为此，2003年就有学者提出了两种简略形式的LibQUAL+®。2008年，ARL和Texas A&M大学的研发小组测试了另外一种形式的LibQUAL+®，称为LibQUAL+® Lite。LibQUAL+®方案利用问题抽样方法获取所有有关22个调查问题的数据，同时只要求所确定的用户答复22个核心问题中的8个问题。22个核心问题是：服务影响层面9个，信息控制层面8个，图书馆场所层面5个。具体做法是：用户从三个层面各选1个关联性(linking)问题，剩下的5个问题从剩下的19个核心问题中随机选取，2个问题从8个非关联的服务影响问题中随机选取，2个从7个非关联的信息控制问题中随机选取，1个问题从4个非关联的图书馆场所问题中随机选取。这种抽样策略机制以及2008年春实验测试的部分结果，已有文献报道。2009年的一篇博士论文对有关这一新的简略版方案做了详尽的数据分析和文献评述[68]。这样一种建立在合理抽样基础上的用户调查，既兼顾了调查问题的需要，又节省了用户的时间，有利于保证用户的广泛参与和较高的回复率。

2.4.3　LibQUAL+®指标与评价方法评析

研究LibQUAL+®的测评指标、测评版本、测评模式的变化，可以了解用户需求的变化，调整图书馆的服务策略，提升图书馆服务质量，寻求图书馆服务质量测评发展方向。

为改造SERVQUAL，使之更加符合图书馆的需要，通过调查实践和图书馆用户的访谈[69]，研究人员认为SERVQUAL模型的5类评价指标在用于图书馆服务评价时，会出现重叠现象；同时反应性、移情性、有形性从不同角度衡量图书馆信息服务的效果，可将其归并为一个。根据用户调查的情况把体现图书馆服务内涵的层面以及 SERVQUAL 的 5 类评价指标进行融合和重新设计，形成了 2000 年版本的 8 个层面 41 个问题。

从 2000 年开始，ARL 利用 LibQUAL+®的测评指标对12 所大学图书馆进行服务质量的测试[70]，约有 5 000 用户参加，测评取得了比较理想的结果，但也反映出一些问题，例如一些指标相互重复，一些指标在调查数据因子分析时有无效问题等。此后，LibQUAL+®根据实践的需要，一直在持续不断地进行调整，使之更符合图书馆的实际。

在对 2000 年测评数据分析的基础上，ARL 和 Taxas A&M 大学的设计者认为 LibQUAL+®的指标还有待修正，认为在个人控制和导航方面还有待于优化和完善，同时为尽可能地测评图书馆服务的更多方面，又增加了评价指标。在 2001 年的测评中，使之扩展到 5 个层面 56 个问题，并于 2001 年获得美国国家自然科学基金会的资助，支持对 LibQUAL+®进行改造。通过对 2001 年测评数据的分析，删掉用户认为对图书馆服务质量测评不重要的问题，同时为解决问卷冗余和长度问题，将 2002 年的测评指标调整为 4 个层面 25 个问题。2002 年的测评结束之后，经数据可靠性分析结果显示，测评层次中的信息获取和个人控制可以合并为一个[71]，因此 2003 年的调查保持了问题的基本稳定，为使陈述项的含义更加清晰，调整了信息获取层面中的 2 个问题和图书馆环境层面中的 4 个问题[72]，最终将 LibQUAL+®的测评指标调整为3个层面 23 个问题。2004 年去掉“便利的服务时间”这个核心问题，将 23 个指标修改为 22 个指标。此后 LibQUAL+®的测评指标保持相对稳定，具体指标变化情况如表 2-8 所示。从表 2-8 可以看出，LibQUAL+®的指标体系在2000～2003 年之间变动比较大，在借鉴 SERVQUAL 的测评指标和测评方法的基础上，LibQUAL+®经过持续多年的实践修正，建立了比较成熟的图书馆服务质量评价模式，确立了适合图书馆的测评指标体系。

2.4.3.1　历年指标演变

综上所述，LibQUAL+®2000 年为 8 个层面 41 个问题，2001 年为 5 个层面 56 个问题，2002 年为 3 个层面 23 个问题，2003 年为 3 个层面 23 个问题，2004～2010 年为 3 个层面 22 个问题。见表 2-8。

表 2-8　LibQUAL+®历年测评指标变化表

2000 年 (8 个层面 41 个问题)	2001 年 (5 个层面 56 个问题)	2002 年 (4 个层面 25 个问题)	2003 年 (3 个层面 23 个问题)	2004 年以后 (3 个层面 22 个问题)
有形设施	服务影响	服务影响	服务影响	服务影响
图书馆环境	图书馆环境	图书馆环境	图书馆环境	图书馆环境

（续表）

2000 年（8 个层面 41 个问题）	2001 年（5 个层面 56 个问题）	2002 年（4 个层面 25 个问题）	2003 年（3 个层面 23 个问题）	2004 年以后（3 个层面 22 个问题）
可靠性	可靠性	信息获取	信息控制	信息控制
自立能力	个人控制	个人控制		
保障性	信息获取			
反应性				
移情性				
指南/用户				

2.4.3.2　*增加本地问题*

LibQUAL+®提供标准测评问卷。问卷测评层次和测评指标是 LibQUAL+®测评中心根据多年的实践和研究设计，参加测评的用户或团体只需随机抽取测评的样本即可。测评数据的分析和测评报告都是由 LibQUAL+®测评中心统一提供。因此测评数据在参加测评的图书馆之间有比较基准，对图书馆在同行之间进行比较，改进服务质量具有重要作用。但随着测评的持续进行，有一些图书馆或团体有测评本地问题的需要，如何平衡中心控制和本地需求，是 LibQUAL+®测评中心需要解决的政策问题。因此，2004 年 LibQUAL+®测评中心在对测评数据定性和定量分析的基础上，通过对参加测评的图书馆用户的访谈，确定了 100 个本地性问题集[73]。图书馆在进行服务质量测评中，可以根据需要从这 100 个问题中选择适合自己图书馆服务环境的 5 个问题，并最终形成 22+5 的核心测评指标模式，兼顾测评问题的一般与个别的关系，使 LibQUAL+®测评指标更加完善。

2.4.3.3　*增加定性评价指标*

2004 年之前的 LibQUAL+®测评指标都是定量测评，即依据对核心问题的统计结果来推论用户对图书馆全部服务的总体满意度，测评问卷没有设置开放问题。2004 年之后测评问卷设置了开放性问题，实现定量测评和定性测评的有机结合。设置开放问题可以了解用户提出特定问题的原因及希望图书馆的政策有怎样的变化，是及时了解用户意见和建议、改进图书馆服务的一种创新方法[74]。根据历史统计的数据显示，40%的被调查者会填写开放评论这一项，他们提出具体建议，详细描述所关注的细节，这也正是图书馆所关注的服务改进方向。因此，2005 年以后开放评论实现了固定化，LibQUAL+®测评中心提供的测评报告把用户的评论集中起来提供给测评方。

2.4.4 LibQUAL+®的特点与发展趋向

2.4.4.1 测评指标的稳定性、通用性

ARL 设计 LibQUAL+®最终目的是克服 SERVQUAL 用于图书馆评价所存在的不足，明确并建立最实用的图书馆服务质量评价方式，以评价、改进和提高图书馆的服务质量[75]。LibQUAL+®的核心测评指标从2000 年的 41 个、2001 年的 58 个问题到 2004 年以后的 22 个问题，实现先繁后简，覆盖了图书馆服务的各个领域。经过近 10 年来持续不断地实践测试，证实了在图书馆测评中的适用性和通用性。由此可以看出，图书馆服务质量评价的关键问题是要建立一套规范化、标准化的测评指标体系，避免各馆各自为政；测评结果既要有横向比较基准，又要有纵向可比性。

2.4.4.2 测评的制度化、规范化

图书馆进行的服务质量测评通常根据需要临时进行，没有固定时间和频率。而 LibQUAL+®在每年的9月到第二年的 7 月进行注册，每年 1 月到 6 月或 7 月到 12 月进行测试[76]。LibQUAL+®的测评已经实现了规范化和制度化，这应该是图书馆服务质量测评的发展方向。实现测评的制度化、规范化，可以减少测评的随意性，降低由于频繁的大范围调查导致用户的“调查疲劳”，提高用户参加测评的积极性，提升测评的质量。

2.4.4.3 由馆内自主测评向第三方测评方向发展

LibQUAL+®的测评是由 LibQUAL+®评价中心来进行的。参加 LibQUAL+®测试的图书馆只负责收集数据，测评问卷、测评数据的分析和测评报告都是由 LibQUAL+®评价中心提供。这种第三方测评方法，可以避免单个图书馆自主测评的主观随意性，保证测评结果的客观性。

2.4.4.4 测评方式的网络化

LibQUAL+®以网络为基础，整个测评过程都是公开和透明的，在调查问卷的处理上也进行相应设置，保证合法有效，体现 LibQUAL+®通过网络对大规模以用户为中心的信息调查的有效管理。随着计算机、网络、通信技术的发展，用户信息素养的提高，基于网络的调查方式方便、快捷、高效，有利于用户参加测试，扩大调查对象范围，有利于信息数据的快速处理，同时大大节省了图书馆的人力物力及时间[77]，预计将成为图书馆服务质量测评采取的主要方式。

2.4.4.5 定量测评和定性测评的有机结合

2004 年以前 LibQUAL+®的指标都是定量测评，之后测评问卷设置了开放评论框，征集用户对图书馆服务的批评和建议。这种调查测评内容全面，覆盖图书馆服务的各个领域，能够收集用户的书面评价意见建议等定性的信息，使用户能充分

表达自己的意愿,保证用户满意度调查的全面性和客观性,这对以后图书馆服务质量测评问卷设计具有重要的借鉴意义。

2.4.4.6　从主观、要素测评向客观、用户感知测评的方向发展

LibQUAL+®使人们对图书馆评价的方式由主要从经费投入和馆藏资源评价转移到以用户为中心的服务质量评价[78]。LibQUAL+®的测评依据用户对图书馆服务的感知度,即用户对图书馆服务质量的理想期望值、实际感知值和最低期望值的差距来评价图书馆服务质量的高低,这种测评方式体现了以用户为中心的服务理念。以用户为中心的评价方式适应图书馆在服务理念的转变,体现用户多方面的信息需求和对图书馆服务的期望,也能体现图书馆对用户个性化、多样化需求的尊重和支持。

总之,图书馆工作必须重视服务质量,但应该从用户和用户满意度的角度出发,用户的评价才是最权威、最有说服力的评价[79]。如何获取用户对图书馆服务质量的评价,最有效的方法之一就是设计或选择合适的测评工具对用户进行图书馆服务质量的评价。LibQUAL+®经过多年的持续实践,测评指标不断修改、调整、完善,已经形成相对稳定的基于网络的图书馆服务质量测评方法。LibQUAL+®的测评语种不断增加,参加测评的图书馆和用户数量不断增多,参加测评的国家也在不断增加,LibQUAL+®的影响与日俱增,成为国际图书馆界进行服务质量测评的重要工具。国内也有部分图书馆借鉴 LibQUAL+®开展图书馆服务质量的评价工作,并取得了积极的成效[80],但仍要不断学习、借鉴、跟踪 LibQUAL+®的发展变化,在借鉴的基础上,设计更适合我国国情、在国内具有广泛影响的服务质量评价工具。图书馆服务质量评价体系和测评方法应向着通用化、制度化、规范化、测评结果具有可比性、定性指标与定量指标相结合、通用指标与本地指标相结合的方向稳定可持续性地发展。

第3章　图书馆服务质量评价指标体系的构建

图书馆服务质量评价研究的核心问题是评价指标体系的构建，而构建图书馆服务质量评价指标体系的最根本依据是用户需求。建立基于用户需求的服务质量评价指标体系是一项科学而严谨的工作。本书在参考国内外相关研究成果和评价方法的基础上，把握图书馆服务评价的最新发展和未来趋向，勇于创新，大胆实践，提出全新的方法与思路，指标体系筛选和构建过程，努力做到能够真正反映用户对图书馆服务需求与期望，目的是建立一整套本土化的、具有普遍适用性的图书馆服务质量评价指标体系。

3.1　指标及其筛选方法

3.1.1　指标的一般特征

从统计研究方法角度看，本书运用的是比较常用的统计指标法。指标，又称统计指标，是反映总体现象数量特征和属性的名称。通过一个具体的统计指标，可以揭示研究对象的某一特征，说明一个简单的事实。如果把若干有联系的指标结合在一起，建立指标体系，则可以从多方面综合反映和说明一个复杂现象的许多特征及其规律性。因此，如果要应用指标认识和说明所研究现象的特征，就必须把反映总体现象的特定概念(质的规定)和具体数值(量的规定)结合起来。指标具有如下基本特征：

(1) 数量性

任何一种指标都是从数量方面来反映它要说明的对象，构建指标的基本目的就是要将复杂的社会现象变为可以度量、计算和比较的数据、数字、符号。指标对现象的数量反映可以是直接的，也可以是间接的。

(2) 综合性

指标是从数量方面对某一社会现象的总体规模和特征来进行反映的，而不是针对单独的个体现象的反映。任何单独的指标或孤立的指标都没有特别的意义。任何指标都是处在一定的环境下。因此，指标必须能综合性地反映现象和问题，把握现象的总体情况和一般规律。

（3）表征性

指标并不是反映现象本身，它是社会活动内在特点和本质属性的外在表现，或者说是一种表征。例如图书馆服务质量不能直接的测量，需要从用户是否满意、服务的各个项目层面作为表征来评价，这种表征性也同时说明每个指标只能在有限的范围内说明问题，不能做到完全准确。

（4）具体性

指标不能含糊不清，必须具体明确。指标的本质在于能明确地表现要衡量的事物。因此，指标的含义本身定义要清楚，提供的信息要明确，揭示的对象要确定，要能形成对指标对象的清晰认识，避免模棱两可，词义含混，让用户不知所云，起不到应有的评价作用。

3.1.2　指标筛选的方法和原则

指标的筛选方法一般要经过初选、检验、简化与优化等过程。从图书馆角度而言，初选阶段是为了搜集和获得与图书馆服务质量评价相关的所有指标，对图书馆服务质量进行全面的研究和认识。初选阶段对指标的设计和选取是求全，而对指标的内部联系不做过多的要求。检验和筛选是要解决评价指标与评价目的一致性、验证指标体系建立的科学性，需要借助一定的计算和检验方法来完成。简化和优化是从指标重要性出发，通过定性和定量的分析，选取适当规模的指标，形成一套指标体系。

指标筛选的基本原则是：选取指标目的明确，与服务质量评价无关的指标不选；选择的指标尽可能覆盖服务的所有方面，否则就会有遗漏，评价就会出现偏差。另外指标要切实可行，具有可操作性，避免选取那些没有办法得到数据的指标。

本书作者对于图书馆服务质量评价指标的筛选过程，在遵循以上原则和方法的基础上，进行大胆创新，用开放式用户问卷调查的方式，请用户根据利用图书馆切身体会，提出自己认为评价图书馆服务质量最重要的指标，并且对问卷调查花费时间、评价级次、调查方式、指标数量等提出意见和建议，充分体现基于用户需求和感受出发的研究理念。

3.2　指标体系构建的指导思想以及主要功能

3.2.1　指导思想

评价指标体系对于评价分析和研究具有重要的意义。通过一个设计科学的评价指标体系，可以较为客观地测度、了解和揭示评价对象的基本特征、发展状况、创新水平和所处的位置，有利于剖析存在的问题，提出采取的措施，推动工作的发展。评价指标体系是否完整、科学、系统、严谨，对评价结果的影响很大，也将影响决策的制订。

建立图书馆服务质量评价指标体系的总体指导思想是从用户需求和期望的角度入手，借鉴国内外图书馆先进实践经验和成果，立足当前研究型图书馆发展实际，研制全面反映图书馆服务质量的评价指标，构建具有实际操作意义的我国研究型图书馆服务质量评价指标体系。

3.2.2 图书馆服务质量评价指标体系的功能

一套完备的图书馆服务质量评价指标体系应该具备以下主要功能：

(1) 反映功能

指标对特征的反应总是以一定的研究假设为指导的，具有较强的选择性和浓缩性。简言之，要选择那些最重要、最具有代表性的指标来反映图书馆服务质量的主要内容，力求把复杂的服务质量生态现象浓缩在有限的指标内。

(2) 监测功能

可以对图书馆服务的运行状况进行监控、反馈、预警和提醒，增强评价指标的监督和调控功能，有效地引导图书馆服务的发展方向，对可能出现的欠缺和弱项，能够及时采取必要的措施进行改进和提高。

(3) 比较功能

当同一评价指标被用来衡量两个或两个以上单位的图书馆服务质量的时候，它就有了比较功能。可以通过比较，反映不同图书馆的服务特点、“强项与弱项”，总结规律，相互借鉴，相互促进。

(4) 评价功能

只有对反映、检测、比较的服务质量评价结果做出评价，对他们的前因后果做出解释，对得失利弊做出判断，才能从本质上揭示服务质量的本质和差距，才会对如何改进工作具有启示作用。评价功能应该是评价指标的核心功能，是评价指标的本质属性。

(5) 预测和计划功能

它是在服务质量评价的基础上对未来图书馆发展趋势的预先测算，并根据预测结果对如何改进图书馆服务提出规划和改进措施等，最终目的是以评价促进服务质量的提升，提高图书馆整体服务水准。

3.2.3 评价指标适用范围说明

我国各类型图书馆发展规模和服务水平参差不齐，尽管可以研究和构建普适性的评价指标体系，但意义并不大，因为通常不会对所有图书馆进行服务效果的评价，而且实施评价的工作量巨大，实际作用有限。从研究的角度，因经费和人力有限，无法顾及所有规模和类型的图书馆，所以本书只选取具有研究性质的图书馆作为调研和实验的对象，研制的评价指标体系也因此只能限制在研究型图书馆的范围之内。

研究型图书馆是一个模糊的概念。根据 Online Dictionary for Library and Information Science（http://www.abc-clio.com/ODLIS/odlis_A.aspx）的定义，研究型图书馆（research library）是拥有特定领域、学科或学科群的综合性的馆藏资源，包括精选的一次和二次文献，旨在满足严谨的研究人员的信息需求。研究型图书馆的工作重点在于资料的积累和向有资历的学者提供服务，以便被充分地利用。在我国，一般将国家图书馆、省级公共图书馆、大型专业图书馆和重点大学图书馆归为研究型图书馆。

对大学图书馆来说，研究型图书馆是研究型大学的文献支撑和服务保障体系。研究型大学是以创新性的知识传播、生产和应用为中心，以产出高水平的科研成果和培养高层次精英人才为目标，在社会发展、经济建设、科技进步、文化繁荣、国家安全中发挥重要作用的大学。例如 985 和 211 院校，被公认为研究型大学。

本书为加强研制的评价指标的适用性，也试图设计一套针对研究型公共馆和专业馆的评价指标。从这些图书馆的服务对象范围和服务水准来说，为科研人员、政府决策服务是这些图书馆的重要的或主要的工作内容，因而，在很多方面，与研究型大学图书馆具有相似之处。

本书的研究过程始终将研究对象聚焦在研究型图书馆这一特定范围内，在用户开放调查和联合调查中，选取的参与馆都是研究型图书馆。由于工作条件和调研环境所限，在实施过程中，多侧重在研究型大学图书馆（985 高校图书馆）。

3.3　图书馆服务质量评价指标体系建立过程

本书根据上述指导思想、原则、方法，通过以下具体步骤，完成了图书馆服务质量评价指标的筛选与三个指标体系的建立。

3.3.1　评价指标的初始数据收集与筛选

首先，组织小范围用户开放问卷调查，请用户填写 5 个自己认为在图书馆服务质量评价方面最能影响满意度的关键指标，并对填写问卷的时间长度、问卷方式、评价级次、评价项目数量等内容征求用户意见，为后续的用户开放调查问卷设计提供参考依据。

调查又分为两步。第一步，邀请少量用户进行题为“用户对图书馆服务质量评价指标选取的调查”的实验性预调查，调查对象尽可能覆盖各类人群，回收的 37 份问卷中包含本科生 3 人、研究生 18 人、教师 5 人、科研人员 3 人、工程师 2 人、企业职员 4 人、公务员 1 人、其他 1 人。

对 37 份回收问卷进行仔细分析后，我们对问卷进行了修改完善。第一题“填写调查问卷的时间”，原问卷中划分过细，修改为三个选项；此外，对几个问题的表述都进行了修改，例如第五题，更加强调用户“利用图书馆的切身体会”这层含义；在用户的身份选项中，对本科生和研究生限定得更加清楚，避免在理解上产生歧义。问卷修改后的结果如下：

用户对图书馆服务质量评价指标选取的调查

用户您好！

感谢您在百忙之中抽出 5 分钟的时间，接受国家社会科学基金项目《基于用户需求的图书馆服务质量评价研究》（项目序号 06BTQ001）的调查。请根据您利用图书馆的切身体会，提出 5 个您认为最能体现图书馆服务质量的评价指标，并对相关问题提出您的看法。我们将根据您的建议，研制符合用户需求的图书馆服务质量评价指标体系，进一步改进图书馆服务。您的意见很重要，非常感谢您的支持！

课题组

一、填写调查问卷时，需要花费的时间在哪个范围内您认为能够接受？

1. 5～10 分钟 □　　2. 10～20 分钟 □　　3. 20～30 分钟 □

二、您认为对图书馆的服务质量进行评价，评价的级次一般为几级为宜？

1. 3 级（1、2、3。其中，1 为最高评价，3 为最低评价）□

2. 5 级（1～5。其中，1 为最高评价，5 为最低评价）□

3. 7 级（1～7。其中，1 为最高评价，7 为最低评价）□

4. 9 级（1～9。其中，1 为最高评价，9 为最低评价）□

5. 10 级（1～10。其中，1 为最高评价，10 为最低评价）□

三、您认为您更愿意接受的调查方式为：

1. 发放纸质问卷 □　　2. 通过网络填写问卷 □

四、您认为对图书馆服务质量评价的项目数，一般以多少项为宜：

1. 15 项 □　　2. 20 项 □　　3. 25 项 □

4. 30 项 □　　5. 35 项 □　　6. 40 项 □

五、根据您利用图书馆切身体会，您认为评价一个图书馆服务质量最重要的指标应包括：

1.

2.

3.

4.

5.

您的身份：

在校本科生 □　在校研究生 □　教师 □　科研人员 □

工程师 □　公务员 □　企业员工 □　其他 □

您的年龄：

20岁以下 □　20～29岁 □　30～39岁 □　40～49岁 □

50岁及以上 □

再次感谢您的帮助！

第二步，利用上述修改后的调查问卷，在10所研究型图书馆进行了小范围的用户开放调查，这10所图书馆包括高校图书馆和具有研究性质的大型公共馆。课题组向各参与调查单位说明情况，希望各单位注意不同身份用户的选取比例，以保证各类型用户均有一定代表性，并鼓励用户完整填写开放式问题，问卷采取电子邮件的方式填写。

这次用户开放调查共计回收有效问卷249份，收集到丰富的数据和信息，为进一步整理、统计、分析提供了基础，用户提供的评价指标是研制指标的重要依据。

对调查问卷前四项选择题的统计结果详见表3-1：

表3-1　用户开放调查统计结果

题　目	选　项	选择比例	结论分析
一、填写调查问卷时，需要花费的时间在哪个范围内您认为能够接受	5～10分钟	88.8%	大多数用户不愿超过10分钟
	10～20分钟	10.8%	
	20～30分钟	0.4%	
二、您认为对图书馆的服务质量进行评价，评价的级次一般为几级为宜	3级	17.3%	大多数用户选择了5级，这可能与许多日常调查采用5分制的影响有关
	5级	73.5%	
	7级	5.2%	
	9级	0.8%	
	10级	3.2%	
三、您认为您更愿意接受的调查方式为	发放纸质问卷	51.0%	两种方式各有人偏爱，比例基本持平
	通过网络填写问卷	49.0%	
四、您认为对图书馆服务质量评价的项目数，一般以多少项为宜	15项	38.2%	仅有约5%用户选30项以上，说明大多数用户都不愿接受题目数量过多的调查问卷
	20项	32.1%	
	25项	12.4%	
	30项	12.1%	
	35项	2.4%	
	40项	2.8%	

在 249 份问卷中，用户共提出评价指标 770 条，随后我们对 770 条指标进行细致分析，拆分为最小单元，共计 1 081 条，初步归纳为以下 6 大类共 29 项指标，详见表 3-2：

表 3-2 用户提供的评价指标(共计:6 个维度、29 项指标)

维 度	评价指标(简要说明)	用户提出的指标数量
C1:馆藏资源建设	C1_1:印刷本资源数量以及复本量	83
	C1_2:资源丰富度(学科、语种)	109
	C1_3:资源更新及时、新书量	63
	C1_4:资源质量(内容、外形)	28
	C1_5:电子资源数量、丰富度	54
		共计 337
C2:获取便利性	C2_1:能方便快速查找与获取馆藏、馆藏目录功能完善与方便	113
	C2_2:馆藏布局合理、分类科学、架标书标清晰	45
	C2_3:上架整架迅速	16
	C2_4:馆际互借、分馆间通借通还	12
		共计 186
C3:网络服务	C3_1:主页维护(内容多样,更新及时)	4
	C3_2:电子资源访问系统、平台等	24
	C3_3:网络访问便利性、校外访问等	8
	C3_4:有线/无线等网络硬件环境(信号、接口、分布、方便性)	9
		共计 45
C4:馆舍设施与环境	C4_1:总体环境(安静、整洁、优美)	77
	C4_2:光线、温度、湿度、空气等物理环境	10
	C4_3:阅览座位数量及舒适度、个人自习空间	24
	C4_4:电脑多媒体等硬件设施(数量、位置分布、先进性)	7
	C4_5:饮用水、食品售卖等生活设施	12
	C4_6:其他设备设施(如电源插头等)、设施齐全、设备先进	28
		共计 158
C5:服务方式	C5_1:借还手续简便、没有误操作、阅览方便、开放程度	32
	C5_2:流通规则	40
	C5_3:开放时间	40
	C5_4:用户指导(培训、参考咨询)	25
	C5_5:用户反馈渠道、新书推荐、用户与图书馆的互动	14
	C5_6:技术服务(打印、收费、对外服务等)	23
		共计 174

（续表）

维　度	评价指标（简要说明）	用户提出的指标数量
C6：馆员业务素质及服务态度	C6_1：馆员服务态度	112
	C6_2：馆员业务水平、服务效率、馆员素质	52
	C6_3：言谈举止	7
	C6_4：提供个性化/人性化服务	10
		共计 181

(1) 馆藏资源建设

资源数量、质量、范围、各学科或各种类所占比例、时效性等。

(2) 书刊查找与获取便捷度

借阅规则、排架整架、馆际互借等。

(3) 网络资源及服务

电子资源、网络环境、主页等。

(4) 馆舍设施与环境

馆舍、环境、辅助设施、配套设施、技术服务等。

(5) 服务方式/服务能力

服务功能、开放时间、限制程度、个性化服务等。

(6) 馆员业务素质及服务态度

针对馆员提出的要求。

此外，我们还将调查表中的四个选择题以及拆分后的1081条"指标"分别与用户身份、用户年龄、用户单位等信息关联，进行了更为详细的分析和解读，为后续正式调查的问卷设计提供了参考依据。

在此基础上，经过参考前期文献调研结果，综合考虑图书馆员的意见和建议、其他图书馆的参考指标、LibQUAL+®指标等，同时考虑国情因素，对上述来源于用户的指标进行反复推敲和多次修订。

首先，对于维度的划分进行了较大调整：例如原来的"C3网络服务"，相对数量较少，只有45条指标，而其中有关主页、电子资源访问平台、网络访问便利性等，都与"资源获取便利性"相关；再如原来的"C5服务方式"，其中的前3项指标也与"资源获取便利性"相关。经过调整，最后划分为4个维度：①资源：用于概括与各种类型、各种载体形态、各种服务方式的文献相关联的所有指标，以及与文献的特色化及加工过程相关联的指标；②资源的获取与易用性：无论是实体的馆藏布局、排架及维护情况，还是基于网络的馆藏目录、网站信息与使用界面、检索平台，以及流通规则与借还手续等，对于用户通过各种渠道获取各类资源有着重要的影响作用，这些方面做得越好,用户获取资源就越方便快捷,反之亦然;③环境与设施:将所有与图书馆硬件设施和软环境相关的指标都归纳于这一维度,除了通常意义上的物理环境,包括空间、座位、电子设备、网络设施、生活设施外,我们更强调图书馆的文化氛围,将其列在首位;此外,考虑到评价指标应具有一定的前瞻性,因此将学习空间、残障设施、自助设备等也列入其中;④服务与情感:将所有涉及馆员和服务的内容都概括在其中,除了传统服务内容外,充分考虑了个性化、学科服务、文化传播活动等方面的指标。

其次,对于部分关注较少的指标进行筛选、合并。例如原来的"C6_3 馆员的言谈举止",归根到底还是反映出了馆员的"C6_1 服务态度",可以合并,将涉及馆员本身的所有指标合并概括为两项,一项是关于态度,一项是关于业务。

此外,在对指标进行调整的过程中,我们还对指标的性质进行了划分,即分为"核心指标"和"备选指标"。核心指标是指各类型图书馆都必备的基本评价指标,而备选指标则是指不一定适用于所有图书馆、或带有锦上添花性质的指标,可供各类型馆根据自身情况从中选用。例如"分馆间通借通还"这项指标,就不适用于那些没有分馆的图书馆。

经过上述调整,形成如表 3-3 所示的指标体系草案,共划分为 4 个维度、43 项指标,其中核心指标 28 项、备选指标 15 项。在评价指标草案中,指标名称非常简洁,为了便于用户更好地理解,对每一项评价指标进行了附加描述。

表 3-3 评价指标草案

分类(维度)	性 质	评价指标	附加描述
1:资源	核心	1_1:印刷资源	印刷型资源数量及复本量,能否满足需求
	核心	1_2:电子资源	电子资源数量,数据完备性(如年限等),使用稳定性
	核心	1_3:资源丰富度	种类,学科,语种,层次,载体形态
	核心	1_4:资源新颖性	资源更新及时,新书数量
	核心	1_5:资源质量	内容质量,外形质量,可用性,资源选购水平,能否满足用户研究与学习的需求
	备选	网络免费资源	对网络免费资源的收集与整合,方便易用
	备选	特藏	是否具有特色收藏,是否有残障者专用收藏(如盲文书、有声读物等)
	备选	教参	是否提供指定教参,制作电子教参
	备选	用户荐购	是否接受用户荐购,荐购的满足度
	备选	用户捐赠	利用用户捐赠有效补充馆藏,是否开展用户捐赠、图书漂流,用户赠书有效再利用的方式和效果

（续表）

分类(维度)	性　质	评价指标	附加描述
2:获取、易用	核心	2_1:网站/主页功能及维护	主页信息是否能有效帮助用户查找与获取资源,有效引导用户,及时更新,易用性
	核心	2_2:馆藏目录	馆藏目录便于检索,目录功能完善,方便,快捷,信息准确,维护及时
	核心	2_3:电子资源使用的便利性	完善的访问系统和检索平台,分类合理,组织有序,方便查找与利用,是否提供一站式检索功能
	核心	2_4:文献资源布局及配套标志	馆藏布局合理,分类科学,架标书标清晰,排架准确、方便查找与索取
	核心	2_5:架位维护及找书	上架整架及时、迅速、准确,能帮助用户及时找到所需书刊,拒借率低
	核心	2_6:手续简便	借还书手续简便,无误操作,阅览方便,开放程度,自助借还书,还书箱
	核心	2_7:流通规则	规则清晰、明确、合理、人性化,借书册数、借阅期限、逾期处理方式
	核心	2_8:馆际互借与文献传递	馆际互借服务效率,资费标准,适用范围等;是否提供跨地区、跨馆借还书服务
	核心	2_9:馆/校外访问电子资源	可在馆外(家中/办公室)访问电子资源,便利性如何
	备选	分馆间通借通还	各分馆间可否通借通还
3:环境、设施	核心	3_1:总体环境	安静、整洁、优美、舒适、氛围等
	核心	3_2:物理环境	光线、温度、湿度、空气、绿植等
	核心	3_3:空间及座位	馆舍空间充足,阅览座位数量、舒适度,个人学习空间,小组讨论间等是否满足需要
	核心	3_4:硬件设施	电脑、多媒体、复印机、打印机、扫描仪等硬件设施的数量、分布、性能等,使用是否便利,自助功能,是否收费等
	核心	3_5:网络设施	无线网/有线网的信号,分布,使用是否方便
	核心	3_6:生活设施	饮用水、食品售卖、卫生间、雨具等
	备选	辅助设施	如标志、电源、电脑充电柜、网线等设施是否方便、充足、安全、先进
	备选	残障人士专用设施	电梯、专用电脑、卫生间等
	备选	安防设施	在使用图书馆过程中的安全性、防盗、紧急状况下的应急设施等
	备选	休闲功能	提供令人身心放松的休闲功能(音乐、咖啡)

（续表）

分类(维度)	性　质	评价指标	附加描述
4:服务、情感	核心	4_1:馆员服务意愿	愿意帮助用户,态度友善、关切、彬彬有礼,尊重用户,言谈举止及服饰得体
	核心	4_2:馆员业务能力	馆员的专业程度,知识水平,业务熟练,变通能力,理解能力
	核心	4_3:馆员服务效果	是否达到预期目的,服务效率,获得服务的便捷性,提供的服务值得信赖,令用户有信心
	核心	4_4:咨询与帮助	各种形式的参考咨询、能够迅速正确解答问题,对用户提供有效帮助
	核心	4_5:培训与辅导	各类培训讲座、使用指南、阅读指导,信息素质教育的方式和效果,用户利用文献资源的技能
	核心	4_6:沟通与互动	对用户需求足够关注,对用户需求的了解程度,具有有效的沟通渠道和用户意见的表达途径,对用户意见与建议的及时反馈和有效处理
	核心	4_7:宣传与通报	及时向用户进行宣传推介,主动推送最新消息
	核心	4_8:开放时间	满足用户需求的开放时间,假期开放时间
	备选	提供个性化服务	对个别需求的满足程度,给予用户个别关注
	备选	促进用户学术发展	促进用户在学术领域的发展,提高研究或教学效率,学科馆员制度及作用
	备选	信息检索服务	提供专题或定题检索服务,查新,服务效益
	备选	战略情报研究与服务	提供战略情报分析、快报类服务
	备选	信守承诺、保护隐私	信守服务承诺、能够对用户做出保护隐私的保证

3.3.2 评价指标的修改与完善

至此,对评价指标体系的研究进入“由业界专家、专业人员对指标体系进行评价与修改”阶段。在初步形成的评价指标草案基础上,研究人员又进行了不断修改和调整,将指标的名称与附加描述相结合,尽量使文字表述能够清晰表达具体含义形成“评价指标体系(征求意见版)”见表3-4,仍保持4个维度,指标数量调整为30项核心指标、13项备选指标,并添加了“总体满意度”这一综合评价指标和“其他建议”这一开放题选项。以此指标体系为依据,先后邀请图书馆界8名专家以及清华大学图书馆10名不同部门馆员提出修改意见。

表 3-4 评价指标体系(征求意见版)

维 度	性 质	评价指标(变量)
1:文献资源	核心	1_1:印刷型资源的品种数量能够满足需求
	核心	1_2:电子资源的数量、年代范围能够满足需求
	核心	1_3:资源的学科、语种、文献类型分布合理、满足需求
	核心	1_4:资源更新及时、新书数量充足
	核心	1_5:资源采选质量高,能够满足用户需求
	核心	1_6:具有本馆特藏或特色资源
	备选	对网络免费资源进行有效地收集与整合,方便易用
	备选	提供指定教学参考书服务
	备选	具有供残障人士使用的专藏
2:获取便利性	核心	2_1:网站/主页信息丰富、更新及时、界面友好
	核心	2_2:馆藏目录信息准确、维护及时;系统功能完善、便于使用
	核心	2_3:电子资源易于用户检索与利用
	核心	2_4:文献资源布局合理、分类恰当、书标架标清晰完备
	核心	2_5:书刊摆放位置准确、维护良好
	核心	2_6:借还书操作快捷、准确、手续简便
	核心	2_7:流通规则明确、合理
	核心	2_8:馆际互借与文献传递及时、满足率高
	核心	2_9:开放时间能够满足用户需求
	备选	能够在馆外或校外方便地访问电子资源
	备选	主、分馆及各分馆间可以方便地通借通还
	备选	能够通过馆藏目录检索各分馆/资料室资源
3:环境与设施	核心	3_1:具有安全、安静、整洁、舒适的总体环境和优雅的文化氛围
	核心	3_2:具有良好的光线/照明、通风良好、温度适宜
	核心	3_3:馆舍空间和阅览座位充足
	核心	3_4:硬件设施(电脑、多媒体设备、扫描仪、复印机等)各类设备齐全、性能良好
	核心	3_5:提供便捷、安全的有线/无线网络条件
	核心	3_6:配套生活设施(饮水、卫生间、日常用品售卖、ATM机等)方便
	核心	3_7:全馆指示标牌完备、清晰
	备选	提供个人学习空间和/或小组讨论间
	备选	提供残障人士专用设施(通道、电梯、电脑、卫生间等)
	备选	提供令人身心放松的休闲区域或设施

（续表）

维 度	性 质	评价指标(变量)
4:馆员与服务	核心	4_1:馆员态度友善、尊重并愿意帮助用户;言谈举止及服饰得体
	核心	4_2:馆员业务熟练、表现专业;理解与沟通能力良好
	核心	4_3:馆员提供的服务可靠、令用户有信心
	核心	4_4:馆员能够迅速、准确解答问题,对用户提供有效帮助
	核心	4_5:对用户个别需求给予足够关注
	核心	4_6:开展各类提高用户信息素养的培训讲座,提供内容丰富、形式多样的指南资料
	核心	4_7:具有有效的用户沟通渠道,对用户需求和意见建议足够关注并及时反馈
	核心	4_8:利用多种手段主动推送图书馆资源与服务的最新消息
	备选	开展学科化服务,促进用户在学术领域的发展,提高研究或学习效率
	备选	提供专题或定题检索、科技查新等信息服务
	备选	提供快报、战略情报分析与研究等信息服务
	备选	馆员信守服务承诺
5:总体满意度		(请用户选择打分)
6:其他建议		(开放题,请用户自由填写)

征求专家意见信的样式如下：

图书馆服务质量评价指标体系专家咨询调查表

各位专家好！

感谢您在百忙之中协助本课题组对下述“评价指标体系”提出宝贵的修改意见和建议。该“评价指标体系”主要根据10所图书馆用户开放式问卷调查的汇总分析数据、综合参考LibQUAL+®评价指标、多家图书馆用户满意度和服务质量调查指标以及大量参考文献研制而成。我们将根据您的修改意见和建议，最终完成符合用户需求的图书馆服务质量评价体系。您的意见很重要，非常感谢您的支持！

1. 您认为四个维度的划分是否准确、合理？

2. 您认为每项指标的描述是否清晰、准确、易于理解？（修改意见请写在表格最右一列）

3. 您认为还有哪些重要评价指标未能在下表中反映出来？

国家社会科学基金《基于用户需求的图书馆服务质量评价方法与模式研究》课题组

征求意见主要围绕三个方面：

① 四个维度的划分是否准确、合理?

② 每项指标的描述是否清晰、准确、易于理解?

③ 还有哪些重要评价指标未能反映出来?

馆内外 18 位专家、专业馆员提出了中肯评价和积极建议。我们对这些反馈信息进行逐条分析、汇总,归纳如下:

① 该指标体系覆盖了图书馆服务质量评价所涉及的绝大多数方面,能反映出目前图书馆服务质量的主流,维度设计合理。

② 希望指标划分更细;内容和方向上应充分考虑公共馆的情况;文字描述上要再锤炼、避免歧义。

③ 指标的可扩展性,目前划分为核心指标与备选指标,应当根据不同类型的图书馆,有不同的推荐指标。

④ 图书馆的评价指标是动态变化的,设计指标时需要有一定前瞻性。

⑤ 维度或指标的权重目前没有考虑。

在召开课题组全体会议,邀请专家共同讨论后,又对指标进行了两次修订,最终形成指标体系最终版本。与上一个版本相比,最终版本主要变化在于:对部分指标的描述进行了字斟句酌的修订;将原来的"核心指标＋备选指标"模式改变为"通用指标＋特色指标"模式,即:针对不同性质的图书馆划分了各自适用的特色指标,从而可供高校馆、专业馆、公共馆分别根据这套指标设计出各自适用的评价问卷。

评价指标体系最终定稿分为三个版本:高校版、公共版、专业版;每个指标体系分为四个维度,33 项通用指标,13 个特色指标(高校馆 5 个、专业馆 5 个、公共馆 3 个),各类型图书馆指标总数分别为:高校馆 38 个、专业馆 38 个、公共馆 36 个。详见表 3-5。

表 3-5　基于用户需求的图书馆服务质量评价指标体系(定稿)

维　度	性　质	评价指标(变量)
1:文献资源 通用指标 5 高校 5＋2＝7 专业 5＋1＝6 公共 5＋2＝7	通用	1_1:印刷型资源能够满足需求
	通用	1_2:电子资源能够满足需求
	通用	1_3:新资源能够满足需求
	通用	1_4:及时完成文献资源加工处理
	通用	1_5:馆藏特色鲜明
	高校/专业	有效地收集与整合网络资源
	高校	提供指定教学参考书服务
	公共	具有供残障人士使用的特殊馆藏
	公共	具有供各种年龄和文化程度用户群体使用的文献资源

（续表）

<table>
<tr><th>维　度</th><th>性　质</th><th>评价指标(变量)</th></tr>
<tr><td rowspan="11">2:获取便利性
通用指标 9
高校 9+1=10
专业 9+1=10
公共 9+1=10</td><td>通用</td><td>2_1:网站/主页信息丰富、揭示清楚、更新及时、界面友好</td></tr>
<tr><td>通用</td><td>2_2:馆藏目录信息准确、功能完善</td></tr>
<tr><td>高校/专业</td><td>对文献资源进行有效整合、提供一站式检索</td></tr>
<tr><td>通用</td><td>2_3:电子资源便于检索与利用,可远程访问</td></tr>
<tr><td>通用</td><td>2_4:馆舍馆藏布局合理</td></tr>
<tr><td>通用</td><td>2_5:书刊排架准确,书标架标清晰完备、维护良好</td></tr>
<tr><td>通用</td><td>2_6:借还书手续简便、快捷</td></tr>
<tr><td>通用</td><td>2_7:借阅规则明确、合理</td></tr>
<tr><td>通用</td><td>2_8:馆际互借与文献传递申请处理及时、满足率高</td></tr>
<tr><td>通用</td><td>2_9:开放时间能够满足需求</td></tr>
<tr><td>公共</td><td>入馆或办证手续简便</td></tr>
<tr><td rowspan="12">3:环境与设施
通用指标 11
高校 11+1=12
专业 11+1=12
公共 11</td><td>通用</td><td>3_1:文化氛围浓厚,有助于学习和研究</td></tr>
<tr><td>通用</td><td>3_2:物理环境(光照、通风、温湿度等)良好</td></tr>
<tr><td>通用</td><td>3_3:环境与设施安全可靠</td></tr>
<tr><td>通用</td><td>3_4:馆舍空间和阅览座位充足</td></tr>
<tr><td>通用</td><td>3_5:馆内标志与导引系统完备、清晰</td></tr>
<tr><td>通用</td><td>3_6:电子设备及网络设施(电脑、网络、多媒体、复印机等)种类齐全,性能良好,使用方便</td></tr>
<tr><td>通用</td><td>3_7:提供方便、清洁的配套服务设施(饮水、洗手间、公用电话等)</td></tr>
<tr><td>高校/专业</td><td>提供个人学习或小组讨论空间</td></tr>
<tr><td>通用</td><td>3_8:提供休闲区域及相关设施</td></tr>
<tr><td>通用</td><td>3_9:提供必要的残障人士专用设施</td></tr>
<tr><td>通用</td><td>3_10:提供自助借还、自助复印等自助服务设备</td></tr>
<tr><td>通用</td><td>3_11:提供多种辅助软件工具</td></tr>
<tr><td rowspan="10">4:馆员与服务
通用指标 8
高校 8+1=9
专业 8+2=10
公共 8</td><td>通用</td><td>4_1:馆员态度友善,尊重并主动帮助用户,举止得体</td></tr>
<tr><td>通用</td><td>4_2:馆员业务熟练,理解与沟通能力良好</td></tr>
<tr><td>通用</td><td>4_3:服务规则健全、公开、易于理解,保护用户隐私</td></tr>
<tr><td>通用</td><td>4_4:与用户沟通的渠道畅通有效</td></tr>
<tr><td>通用</td><td>4_5:对用户个性化需求给予足够关注</td></tr>
<tr><td>通用</td><td>4_6:提供各种形式的参考咨询服务,有效帮助用户</td></tr>
<tr><td>通用</td><td>4_7:开展各种形式的培训活动或提供相关指南资料</td></tr>
<tr><td>高校/专业</td><td>配备学科馆员,开展学科服务</td></tr>
<tr><td>专业</td><td>提供情报研究服务</td></tr>
<tr><td>通用</td><td>4_8:举办各种展览、报告、讲座等科学文化传播活动</td></tr>
<tr><td colspan="2">5:综合评价</td><td>请您对本馆总体服务质量进行综合评价(请用户选择打分)</td></tr>
<tr><td colspan="2">6:意见与建议</td><td>欢迎您对本馆服务提出宝贵意见与建议(开放题,请用户自由填写)</td></tr>
</table>

除指标体系外，研究人员对用户调查其他相关的问题也进行了分析研究。

(1) 关于调查指标的数量和填写时间

尽管我们最终确立了三种类型的图书馆指标数量分别为高校馆 38 个、专业馆 38 个、公共馆 36 个，但这似乎大大超过了用户的心理预期(见表 3-2)。而实际上，这些指标只能属于理论层面。各图书馆在应用时完全可以根据实际需要有所删减(当然也可以根据需要有所增加)。即使使用了上述数量的指标，也并不会给用户增加太大的压力，因为用户对这些内容是比较熟悉的。相应地，调查指标的数量与用户的填写时间是对应的。从表 3-2 看，用户填写时间在 20 分钟内也还是可以接受的。

(2) 关于采用的量表级次

尽管从表 3-2 看，很少有用户能接受 9 级量表，但为了使调查更加科学合理、数据具有更好的可比性，最终选择了 3 层 9 级量表的评测方法。9 级量表的优势是能充分反映用户评价的细微差别，数据比较详细，揭示存在的问题比较深入，信度与效度反映充分，在多家图书馆的小范围试验效果也较好。LibQUAL+® 的9级量表在北美得到广泛应用，已得到用户的充分认可。清华大学图书馆的实践也证明国内用户对 9 级量表也是能够接受的，尽管还需要在更广泛的用户群中进行实验和推广。其他的测评量表国内多有实践，需要推出国外流行的 9 级量表供国内用户尝试和逐步接受。

(3) 关于调查方式

从表 3-2 中可以看出，用户对纸质问卷调查和网络调查的接受比例大约各占一半，表明用户对调查方式的选择的差异性较大。在现阶段，纸质问卷调查还是不可缺少，特别是网络环境不理想或对年龄稍大一些的用户而言。我们在调查中，也部分地采用了纸质问卷调查。但从发展趋势而言，网络调查将占主导地位。LibQUAL+® 也是采用发放电子邮件、用户在线填写问卷的方式。逐渐普及或者首选网络方式调查，可以提高数据处理效率和准确性，也符合建设节约型社会(低碳经济)的生活理念。

第4章　基于用户需求的图书馆服务质量评价实证

建立了基于用户需求评价指标体系之后，还必须在一定数量的具有代表性的图书馆中实际应用和验证。为此，需要制订从调查问卷、调查组织、调查的技术支持与解决方案、调查工作流程、问卷回收、问卷质量评价等一整套图书馆用户调查的规范化流程和操作方法，保障调查工作规范而有序地进行。

4.1　调查问卷设计

首先根据评价指标体系的三个版本，分别设计公共馆、专业馆、高校馆三套调查问卷模板。调查问卷分为三部分：①问卷说明语，除了简要说明本调查的目的之外，对调查的测评方法提供解释和示例说明，并做出保密承诺；②问卷中间部分也是问卷的主体，请用户就四个维度的各项评价指标进行评分，最后对图书馆总体服务质量进行综合评价，并设计一道开放题供用户填写其他意见与建议；③用户个人信息。

设计完成的纸质调查问卷（以高校馆问卷为例）详见附录1。

关于用户个人信息部分，选择放在问卷结尾处是调查问卷的一般规范，目的是避免一开始要求填写个人信息，可能引起用户的误解或反感。此外承诺对用户个人信息采取严格保密措施，让用户更加放心填写。主要采集4项用户信息，其中年龄和身份是纯个人信息，而“到图书馆的平均频率”、“每周通过访问图书馆主页利用各种资源或服务的平均时间”两项则是关于用户利用图书馆行为方式的调查内容。

不同类型的图书馆，用户身份有着较大差别，而用户身份的划分是为了被调查馆可从中掌握不同用户群的评价差别，有针对性地开展工作，因此直接影响着对调查数据的分析与比对，因此需要慎重划分。尤其是公共馆，因涉及的用户面比较广，如何进行合理的用户身份划分将影响后续的分析效果，为此我们专门征求了公共馆专家的意见。最终，对于三类不同的图书馆，用户身份的选项分别确定如下：

公共馆：

□ 高校学生　　□ 科研人员　　□ 企事业人员　　□ 政府工作人员

□ 其他

专业馆：

□ 研究生　□ 科研人员　□ 科研管理人员　□ 其他

高校馆：

□ 本科生　□ 研究生　□ 教师　□ 科研人员　□ 其他

4.2 调查组织

研究人员邀请和组织了北京及全国各地14家高校馆，5家公共馆和专业馆，共同参与用户满意度调查。

在选择参与馆时，研究人员充分考虑了其办馆规模、地域分布、用户数量等方面的因素。参与馆分布在全国8个省市自治区，14所高校馆均属于“211”高校，其中，教育部部属高校13所，985高校12所，具有一定程度的代表性。

针对不同类型图书馆的特点及各参与馆的实际情况，研究人员采取了开通网络调查和发放纸质问卷两种形式相结合的办法，其中，高校馆全部或主要采用网络调查的方式，公共馆和专业馆部分采用网络方式，部分采用发放纸质调查问卷或邮件发放电子版问卷的方式。纸质问卷回收后，由研究人员或各参与馆组织专人负责录入到网络调查平台中，并与网络调查所获得的数据合并在一起，作为该馆最终的用户调查数据。

4.3 调查的技术支持与解决方案

研究人员着手搭建用户在线调查平台，经过多次讨论，最终采用更为可靠、高效的Linux服务器，并以Tomcat＋mysql的方式实现http和数据库服务，服务器端采用执行速度更快、功能更强、系统开销更小的Servlet，调查页面则使用了相对成熟的Jsp技术。

用户在访问调查页面时，系统开始记录答题时间，并且向服务器查询已经完成的问卷数目，显示在页面上。处理用户提交问卷流程如图4-1所示。

用户在完成每一页的问题后，服务器端利用JavaScript遍历当前页面每一道问题的三个指标选项评分结果，判断是否有未答完整或逻辑错误的题目，并给出相应的提示(如图4-2所示)。提示脚本并没有使用标准的JavaScript功能，而是充分借鉴了JQuery，使提示界面及提示文字的定制性更好。

用户在完成整份调查问卷后，服务器端利用Servlet处理答案并且记录用户用机所在IP、提交时间等，然后将这些数据记录在数据库中。

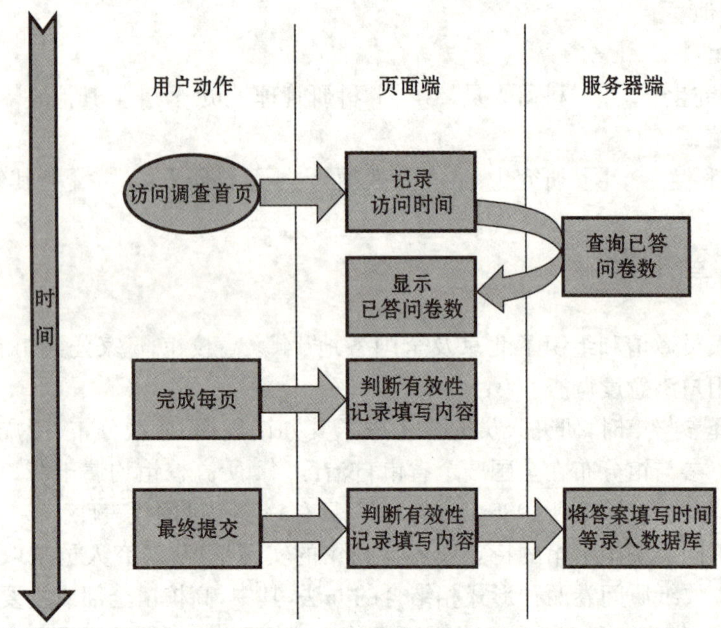

图 4-1 平台处理用户提交问卷流程图

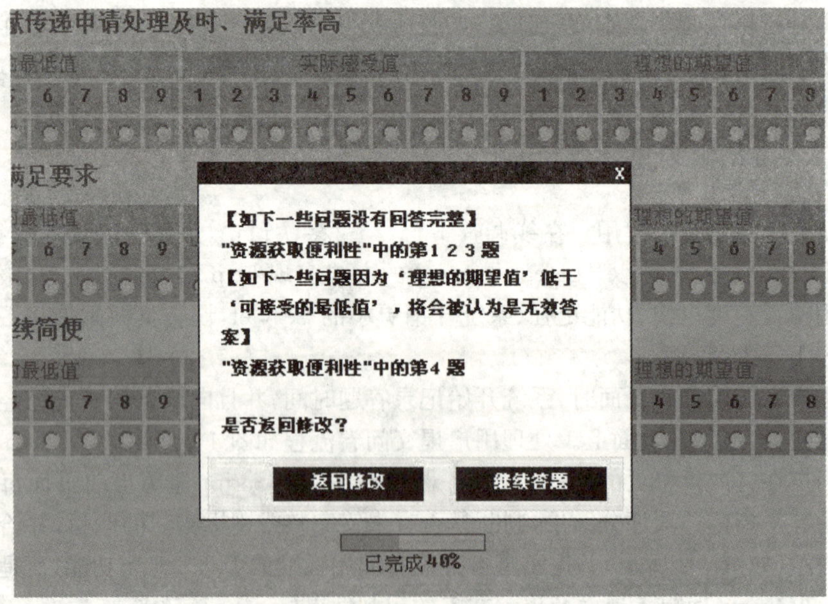

图 4-2 提示无效答题效果图

后台数据库共建有 4 个数据表，分别记录参与馆代码、问卷答案、用户 IP 及所用时间等。与此同时，为保证调查数据的安全性，除采用高级防火墙之外，平台所在服务器每天两次自动在服务器端上进行数据库全备份及硬盘镜像全备份，并自动将数据库备份文件通过 SFTP 方式异地备份到其他服务器上。

针对数据回收环节开发了调查数据收割程序，可以从数据库中读取数据并自动生成 Excel 文件，使数据管理员能够随时导出所需的调查数据进行分析，从而大大提高了工作效率。

为保证各家参与馆调查页面的独立性和私密性，平台为每家参与馆分别建立了访问入口，访问入口地址用无规则的多位数字表示，使一馆用户无法通过猜测来获知其他参与馆的访问入口地址。在服务器端，不同参与馆用户所提交的问卷数据记录用机构代码加以区分，机构代码由课题组核心成员掌握，这进一步增强了各参与馆调查数据的安全性。

网络调查平台建成后，课题组先后组织了多次压力测试和远程测试，以确保用户网络调查正式启动后，平台运行的稳定与有效。根据前期调研的情况，课题组制定了周密的测试计划，模拟用户提交问卷的全过程，并最终证明，平台完全可以满足在国内不同地域、不同网络的用户大规模并发提交问卷的需求，随即投入正式使用。

4.4　调查工作流程

研究人员分别向各参与馆发出了启动用户调查的邀请信，并与各参与馆指定的负责人密切配合，落实了所需的各项准备工作，根据各参与馆提供的时间表陆续启动用户调查。

为保证调查活动的顺利进行，研究人员为各参与馆提供了一个标准的工作流程。

(1) 前期准备工作

• 指定主要联系人

由参与馆指定一位主要联系人。主要联系人为馆领导或相关业务部门主管，主要负责组织本馆工作人员落实各项准备工作，并与研究人员保持畅通的联系。

• 了解调查问卷

由主要联系人动员本馆参与实施调查活动的工作人员，要求充分了解和掌握调查问卷各组成部分，并能够解答用户在填写问卷时可能产生的疑问。

• 定制本馆问卷页面

研究人员分别为各参与馆提供专属的在线调查问卷页面入口，并提供标准的页面模板，并根据各参与馆的实际需要修改页面模板、标志、说明文字。

• 启动预调查

由各参与馆工作人员对平台进行远程测试，确认平台可以正常接收远程提交的测试数据。

• 确定调查样本

各参与馆根据本馆不同类型用户可能的回收情况确定用户的样本数量和比例。

(2) 正式启动用户调查

• 活动宣传及开展

各参与馆根据实际情况，灵活采取多种方式对用户进行适当的宣传动员，如在图书馆主页、BBS上发布公告，在用户密集区域张贴海报等，力求使举行调查活动的消息有效推送给用户。如采用发放纸质问卷进行调查，参与馆也可以举行现场宣传活动，同时发放调查问卷。

此外，为配合各参与馆做好用户调查工作，研究人员还专门制作了工作主页(见图 4-3)，用以发布调查工作流程要点、解答常见问题和及时通报最新的进展情况，并指定专人随时向各馆工作人员提供咨询与帮助。此外，对于有个性化需求的参与馆，专门为其增加有关用户信息的调查题目，并在数据回收环节进行相应的处理。

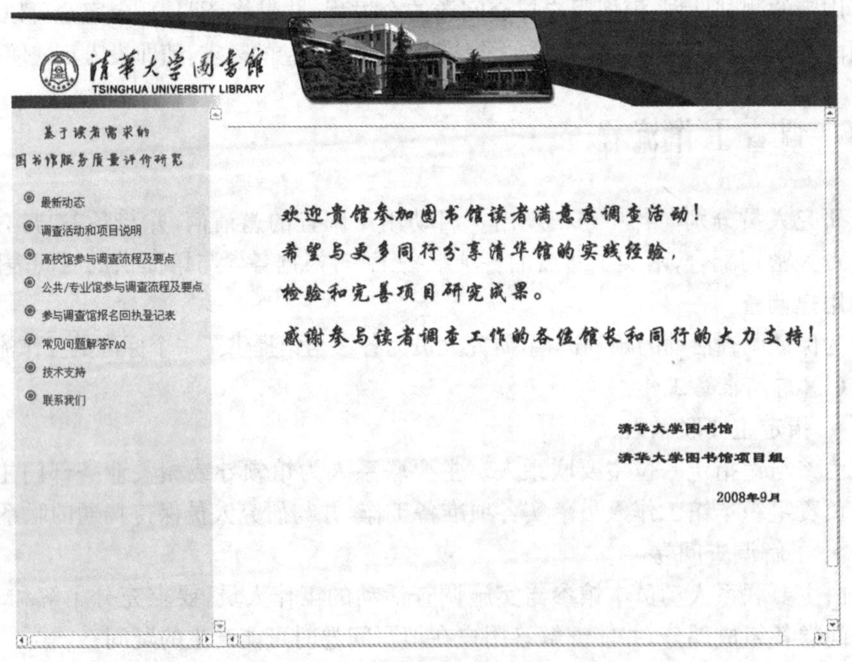

图 4-3　调查工作主页

• 向样本用户群体发送邀请和提醒邮件

对采取在线调查方式的参与馆，除上述宣传方式外，还可创建样本用户的 E-mail

地址库，向样本用户发送 E-mail 邀请。研究人员向参与馆提供 E-mail 邀请信的文字模板及已有的成功经验，即：最佳发送时间为周一；提供本馆联系人的电子邮件地址和电话，方便用户联络咨询；在邀请信发出后，可间隔 3～5 天后发送调查提醒信，特别在问卷提交数量不够理想时，适时的督促提醒很重要，还可制定适当的奖励政策。

• 给予用户必要的引导

在调查活动进行中，应对用户答卷时可能产生的疑问做及时有效的解答。这在发放纸质问卷时尤其显得重要，并鼓励用户本着认真的态度完成问卷的所有问题。

• 追踪调查进度

定期查看问卷提交情况，掌握调查进度。当问卷提交情况不够理想时，应加大宣传力度、多形式多渠道地动员用户积极、认真参与。当参与网络调查的人数不多时，也可增加发放纸质问卷的数量。

(3) 后续工作及调查数据结果的反馈

• 结束调查

在调查问卷达到预期的数量后，参与馆即可结束本次调查，撤下相关的宣传通知等(对采用了在线调查方式的参与馆，通知相关人员关闭在线调查问卷)，再次发送邮件对用户的参与表示感谢。

• 反馈调查数据报告

调查活动结束后，向参与馆提交一份完整的调查数据报告及 Excel 格式的原始样本数据，用户开放意见汇总等，并视参与馆需要，提供所有参与馆各项数据的综合分析报告及 SPSS 数据文档。

4.5 问卷回收情况

自 2008 年 10 月 14 日第一家参与馆开始启动调查，至 2008 年 12 月 29 日最后一家参与馆顺利结束调查，整个联合调查活动共持续 76 天。各参与馆问卷回收数量如表 4-1。

表 4-1(A)　高校馆问卷回收数量统计表

单位代码	调查天数	回收问卷数	用户留言数
A	68	489	229
B	47	369	161
C	42	482	289
D	35	950	361

（续表）

单位代码	调查天数	回收问卷数	用户留言数
E	13	1061	632
F	73	391	229
G	46	857	539
H	52	479	199
I	33	417	162
J	29	786	295
K	53	340	131
L	48	437	231
M	31	1619	1161
N	32	666	309

表 4-1(B)　公共/专业馆问卷回收数量统计表

单位代码	调查天数	回收问卷数	用户留言数
V	/	314	163
W	/	300	108
X	/	288	0
Y	/	297	162
Z	/	111	/

从各参与馆调查问卷的回收情况来看，高校馆回收问卷数普遍多于公共馆和专业馆，有些甚至多出数倍。原因是高校馆的用户群相对集中，便于发动，同时也说明网络调查的优势所在：成本低、填写速度快、形式灵活多变、不受时空限制等。

4.6　调查问卷和数据质量评价

4.6.1　有效答题与有效问卷的判定

在参与馆相继结束调查后，课题组对各馆的原始数据进行了筛查，从中剔除无效问卷，以保证后期数据分析结果的真实可靠。所采用的标准如下：

(1) 有效答题的判定

对于每一项评价指标，完整给出三个评价分值且符合逻辑（即："可接受最低值"不大于"理想期望值"），或者选择"不确定"，则视为有效答题。答题不完整或评分不合逻辑视则为无效答题。

(2) 有效问卷的判定

同时满足下列四个条件的问卷被视为有效问卷：

- 有效答题数不少于 30 个；
- 无效答题数与选择"不确定"的有效答题数量之和不超过 19 个；
- 填写了综合评价的分值；
- 用户信息填写完整。

无效问卷不参与数据分析，但其中用户填写的意见与建议将完整提供给各参与馆作分析和参考。

4.6.2　数据质量评价

经有效性筛查后，各参与馆的有效问卷数量如下表：

表 4-2　高校馆有效问卷数量统计表

单位代码	回收问卷数	有效问卷数	有效问卷比例
A	489	216	44%
B	369	276	75%
C	482	422	88%
D	950	806	85%
E	1061	774	73%
F	391	330	84%
G	857	791	92%
H	479	347	72%
I	417	358	86%
J	786	615	78%
K	340	301	89%
L	437	381	87%
M	1619	1487	92%
N	666	556	83%

表 4-3 公共/专业馆有效问卷数量统计表

单位代码	回收问卷数	有效问卷数	有效问卷比例
V	314	284	90%
W	300	263	88%
X	288	260	90%
Y	297	262	88%
Z	111	/	/

从各参与馆有效问卷的比例来看，14 家高校馆之间的差异相对较大，但除 A 馆之外，总体情况皆属良好，回收数据质量较高，达到了预期要求。

公共馆和专业馆中，Z 馆由于回收的问卷数量过少，暂未列入本次调查的数据分析范围，其余 4 家的有效问卷比例超过了高校馆的平均水平，这说明相对网络调查，纸质问卷调查的数据质量更高。另一方面的原因在于：在用户填写纸质问卷时，多数情况下会有图书馆的工作人员在旁边提供咨询，并对用户完成全部问卷进行适当鼓励。

4.7 研制调查数据报告和综合报告

模拟第三方评价形式，同时组织 19 家不同类型的图书馆进行用户满意度联合调查，是研究人员在实证研究上的大胆创新，也是本研究的重要突破。对各参与馆来说，是在研究人员提供方法和技术支持基础上，进行一次真实情境的用户调查。为感谢和回馈各参与馆对课题研究的无偿支持，研究人员承诺在调查结束后一个月左右反馈调查数据报告。这项工作任务相当繁重，因此给研究人员带来了相当大的压力。

研究人员全力以赴，从参与调查馆发动、联络和咨询培训，到调查活动进程中数据收割、各馆问卷回收数量和质量监控，投入巨大的人力和时间，保障调查安全稳定进行。在联合调查启动之后，研究人员随即开始进行调查数据报告模板的紧张研制工作，在很短的时间内，反复讨论修改数据报告模板的框架、内容安排、文字和格式、计算方法等，最终顺利定稿，陆续将 18 份(有一家馆因问卷回收数量不理想，未反馈报告)内容严谨全面、数据和分析结果翔实可靠的数据报告呈献给各参与馆，得到各参与馆的热情称赞和好评，数据报告样式请见附录 4、附录 5。

之后研究人员再接再厉，以参与调查馆数量比较集中、数据质量相对比较好的高校馆为代表，研制高校馆数据综合分析报告(附录 6)，提供参与调查的各高校馆做横向对比的参考，也为下一步研究打好基础。

第5章　基于用户需求的图书馆服务质量评价实证结果与分析

研究人员使用自主研制的图书馆服务质量评价指标体系，模拟第三方调查的方法，开发可靠实用的调查平台和技术支持手段，组织国内各地共19家图书馆，进行用户满意度联合调查的实证研究，共获得有效问卷7660份，获得了大量的非常珍贵的第一手研究数据，这是研究工作取得的一个重大进展，为数据的统计分析打下坚实的基础。

下一步任务就是对原始数据进行详细解读和分析、检验、修改评价指标体系的适用性和实用性，同时为参与调查馆改进服务工作提供参考，使这些来之不易的统计数据发挥更大的作用；同时以高校馆联合调查结果为例进行详细的综合数据分析，一方面为各参与馆提供横向对比的依据和标杆，另一方面也可分析总结高校图书馆在服务方面存在的共性问题和差异。对于用户类型的分析侧重在本科生、研究生和教师，因为这三类人群占据调查总数的98.1%，具有充分的代表性。

5.1　用户基本情况分析

5.1.1　用户年龄分布情况见表5-1

表5-1　用户年龄分布情况表

单位代码	20岁以下		20～29岁		30～39岁		40～49岁		50岁及以上		总　计	
	样本容量	百分比	样本容量	百分比	样本容量	百分比	样本容量	百分比	样本容量	百分比	样本容量	百分比
A	16	7.4%	182	84.3%	15	6.9%	2	0.9%	1	0.5%	216	100%
B	22	8.0%	236	85.5%	15	5.4%	3	1.1%	0	0.0%	276	100%
C	119	28.2%	300	71.1%	2	0.5%	1	0.2%	0	0.0%	422	100%
D	113	14.0%	628	77.9%	51	6.3%	14	1.7%	0	0.0%	806	100%
E	98	12.7%	582	75.2%	68	8.8%	24	3.1%	2	0.3%	774	100%
F	45	13.6%	262	79.4%	17	5.2%	4	1.2%	2	0.6%	330	100%

（续表）

单位代码	20岁以下		20～29岁		30～39岁		40～49岁		50岁及以上		总　计	
	样本容量	百分比	样本容量	百分比	样本容量	百分比	样本容量	百分比	样本容量	百分比	样本容量	百分比
G	314	39.7%	446	56.4%	24	3.0%	4	0.5%	3	0.4%	791	100%
H	60	17.3%	270	77.8%	13	3.7%	2	0.6%	2	0.6%	347	100%
I	121	33.8%	210	58.7%	20	5.6%	5	1.4%	2	0.6%	358	100%
J	82	13.3%	472	76.7%	46	7.5%	12	2.0%	3	0.5%	615	100%
K	19	6.3%	223	74.1%	35	11.6%	18	6.0%	6	2.0%	301	100%
L	29	7.6%	317	83.2%	32	8.4%	2	0.5%	1	0.3%	381	100%
M	290	19.5%	1110	74.6%	58	3.9%	19	1.3%	10	0.7%	1487	100%
N	107	19.2%	412	74.1%	26	4.7%	8	1.4%	3	0.5%	556	100%
总体	1435	18.7%	5650	73.8%	422	5.5%	118	1.5%	35	0.5%	7660	100%

5.1.2　用户身份统计

由表5-2可见，学生群体高达约94%，占调查对象的绝大多数，这与年轻学生更愿意接受网络调查方式有关，同时也显示目前各高校图书馆的使用主体是学生，各高校馆应该为自己的最大用户群——学生们打造更好的环境、提供更好的服务。

表5-2　用户身份统计表

单位代码	本科生		研究生		教　师		科研人员		其　他		总　计	
	样本容量	百分比	样本容量	百分比	样本容量	百分比	样本容量	百分比	样本容量	百分比	样本容量	百分比
A	50	23.1%	153	70.8%	9	4.2%	2	0.9%	2	0.9%	216	100%
B	70	25.4%	189	68.5%	14	5.1%	2	0.7%	1	0.4%	276	100%
C	359	85.1%	58	13.7%	5	1.2%	0	0.0%	0	0.0%	422	100%
D	404	50.1%	351	43.5%	39	4.8%	6	0.7%	6	0.7%	806	100%
E	371	47.9%	352	45.5%	36	4.7%	10	1.3%	5	0.6%	774	100%
F	208	63.0%	97	29.4%	14	4.2%	4	1.2%	7	2.1%	330	100%
G	566	71.6%	191	24.1%	20	2.5%	3	0.4%	11	1.4%	791	100%
H	222	64.0%	107	30.8%	14	4.0%	0	0.0%	4	1.2%	347	100%
I	179	50.0%	153	42.7%	21	5.9%	3	0.8%	2	0.6%	358	100%

（续表）

单位代码	本科生		研究生		教　师		科研人员		其　他		总　计	
	样本容量	百分比	样本容量	百分比	样本容量	百分比	样本容量	百分比	样本容量	百分比	样本容量	百分比
J	259	42.1%	288	46.8%	42	6.8%	14	2.3%	12	2.0%	615	100%
K	99	32.9%	154	51.2%	33	11.0%	5	1.7%	10	3.3%	301	100%
L	127	33.3%	227	59.6%	18	4.7%	3	0.8%	6	1.6%	381	100%
M	882	59.3%	544	36.6%	38	2.6%	5	0.3%	18	1.2%	1487	100%
N	315	56.7%	215	38.7%	18	3.2%	7	1.3%	1	0.2%	556	100%
总体	4111	53.7%	3079	40.2%	321	4.2%	64	0.8%	85	1.1%	7660	100%

5.1.3　用户到馆频率分析

由表5-3可见，学生到馆频率普遍较高，每周到馆一次以上的本科生和研究生分别高达85.7%和79%。而在很少到图书馆的用户中，教师远远高于学生。这说明图书馆在学生用户的学习生活中占有相当重要的地位，绝大多数学生离不开图书馆。

表5-3　用户到馆频率分析表

单位代码	几乎每天			每周一次以上			每月一次以上			很　少		
	本科生	研究生	教师	本科生	研究生	教师	本科生	研究生	教师	本科生	研究生	教师
A	24	28	1	21	91	3	4	32	4	1	2	1
B	36	24	1	32	142	7	1	20	4	1	3	2
C	41	9	0	168	35	3	112	11	2	38	3	0
D	181	83	2	202	213	14	20	50	11	1	5	12
E	48	39	6	223	192	11	84	98	12	16	23	7
F	105	11	2	93	60	4	10	26	7	0	0	1
G	134	39	2	342	121	11	62	23	6	28	8	1
H	55	38	1	119	56	8	37	9	3	11	4	2
I	30	16	2	104	77	5	38	51	10	7	9	4
J	64	24	3	155	177	13	36	73	21	4	14	5
K	13	13	9	77	106	20	9	34	3	0	1	1
L	85	66	5	36	133	4	5	20	6	1	8	3
M	539	133	2	312	319	12	27	80	16	4	12	8

（续表）

单位代码	几乎每天			每周一次以上			每月一次以上			很　少		
	本科生	研究生	教师	本科生	研究生	教师	本科生	研究生	教师	本科生	研究生	教师
N	98	50	0	188	137	9	23	26	4	6	2	5
总体	35.3%	18.6%	11.2%	50.4%	60.4%	38.6%	11.4%	18.0%	34.0%	2.9%	3.1%	16.2%

对本科生和研究生的详细对比可知，在14家高校馆中，本科生几乎每天到馆的频率普遍地明显高于研究生，这与本科生更多地依赖图书馆馆舍进行学习（或上自习），而大多数研究生有自己的实验室或办公室可以选择，且宿舍条件优于本科生有很大关系。

5.1.4 每周使用图书馆网络资源与服务的平均时间分析

由表5-4可见，本科生每周使用图书馆网络资源与服务的平均时间要远低于研究生和教师。教师每周使用1小时以上的占90.3%，研究生中占88.8%，而本科生中只占到57.3%。在每周使用网络资源与服务高于5小时的人群中，教师和研究生中仍有41.1%、37.4%，而本科生只有9.8%，这充分说明，网络资源与服务对于教师和研究生的科研学习都至关重要，而相对而言，本科生更侧重利用图书馆的馆舍、纸质资源和到馆服务。

表5-4 每周使用图书馆网络资源与服务的平均时间分析表

单位代码	少于1小时			1～5小时			5～10小时			大于10小时		
	本科生	研究生	教师	本科生	研究生	教师	本科生	研究生	教师	本科生	研究生	教师
A	30	14	2	15	72	3	4	51	2	1	16	2
B	23	14	1	35	101	3	8	43	7	4	31	3
C	118	3	0	212	36	2	21	16	1	8	3	2
D	163	52	6	180	185	17	40	69	9	21	45	7
E	121	39	5	209	168	19	32	93	8	9	52	4
F	76	4	2	110	41	8	17	32	2	5	20	2
G	295	29	2	233	111	9	31	33	6	7	18	3
H	110	25	1	93	57	11	15	13	1	4	12	1
I	65	17	1	90	71	10	19	39	6	5	26	4
J	95	29	0	149	142	24	14	68	10	1	49	8
K	35	15	2	54	81	17	9	39	10	1	19	4

（续表）

单位代码	少于 1 小时			1～5 小时			5～10 小时			大于 10 小时		
	本科生	研究生	教师	本科生	研究生	教师	本科生	研究生	教师	本科生	研究生	教师
L	40	19	3	67	118	8	13	52	3	7	38	4
M	446	63	5	350	286	15	66	107	10	20	88	8
N	135	21	1	156	115	2	21	55	3	3	24	2
总体	42.6%	11.2%	9.7%	47.5%	51.4%	49.2%	7.5%	23.1%	24.3%	2.3%	14.3%	16.8%

5.2 问卷的信度与效度分析

5.2.1 信度分析

调查问卷的可信度（信度，Reliability）即可靠性，是指采用同一方法对同一对象进行调查时，问卷调查结果的稳定性和一致性，即测量工具（问卷或量表）能否稳定地测量所测的事物或变量。

此次问卷调查共有 14 家馆参与，总共获得 7 760 份有效问卷，各馆的问卷信度分析以及总体问卷信度分析详见表 5-5。

表 5-5　信度分析表

单位代码	可接受最低值				实际感受值				理想期待值				整体
	维度 A	维度 B	维度 C	维度 D	维度 A	维度 B	维度 C	维度 D	维度 A	维度 B	维度 C	维度 D	
A	0.907	0.957	0.958	0.970	0.872	0.917	0.931	0.947	0.924	0.942	0.944	0.949	0.984
B	0.928	0.959	0.956	0.967	0.916	0.925	0.929	0.935	0.854	0.913	0.897	0.922	0.984
C	0.946	0.972	0.972	0.978	0.915	0.928	0.943	0.946	0.904	0.944	0.943	0.950	0.987
D	0.927	0.956	0.956	0.965	0.893	0.917	0.928	0.939	0.885	0.927	0.925	0.932	0.982
E	0.923	0.960	0.964	0.966	0.865	0.900	0.926	0.928	0.848	0.926	0.920	0.926	0.979
F	0.928	0.960	0.960	0.963	0.888	0.923	0.919	0.926	0.883	0.933	0.925	0.937	0.985
G	0.932	0.961	0.954	0.955	0.903	0.913	0.940	0.927	0.884	0.930	0.922	0.909	0.972
H	0.963	0.976	0.973	0.977	0.941	0.942	0.952	0.958	0.940	0.956	0.957	0.969	0.989
I	0.940	0.967	0.967	0.973	0.899	0.918	0.940	0.940	0.884	0.911	0.929	0.946	0.984
J	0.926	0.961	0.959	0.969	0.849	0.892	0.910	0.921	0.825	0.908	0.893	0.911	0.982

（续表）

单位代码	可接受最低值				实际感受值				理想期待值				整体
	维度A	维度B	维度C	维度D	维度A	维度B	维度C	维度D	维度A	维度B	维度C	维度D	
K	0.938	0.961	0.966	0.973	0.888	0.903	0.928	0.936	0.915	0.942	0.951	0.950	0.984
L	0.925	0.965	0.968	0.968	0.888	0.886	0.909	0.936	0.897	0.951	0.948	0.936	0.984
M	0.901	0.952	0.947	0.954	0.862	0.903	0.912	0.912	0.820	0.912	0.891	0.887	0.976
N	0.922	0.955	0.961	0.963	0.870	0.893	0.918	0.928	0.863	0.926	0.901	0.931	0.980
总体	0.929	0.962	0.960	0.965	0.893	0.915	0.931	0.934	0.880	0.932	0.923	0.927	0.982

分析结果表明，所有参与调查馆总体问卷的内在稳定系数在 0.972～0.989 之间，各个维度的 α 系数都在 0.820～0.978 之间，表明内部一致性非常好，整个问卷具有较高的信度。

通过这次大范围用户调查，也从实践的角度检验证明，整套指标体系的设计、维度的划分是合理的，没有出现 α 系数低于 0.35（即：问卷不宜采用）的情况。

5.2.2 效度检验

效度（Validity）即有效性，是指正确性程度，即测量工具或手段的确能测出其所需测量的特质的程度。效度越高表示测量结果越能显示出所要测量对象的真正特征性。效度分为三种类型：内容效度、准则效度和结构效度。效度分析有多种方法，其测量结果反映效度的不同方面。

检验内容效度是检验由概念到指标的经验推演是否符合逻辑，是否有效，问卷的内容效度是一个主观性很强的指标，其分析评价一般采用专家判断法。在建立指标体系过程中征求专家意见并对指标体系进行修正，即体现了对内容效度的检验。

在完成 14 个参与馆用户调查、获得大量可进行对比分析的实测数据基础上，下面针对问卷结构效度进行分析。结构效度是指测量结果体现出来的某种结构与测值之间的对应程度，即问卷所要测量的概念能显示出科学的意义并符合理论上的设想，是通过与理论假设相比较来进行检验的。

结构效度分析常采用的方法是因子分析。有学者认为，效度分析最理想的方法是利用因子分析测量量表或整个问卷的结构效度[8]。因子分析的主要功能是从量表全部变量（题项）中提取一些公因子，各公因子分别与某一群特定变量高度关联，这些公因子即代表了量表的基本结构。因子分析的目的是考察属于相同概念的不同问卷项目是否如理论预测那样集中在同一公共因子里，即问卷是否能够测量出研究者设计问卷时假设的某种结构。在因子分析的结果中，用于评价结构效度的主要指标有累积贡献率、共同度和因子负荷。累积贡献率反映公因子对量表或问卷的累积有效程度，共同度反映由公因子解释原变量的有效程度，因子负荷反映原变量与某个公因子的相关程度。

通过 SPSS 软件的主成分极大方差旋转因子分析法，可以获得各个参与馆的因子分析表，详见表 5-6 至表 5-19；全部调查问卷的因子和方差负荷总体分析见表 5-20。

表 5-6　A 馆问卷效度分析

A 馆问卷的效度分析		主成分分析提取因子个数	首因子方差贡献率(%)	公共因子累积方差贡献率(%)
可接受最低值	维度 A-文献资源	1	64.337	64.337
	维度 B-资源获取便利性	1	72.036	72.036
	维度 C-环境与设施	2	68.752	79.354
	维度 D-馆员与服务	1	80.512	80.512
实际感受值	维度 A-文献资源	1	57.191	57.191
	维度 B-资源获取便利性	1	57.977	57.977
	维度 C-环境与设施	2	56.826	65.523
	维度 D-馆员与服务	1	70.517	70.517
理想期望值	维度 A-文献资源	1	69.482	69.482
	维度 B-资源获取便利性	1	66.035	66.035
	维度 C-环境与设施	2	64.926	74.145
	维度 D-馆员与服务	1	72.704	72.704

表 5-7　B 馆问卷效度分析

B 馆问卷的效度分析		主成分分析提取因子个数	首因子方差贡献率(%)	公共因了累积方差贡献率(%)
可接受最低值	维度 A-文献资源	1	70.361	70.361
	维度 B-资源获取便利性	1	73.037	73.037
	维度 C-环境与设施	2	67.668	78.457
	维度 D-馆员与服务	1	79.341	79.341
实际感受值	维度 A-文献资源	1	66.792	66.792
	维度 B-资源获取便利性	1	59.988	59.988
	维度 C-环境与设施	2	56.116	71.232
	维度 D-馆员与服务	2	65.820	78.365
理想期望值	维度 A-文献资源	1	55.235	55.235
	维度 B-资源获取便利性	1	56.771	56.771
	维度 C-环境与设施	2	50.784	65.429
	维度 D-馆员与服务	2	64.242	75.552

表 5-8 C 馆问卷效度分析

C 馆问卷的效度分析		主成分分析提取因子个数	首因子方差贡献率(%)	公共因子累积方差贡献率(%)
可接受最低值	维度 A-文献资源	1	75.601	75.601
	维度 B-资源获取便利性	1	80.169	80.169
	维度 C-环境与设施	1	76.554	76.554
	维度 D-馆员与服务	1	85.143	85.143
实际感受值	维度 A-文献资源	1	66.327	66.327
	维度 B-资源获取便利性	1	61.038	61.038
	维度 C-环境与设施	2	61.870	74.615
	维度 D-馆员与服务	1	70.353	70.353
理想期望值	维度 A-文献资源	1	63.464	63.464
	维度 B-资源获取便利性	1	66.619	66.619
	维度 C-环境与设施	2	63.191	73.584
	维度 D-馆员与服务	1	71.687	71.687

表 5-9 D 馆问卷效度分析

D 馆问卷的效度分析		主成分分析提取因子个数	首因子方差贡献率(%)	公共因子累积方差贡献率(%)
可接受最低值	维度 A-文献资源	1	69.551	69.551
	维度 B-资源获取便利性	1	71.879	71.879
	维度 C-环境与设施	2	67.752	77.913
	维度 D-馆员与服务	1	78.217	78.217
实际感受值	维度 A-文献资源	1	61.077	61.077
	维度 B-资源获取便利性	1	57.745	57.745
	维度 C-环境与设施	2	56.175	69.170
	维度 D-馆员与服务	2	67.412	78.987
理想期望值	维度 A-文献资源	1	59.558	59.558
	维度 B-资源获取便利性	1	60.627	60.627
	维度 C-环境与设施	2	57.615	70.197
	维度 D-馆员与服务	2	65.748	79.346

表 5-10 E 馆问卷效度分析

E 馆问卷的效度分析		主成分分析提取因子个数	首因子方差贡献率(%)	公共因子累积方差贡献率(%)
可接受最低值	维度 A-文献资源	1	68.670	68.670
	维度 B-资源获取便利性	1	73.718	73.718
	维度 C-环境与设施	1	71.874	71.874
	维度 D-馆员与服务	1	78.869	78.869

（续表）

E馆问卷的效度分析		主成分分析提取因子个数	首因子方差贡献率(%)	公共因子累积方差贡献率(%)
实际感受值	维度A-文献资源	1	55.478	55.478
	维度B-资源获取便利性	1	53.016	53.016
	维度C-环境与设施	2	55.332	65.212
	维度D-馆员与服务	1	63.776	63.776
理想期望值	维度A-文献资源	1	52.916	52.916
	维度B-资源获取便利性	1	60.492	60.492
	维度C-环境与设施	2	56.375	67.487
	维度D-馆员与服务	2	63.664	75.145

表5-11　F馆问卷效度分析

F馆问卷的效度分析		主成分分析提取因子个数	首因子方差贡献率(%)	公共因子累积方差贡献率(%)
可接受最低值	维度A-文献资源	1	70.146	70.146
	维度B-资源获取便利性	1	73.919	73.919
	维度C-环境与设施	2	70.154	79.630
	维度D-馆员与服务	1	77.333	77.333
实际感受值	维度A-文献资源	1	59.881	59.881
	维度B-资源获取便利性	1	59.597	59.597
	维度C-环境与设施	2	53.513	65.501
	维度D-馆员与服务	2	63.048	74.937
理想期望值	维度A文献资源	1	59.416	59.416
	维度B-资源获取便利性	1	62.928	62.928
	维度C-环境与设施	2	61.077	72.034
	维度D-馆员与服务	1	69.047	69.047

表5-12　G馆问卷效度分析

G馆问卷的效度分析		主成分分析提取因子个数	首因子方差贡献率(%)	公共因子累积方差贡献率(%)
可接受最低值	维度A-文献资源	1	71.095	71.095
	维度B-资源获取便利性	1	74.175	74.175
	维度C-环境与设施	1	66.698	66.698
	维度D-馆员与服务	1	73.728	73.728
实际感受值	维度A-文献资源	1	63.445	63.445
	维度B-资源获取便利性	2	56.372	66.612
	维度C-环境与设施	2	60.559	72.591
	维度D-馆员与服务	2	63.257	77.891

（续表）

G馆问卷的效度分析		主成分分析提取因子个数	首因子方差贡献率(%)	公共因子累积方差贡献率(%)
理想期望值	维度A-文献资源	1	59.205	59.205
	维度B-资源获取便利性	1	61.623	61.623
	维度C-环境与设施	2	55.358	64.694
	维度D-馆员与服务	2	58.299	71.745

表 5-13　H馆问卷效度分析

H馆问卷的效度分析		主成分分析提取因子个数	首因子方差贡献率(%)	公共因子累积方差贡献率(%)
可接受最低值	维度A-文献资源	1	81.868	81.868
	维度B-资源获取便利性	1	82.063	82.063
	维度C-环境与设施	1	76.964	76.964
	维度D-馆员与服务	1	84.743	84.743
实际感受值	维度A-文献资源	1	73.915	73.915
	维度B-资源获取便利性	1	65.937	65.937
	维度C-环境与设施	2	65.927	77.677
	维度D-馆员与服务	1	75.171	75.171
理想期望值	维度A-文献资源	1	73.701	73.701
	维度B-资源获取便利性	1	71.771	71.771
	维度C-环境与设施	1	70.277	70.277
	维度D-馆员与服务	1	80.498	80.498

表 5-14　I馆问卷效度分析

I馆问卷的效度分析		主成分分析提取因子个数	首因子方差贡献率(%)	公共因子累积方差贡献率(%)
可接受最低值	维度A-文献资源	1	73.678	73.678
	维度B-资源获取便利性	1	77.135	77.135
	维度C-环境与设施	1	73.756	73.756
	维度D-馆员与服务	1	82.608	82.608
实际感受值	维度A-文献资源	1	62.275	62.275
	维度B-资源获取便利性	1	58.133	58.133
	维度C-环境与设施	2	60.990	71.605
	维度D-馆员与服务	1	67.977	67.977
理想期望值	维度A-文献资源	1	59.130	59.130
	维度B-资源获取便利性	1	55.887	55.887
	维度C-环境与设施	2	59.134	70.921
	维度D-馆员与服务	1	70.501	70.501

表 5-15　J 馆问卷效度分析

J 馆问卷的效度分析		主成分分析提取因子个数	首因子方差贡献率(%)	公共因子累积方差贡献率(%)
可接受最低值	维度 A-文献资源	1	69.514	69.514
	维度 B-资源获取便利性	1	74.071	74.071
	维度 C-环境与设施	2	69.410	80.622
	维度 D-馆员与服务	1	80.179	80.179
实际感受值	维度 A-文献资源	1	52.530	52.530
	维度 B-资源获取便利性	1	51.316	51.316
	维度 C-环境与设施	2	50.847	63.220
	维度 D-馆员与服务	2	62.697	74.041
理想期望值	维度 A-文献资源	1	49.351	49.351
	维度 B-资源获取便利性	1	56.078	56.078
	维度 C-环境与设施	2	50.624	64.726
	维度 D-馆员与服务	2	60.599	72.983

表 5-16　K 馆问卷效度分析

K 馆问卷的效度分析		主成分分析提取因子个数	首因子方差贡献率(%)	公共因子累积方差贡献率(%)
可接受最低值	维度 A-文献资源	1	73.094	73.094
	维度 B-资源获取便利性	1	74.271	74.271
	维度 C-环境与设施	1	73.168	73.168
	维度 D-馆员与服务	1	82.513	82.513
实际感受值	维度 A-文献资源	1	60.045	60.045
	维度 B-资源获取便利性	2	53.917	64.081
	维度 C-环境与设施	2	56.507	67.630
	维度 D-馆员与服务	1	66.881	66.881
理想期望值	维度 A-文献资源	1	66.200	66.200
	维度 B-资源获取便利性	1	66.394	66.394
	维度 C-环境与设施	2	66.812	75.926
	维度 D-馆员与服务	1	72.911	72.911

表 5-17　L 馆问卷效度分析

L 馆问卷的效度分析		主成分分析提取因子个数	首因子方差贡献率(%)	公共因子累积方差贡献率(%)
可接受最低值	维度 A-文献资源	1	69.441	69.441
	维度 B-资源获取便利性	1	76.329	76.329
	维度 C-环境与设施	1	74.282	74.282
	维度 D-馆员与服务	1	79.804	79.804

（续表）

L馆问卷的效度分析		主成分分析提取因子个数	首因子方差贡献率(%)	公共因子累积方差贡献率(%)
实际感受值	维度A-文献资源	1	60.120	60.120
	维度B-资源获取便利性	1	50.204	50.204
	维度C-环境与设施	2	50.414	61.432
	维度D-馆员与服务	1	66.510	66.510
理想期望值	维度A-文献资源	1	63.041	63.041
	维度B-资源获取便利性	1	70.095	70.095
	维度C-环境与设施	2	67.711	77.029
	维度D-馆员与服务	1	67.534	67.534

表5-18　M馆问卷效度分析

M馆问卷的效度分析		主成分分析提取因子个数	首因子方差贡献率(%)	公共因子累积方差贡献率(%)
可接受最低值	维度A-文献资源	1	62.820	62.820
	维度B-资源获取便利性	1	70.081	70.081
	维度C-环境与设施	2	63.779	73.498
	维度D-馆员与服务	1	73.441	73.441
实际感受值	维度A-文献资源	1	54.785	54.785
	维度B-资源获取便利性	1	53.842	53.842
	维度C-环境与设施	2	51.233	64.372
	维度D-馆员与服务	2	59.312	72.895
理想期望值	维度A-文献资源	1	48.666	48.666
	维度B-资源获取便利性	1	56.190	56.190
	维度C-环境与设施	2	50.291	62.981
	维度D-馆员与服务	2	56.441	68.902

表5-19　N馆问卷效度分析

N馆问卷的效度分析		主成分分析提取因子个数	首因子方差贡献率(%)	公共因子累积方差贡献率(%)
可接受最低值	维度A-文献资源	1	68.284	68.284
	维度B-资源获取便利性	1	71.596	71.596
	维度C-环境与设施	2	70.455	78.863
	维度D-馆员与服务	1	77.442	77.442
实际感受值	维度A-文献资源	1	56.408	56.408
	维度B-资源获取便利性	2	51.634	62.137
	维度C-环境与设施	2	53.067	62.811
	维度D-馆员与服务	2	63.968	75.919

（续表）

N馆问卷的效度分析		主成分分析提取因子个数	首因子方差贡献率(%)	公共因子累积方差贡献率(%)
理想期望值	维度A-文献资源	1	55.540	55.540
	维度B-资源获取便利性	1	60.354	60.354
	维度C-环境与设施	2	51.935	64.011
	维度D-馆员与服务	2	65.801	77.693

表5-20　总体问卷效度分析

总体问卷的效度分析		主成分分析提取因子个数	首因子方差贡献率(%)	公共因子累积方差贡献率(%)
可接受最低值	维度A-文献资源	1	70.149	70.149
	维度B-资源获取便利性	1	74.400	74.400
	维度C-环境与设施	2	69.935	78.518
	维度D-馆员与服务	1	78.448	78.448
实际感受值	维度A-文献资源	1	61.028	61.028
	维度B-资源获取便利性	1	56.989	56.989
	维度C-环境与设施	2	56.992	68.437
	维度D-馆员与服务	1	65.989	65.989
理想期望值	维度A-文献资源	1	58.495	58.495
	维度B-资源获取便利性	1	62.333	62.333
	维度C-环境与设施	2	57.324	68.701
	维度D-馆员与服务	1	64.656	64.656

从表5-20可以看出全部问卷的总体分析结果，所有维度的各项公共因子累积方差贡献率均在50%以上，最高约为78.52%，最低约为56.99%，因此所有维度中各项公共因子累积方差贡献率均达到50%以上，并且所有维度均在1～2个公共因子上有较高的负荷值。没有出现在所有因子上负荷值均较低的情况，这说明问卷的维度结构所反映的意义明确，整套问卷设计的有效性程度较高。

再详细分析各个参与馆的因子分析结果，又可以看出一些细微差别，详见表5-21。

表5-21　各维度因子分析比较

维　度		公共因子累积方差贡献率		说　明
		最　高	最　低	
可接受最低值	维度A-文献资源	81.87%(H馆)	62.82%(M馆)	维度D的值最高 维度A的值最低
	维度B-资源获取便利性	82.06%(H馆)	70.08%(M馆)	
	维度C-环境与设施	80.62%(J馆)	66.70%(G馆)	
	维度D-馆员与服务	85.14%(C馆)	73.44%(M馆)	

（续表）

	维 度	公共因子累积方差贡献率		说 明
		最 高	最 低	
实际感受值	维度 A-文献资源	73.91%(H 馆)	52.53%(J 馆)	维度 D 仍然保持最高但维度 B 明显偏低
	维度 B-资源获取便利性	66.61%(G 馆)	50.20%(L 馆)	
	维度 C-环境与设施	77.68%(H 馆)	61.43%(L 馆)	
	维度 D-馆员与服务	78.99%(D 馆)	63.78%(E 馆)	
理想期望值	维度 A-文献资源	73.70%(H 馆)	48.67%(M 馆)	维度 D 继续保持最高维度 A 最低，有两个馆（M 馆、J 馆）出现略低于 50%的情况
	维度 B-资源获取便利性	71.77%(H 馆)	55.89%(I 馆)	
	维度 C-环境与设施	77.03%(L 馆)	62.98%(M 馆)	
	维度 D-馆员与服务	80.50%(H 馆)	67.53%(L 馆)	

由表 5-21 可见，在四个维度中，维度 D 的效度值明显高于其他几个维度，说明这套问卷设计能够成功地将有关“馆员与服务”方面的概念集中于维度 D 内。而维度 A(文献资源）和维度 B(获取便利性）的设计则还有可以改进的空间。以维度 A 为例，A-7(提供指定教学参考书服务）这一指标，目前归纳在文献资源维度，但其中也涉及资源揭示和提供服务层面，因为这些教学参考书往往都是图书馆已经购买的馆藏，在资源建设层面应当说已经完成任务。但是，如果图书馆没有收集教师指定意见，没有进行专门的编目与揭示，用户就无法通过馆藏目录或其他渠道去检索教学参考书；如果没有为教学参考书设置短期出借或其他相应流通政策，也不提供教学参考书扫描、制作电子教学参考书等服务，那么从“提供指定教学参考书”的角度来看，自然无法令用户满意。因此这一指标从概念上可能与维度 B 或维度 D 有一定的相关性，这就有可能导致维度 A(文献资源）的结构效度降低。

5.3 各维度和指标的评价统计分析

有关指标说明如下：

- 平均值：是一组数据相加后除以数据的个数得到的结果。
- 中位数：是一组数据排序后处于中间位置上的变量值，中位数主要用于测度顺序数据的集中趋势。
- 四分位数：四分位数也称四分位点。一组数据排序后处在 25%位置上的数值，称为下四分位数，而处在 75%位置上的数值则称为上四分位数。四分位数也是反映集中趋势的数据，本报告提供的是上四分位数。
- 最高值：是一组数据排序后最大的变量值。
- 服务合格度：服务合格度是指实际感受值与可接受最低值的差值，若出现负值则表示用户感受的服务质量低于他们最低可接受的服务质量。数据报告将提供每个指标服务合格度的平均值和标准方差。

• 服务优秀度:是指实际感受值与理想期望值的差值,若出现正值则表示用户感受的服务质量超过了他们期望的服务质量。数据报告将提供每个指标服务优秀度的平均值和标准方差。

对于 38 项评价指标,参与调查的各高校馆的可接受最低值、实际感受值、理想期望值、服务合格度、服务优秀度、简单满意度等数据请见附录 6。

下面针对各维度和各指标中具有代表性的统计结果进行具体分析。

5.3.1　文献资源

对于维度 A 即文献资源方面,高校馆问卷设置了 7 项指标,希望通过这 7 项指标能够评价和反映出高校图书馆文献资源各方面的基本情况,统计结果详见表 5-22 至表 5-27。

表 5-22　“文献资源”可接受最低值统计表

序号	评价指标	可接受最低值			
		平均值	中位数	上四分位数	最高值
A 文献资源		4.88			
A-1	印刷型资源能够满足需求	4.87	4.90	4.97	5.05
A-2	电子资源能够满足需求	5.04	5.03	5.21	5.33
A-3	新资源能够满足需求	4.89	4.90	5.05	5.14
A-4	及时完成文献资源加工处理	4.82	4.86	4.99	5.06
A-5	馆藏特色鲜明	4.59	4.60	4.67	4.89
A-6	有效地收集与整合网络资源	4.89	4.94	5.00	5.09
A-7	提供指定教学参考书服务	4.95	4.97	5.04	5.19

表 5-23　“文献资源”实际感受值统计表

序号	评价指标	实际感受值			
		平均值	中位数	上四分位数	最高值
A 文献资源		5.62			
A-1	印刷型资源能够满足需求	5.68	5.75	5.82	6.33
A-2	电子资源能够满足需求	5.77	5.80	5.97	6.63
A-3	新资源能够满足需求	5.37	5.33	5.61	5.96

（续表）

序号	评价指标	实际感受值			
		平均值	中位数	上四分位数	最高值
A-4	及时完成文献资源加工处理	5.65	5.67	5.85	6.19
A-5	馆藏特色鲜明	5.57	5.55	5.77	6.10
A-6	有效地收集与整合网络资源	5.67	5.64	5.89	6.37
A-7	提供指定教学参考书服务	5.49	5.45	5.72	5.93

表 5-24 “文献资源”理想期望值统计表

序号	评价指标	理想期望值			
		平均值	中位数	上四分位数	最高值
A 文献资源		7.93			
A-1	印刷型资源能够满足需求	8.00	8.07	8.10	8.24
A-2	电子资源能够满足需求	8.13	8.11	8.28	8.48
A-3	新资源能够满足需求	7.94	7.95	8.03	8.20
A-4	及时完成文献资源加工处理	7.78	7.78	7.92	7.99
A-5	馆藏特色鲜明	7.70	7.71	7.84	7.88
A-6	有效地收集与整合网络资源	7.93	7.97	8.03	8.17
A-7	提供指定教学参考书服务	7.92	7.96	8.02	8.11

表 5-25 “文献资源”服务合格度统计表

序号	评价指标	服务合格度			
		平均值	中位数	上四分位数	最高值
A 文献资源		0.74			
A-1	印刷型资源能够满足需求	0.81	0.79	1.02	1.35
A-2	电子资源能够满足需求	0.74	0.71	0.93	1.30
A-3	新资源能够满足需求	0.48	0.39	0.73	1.06
A-4	及时完成文献资源加工处理	0.83	0.80	1.00	1.30
A-5	馆藏特色鲜明	0.98	0.92	1.17	1.60
A-6	有效地收集与整合网络资源	0.78	0.70	1.00	1.36
A-7	提供指定教学参考书服务	0.54	0.47	0.81	0.88

表 5-26 “文献资源”服务优秀度统计表

序号	评价指标	服务优秀度			
		平均值	中位数	上四分位数	最高值
A 文献资源		−2.31			
A-1	印刷型资源能够满足需求	−2.32	−2.27	−2.09	−1.92
A-2	电子资源能够满足需求	−2.36	−2.32	−2.21	−1.85
A-3	新资源能够满足需求	−2.57	−2.59	−2.37	−2.07
A-4	及时完成文献资源加工处理	−2.13	−2.10	−2.00	−1.78
A-5	馆藏特色鲜明	−2.12	−2.11	−2.00	−1.60
A-6	有效地收集与整合网络资源	−2.26	2.29	−1.98	−1.80
A-7	提供指定教学参考书服务	−2.43	−2.49	−2.18	−2.06

表 5-27 “文献资源”简单满意度统计表

序号	评价指标	简单满意度(%)			
		平均值	中位数	上四分位数	最高值
A 文献资源		62.42			
A-1	印刷型资源能够满足需求	63.11	63.89	64.64	70.33
A-2	电子资源能够满足需求	64.16	64.39	66.28	73.67
A-3	新资源能够满足需求	59.69	59.17	62.36	66.22
A-4	及时完成文献资源加工处理	62.76	62.94	65.00	68.78
A-5	馆藏特色鲜明	61.94	61.67	64.14	67.78
A-6	有效地收集与整合网络资源	63.01	62.61	65.44	70.78
A-7	提供指定教学参考书服务	60.98	60.50	63.56	65.89

总体而言,用户对维度A(文献资源)的满意度最低,简单满意度平均值为62.42%,但合格度和优秀度略优于维度C(环境与设施)。

对这7项指标的数据进行总体分析可知,用户对于A-2(电子资源能够满足需求)比较肯定,满意度最高,为64.16%,而同时该指标的可接受最低值和理想期望值也都比较高,说明用户对该指标非常重视、要求也相对较高。对于A-6(网络资源)和A-1(印刷资源)的满意度也都居前。而用户对A-7(提供指定教学参考书服务)和A-3(新资源)这两项指标的评价相对较低,无论合格度、优秀度还是满意度,都普遍低于其他指标，同时还可发现，用户对这两项指标的要求并不低，理想期望值高于 A-4 和 A-5 两项指标，尤其是 A-3(新资源)的优秀度最低，表明用户对新资源的渴求和不满足。A-5(馆藏特色鲜明)是合格度、优秀度均最高的指标，但其满意度排名却偏后，这说明用户对于馆藏特色并不十分关注，也没有很高的期望值，各项数据都普遍较低。

用户对文献资源的总体满意度偏低，从各高校馆满意度排序也可以看出来，文献资源维度的 7 项指标排名都比较靠后，最好的也仅排在第 17 位，最差的名次出现在第 37 位。因此，文献资源建设仍是现代高校图书馆的最重要任务之一。

对 14 所高校不同用户群的数据进行观察，尤其是对调查人群中占最大比重的本科生和研究生进行对比分析可以发现，大多数高校的研究生对于文献资源维度 7 项指标的满意度普遍高于本科生。以 A-2(电子资源)为例，有 12 所高校的研究生满意度要高于本科生，并且有 10 所高校这两类学生的满意度差值高于 4%，相差最大值竟达到 18.36%。而对于 A-1(印刷型资源)来讲，虽然研究生比本科生更满意的高校仍占多数，但这两类用户群的满意度差距明显缩小，相差最大值为 8.66%，有 5 所高校的本科生比研究生更为满意。究其原因，可能是由于研究生在科研过程中对于电子资源更为依赖、使用更为频繁，也更加熟悉，而本科生对于印刷型文献的依赖度偏高。这也从一个侧面提醒相应各馆，应考虑加强本科生适用的电子资源建设以及研究类学术纸本文献的建设。同时，还应注重针对不同学生群体开展相应的培训和辅导。

5.3.2 资源获取便利性见表 5-28 至表 5-33

表 5-28 “资源获取便利性”可接受最低值统计表

序号	评价指标	可接受最低值			
		平均值	中位数	上四分位数	最高值
B资源获取便利性		5.23			
B-1	网站/主页信息丰富、揭示清楚、更新及时、界面友好	4.98	5.00	5.10	5.19
B-2	馆藏目录信息准确、功能完善	5.31	5.34	5.44	5.67
B-3	对文献资源进行有效整合、提供一站式检索	5.17	5.26	5.30	5.37
B-4	电子资源便于检索与利用，可远程访问	5.19	5.23	5.38	5.43
B-5	馆舍馆藏布局合理	5.00	5.06	5.11	5.15
B-6	书刊排架准确，书标架标清晰完备、维护良好	5.32	5.37	5.44	5.63

（续表）

序号	评价指标	可接受最低值			
		平均值	中位数	上四分位数	最高值
B-7	借还书手续简便、快捷	5.50	5.56	5.66	5.73
B-8	借阅规则明确、合理	5.40	5.44	5.54	5.71
B-9	馆际互借与文献传递申请处理及时、满足率高	5.07	5.07	5.25	5.32
B-10	开放时间能够满足需求	5.44	5.48	5.59	5.69

表 5-29　“资源获取便利性”实际感受值统计表

序号	评价指标	实际感受值			
		平均值	中位数	上四分位数	最高值
B资源获取便利性		6.30			
B-1	网站/主页信息丰富、揭示清楚、更新及时、界面友好	6.20	6.23	6.41	6.91
B-2	馆藏目录信息准确、功能完善	6.26	6.28	6.47	7.07
B-3	对文献资源进行有效整合、提供一站式检索	6.17	6.17	6.36	6.76
B-4	电子资源便于检索与利用，可远程访问	5.99	6.02	6.17	6.77
B-5	馆舍馆藏布局合理	6.05	6.11	6.20	6.97
B-6	书刊排架准确，书标架标清晰完备、维护良好	6.10	6.02	6.35	7.20
B-7	借还书手续简便、快捷	7.26	7.36	7.45	7.85
B-8	借阅规则明确、合理	6.86	6.80	7.06	7.60
B-9	馆际互借与文献传递申请处理及时、满足率高	5.89	5.93	6.19	6.54
B-10	开放时间能够满足需求	6.43	6.30	6.79	6.88

表 5-30　“资源获取便利性”理想期望值统计表

序号	评价指标	理想期望值			
		平均值	中位数	上四分位数	最高值
B资源获取便利性		8.16			
B-1	网站/主页信息丰富、揭示清楚、更新及时、界面友好	8.04	8.06	8.18	8.28
B-2	馆藏目录信息准确、功能完善	8.18	8.23	8.28	8.46
B-3	对文献资源进行有效整合、提供一站式检索	8.11	8.16	8.20	8.36

（续表）

序号	评价指标	理想期望值			
		平均值	中位数	上四分位数	最高值
B-4	电子资源便于检索与利用，可远程访问	8.17	8.18	8.28	8.46
B-5	馆舍馆藏布局合理	8.07	8.12	8.17	8.25
B-6	书刊排架准确，书标架标清晰完备、维护良好	8.22	8.27	8.30	8.47
B-7	借还书手续简便、快捷	8.29	8.32	8.39	8.56
B-8	借阅规则明确、合理	8.16	8.15	8.26	8.43
B-9	馆际互借与文献传递申请处理及时、满足率高	7.95	7.97	8.04	8.10
B-10	开放时间能够满足需求	8.28	8.33	8.36	8.55

表 5-31 "资源获取便利性"服务合格度统计表

序号	评价指标	服务合格度			
		平均值	中位数	上四分位数	最高值
B资源获取便利性		1.06			
B-1	网站/主页信息丰富、揭示清楚、更新及时、界面友好	1.23	1.25	1.44	1.77
B-2	馆藏目录信息准确、功能完善	0.95	0.92	1.18	1.40
B-3	对文献资源进行有效整合、提供一站式检索	1.00	0.95	1.21	1.42
B-4	电子资源便于检索与利用，可远程访问	0.81	0.75	1.08	1.39
B-5	馆舍馆藏布局合理	1.05	1.03	1.23	1.87
B-6	书刊排架准确，书标架标清晰完备、维护良好	0.79	0.76	1.09	1.58
B-7	借还书手续简便、快捷	1.75	1.70	1.87	2.21
B-8	借阅规则明确、合理	1.46	1.42	1.61	1.89
B-9	馆际互借与文献传递申请处理及时、满足率高	0.82	0.76	1.09	1.46
B-10	开放时间能够满足需求	0.99	1.02	1.25	1.34

表 5-32 "资源获取便利性"服务优秀度统计表

序号	评价指标	服务优秀度			
		平均值	中位数	上四分位数	最高值
B资源获取便利性		−1.86			

（续表）

序号	评价指标	服务优秀度			
		平均值	中位数	上四分位数	最高值
B-1	网站/主页信息丰富、揭示清楚、更新及时、界面友好	−1.83	−1.86	−1.67	−1.36
B-2	馆藏目录信息准确、功能完善	−1.93	−1.95	−1.70	−1.39
B-3	对文献资源进行有效整合、提供一站式检索	−1.95	−1.96	−1.74	−1.60
B-4	电子资源便于检索与利用，可远程访问	−2.18	−2.21	−1.94	−1.70
B-5	馆舍馆藏布局合理	−2.02	−1.99	−1.82	−1.29
B-6	书刊排架准确，书标架标清晰完备、维护良好	−2.12	−2.18	−1.81	−1.27
B-7	借还书手续简便、快捷	−1.04	−1.07	−0.82	−0.71
B-8	借阅规则明确、合理	−1.31	−1.34	−1.15	−0.83
B-9	馆际互借与文献传递申请处理及时、满足率高	−2.06	−2.07	−1.80	−1.57
B-10	开放时间能够满足需求	−1.85	−1.88	−1.61	−1.45

表 5-33　“资源获取便利性”简单满意度统计表

序号	评价指标	简单满意度(%)			
		平均值	中位数	上四分位数	最高值
B 资源获取便利性		69.98			
B-1	网站/主页信息丰富、揭示清楚、更新及时、界面友好	68.90	69.22	71.22	76.78
B-2	馆藏目录信息准确、功能完善	69.52	69.78	71.89	78.56
B-3	对文献资源进行有效整合、提供一站式检索	68.51	68.56	70.61	75.11
B-4	电子资源便于检索与利用，可远程访问	66.59	66.89	68.58	75.22
B-5	馆舍馆藏布局合理	67.21	67.89	68.92	77.44
B-6	书刊排架准确，书标架标清晰完备、维护良好	67.81	66.83	70.50	80.00
B-7	借还书手续简便、快捷	80.61	81.72	82.72	87.22
B-8	借阅规则明确、合理	76.22	75.56	78.47	84.44
B-9	馆际互借与文献传递申请处理及时、满足率高	65.44	65.89	68.75	72.67
B-10	开放时间能够满足需求	71.45	70.00	75.44	76.44

总体而言，维度 B(资源获取便利性)是用户满意度最高的一个维度，简单满意度平均值已接近 70%，合格度和优秀度也都位列第一，而且各高校馆的情况全都如此。

对该维度 10 项指标进行分析可知，14 所高校馆中，B-7(借还书手续简便、快捷)这一指标的满意度无一例外地排名第一,全部用户的简单满意度达到了80.61%的高值。这说明随着图书馆自动化系统的应用,各馆在借还书手续方面给用户提供了最大便利、提高了效率,也令用户最为满意。B-8(借阅规则明确、合理)在13所高校馆中满意度位列这一维度的第二名,表明图书馆对借阅规则的揭示宣传比较到位。

B-9(馆际互借与文献传递申请处理及时、满足率高)是这一维度中满意度最低的指标,为65.44%。这一方面可能是由于有些图书馆的馆际互借与文献传递业务开展较晚、基础比较薄弱,另一方面也可能是由于部分用户对馆际互借业务了解不够、使用较少。

从优秀度来看,B-4(电子资源便于检索与利用,可远程访问)和B-6(书刊排架准确,书标架标清晰完备、维护良好)是现阶段距离用户理想期望值最远的两项指标,说明用户在利用图书馆方面,无论是在网上还是在物理空间中,仍以检索和查找文献资源为重点需求,所以这两方面仍是现阶段图书馆应下大力气改进之处。

对本科生和研究生的评价进行对比分析,可以发现两个比较有意思的现象:其一,对于B-10(开放时间能够满足需求),14所高校的研究生满意度全部高于本科生,仔细分析原因,研究生大多有自己的办公室或实验室,住宿条件也相对优于本科生,而且研究生在做课题阶段大多更依赖电子资源,因此泡图书馆的机会少于本科生;而本科生相对更为依赖图书馆所提供的学习环境,从表5-3也可以看出,几乎每天到图书馆的本科生高达35.3%,几乎是研究生人数的两倍,因此本科生对开馆时间的期望值更高,满意度普遍低于研究生。

在这一维度中,大多数指标的满意度是研究生高于本科生或与本科生基本持平。唯一的例外是B-5(馆舍馆藏布局合理),有9所高校的本科生满意度超过了研究生。究其原因,目前多数图书馆将图书与期刊摆放在不同楼层或区域,中外文资源分开放置,这势必给研究生围绕某一研究领域希望一次性获取各类资源的需求带来困难。因此这种布局可能更适合本科生的借阅需要,也可能是由于许多本科生到图书馆的目的是上自习,因此对馆藏布局的要求不是太高,关注程度也不如研究生群体。

5.3.3 环境与设施见表5-34至表5-39

表5-34 "环境与设施"可接受最低值统计表

序号	评价指标	可接受最低值			
		平均值	中位数	上四分位数	最高值
C环境与设施		4.97			
C-1	文化氛围浓厚,有助于学习和研究	5.39	5.44	5.55	5.75

（续表）

序号	评价指标	可接受最低值			
		平均值	中位数	上四分位数	最高值
C-2	物理环境(光照、通风、温湿度等)良好	5.36	5.38	5.50	5.66
C-3	环境与设施安全可靠	5.47	5.53	5.65	5.80
C-4	馆舍空间和阅览座位充足	5.33	5.34	5.50	5.57
C-5	馆内标志与导引系统完备、清晰	5.22	5.28	5.38	5.41
C-6	电子设备及网络设施(电脑、网络、多媒体、复印机等)种类齐全，性能良好，使用方便	5.12	5.19	5.25	5.28
C-7	提供方便、清洁的配套服务设施(饮水、洗手间、公用电话等)	5.13	5.21	5.31	5.43
C-8	提供个人学习或小组讨论空间	4.58	4.58	4.75	4.87
C-9	提供休闲区域及相关设施	4.31	4.35	4.47	4.72
C-10	提供必要的残障人士专用设施	4.53	4.52	4.63	4.86
C-11	提供自助借还、自助复印等设备	4.71	4.76	4.86	4.97
C-12	提供多种辅助软件工具	4.73	4.78	4.85	5.06

表 5-35　“环境与设施”实际感受值统计表

序号	评价指标	实际感受值			
		平均值	中位数	上四分位数	最高值
C 环境与设施		5.64			
C-1	文化氛围浓厚，有助于学习和研究	6.53	6.56	6.73	7.48
C-2	物理环境(光照、通风、温湿度等)良好	6.49	6.53	6.66	7.23
C-3	环境与设施安全可靠	6.70	6.74	6.88	7.48
C-4	馆舍空间和阅览座位充足	5.37	5.52	5.72	5.82
C-5	馆内标志与导引系统完备、清晰	6.34	6.42	6.49	7.05
C-6	电子设备及网络设施(电脑、网络、多媒体、复印机等)种类齐全，性能良好，使用方便	5.63	5.67	5.84	6.44
C-7	提供方便、清洁的配套服务设施(饮水、洗手间、公用电话等)	6.04	5.97	6.69	7.01
C-8	提供个人学习或小组讨论空间	4.88	4.91	5.36	5.74

（续表）

序号	评价指标	实际感受值			
		平均值	中位数	上四分位数	最高值
C-9	提供休闲区域及相关设施	4.93	5.01	5.28	5.62
C-10	提供必要的残障人士专用设施	4.74	4.86	5.08	5.76
C-11	提供自助借还、自助复印等设备	4.88	4.98	5.33	5.74
C-12	提供多种辅助软件工具	5.22	5.30	5.56	5.84

表 5-36 “环境与设施”理想期望值统计表

序号	评价指标	理想期望值			
		平均值	中位数	上四分位数	最高值
C 环境与设施		7.96			
C-1	文化氛围浓厚，有助于学习和研究	8.27	8.31	8.37	8.53
C-2	物理环境（光照、通风、温湿度等）良好	8.26	8.29	8.36	8.50
C-3	环境与设施安全可靠	8.25	8.28	8.34	8.47
C-4	馆舍空间和阅览座位充足	8.29	8.35	8.40	8.45
C-5	馆内标志与导引系统完备、清晰	8.14	8.15	8.24	8.39
C-6	电子设备及网络设施（电脑、网络、多媒体、复印机等）种类齐全，性能良好，使用方便	8.14	8.19	8.26	8.34
C-7	提供方便、清洁的配套服务设施（饮水、洗手间、公用电话等）	8.11	8.16	8.22	8.31
C-8	提供个人学习或小组讨论空间	7.63	7.70	7.73	7.85
C-9	提供休闲区域及相关设施	7.35	7.39	7.49	7.71
C-10	提供必要的残障人士专用设施	7.42	7.50	7.56	7.67
C-11	提供自助借还、自助复印等设备	7.73	7.77	7.86	7.89
C-12	提供多种辅助软件工具	7.73	7.75	7.81	7.95

表 5-37 “环境与设施”服务合格度统计表

序号	评价指标	服务合格度			
		平均值	中位数	上四分位数	最高值
C 环境与设施		0.67			

（续表）

序号	评价指标	服务合格度			
		平均值	中位数	上四分位数	最高值
C-1	文化氛围浓厚，有助于学习和研究	1.14	1.14	1.28	1.72
C-2	物理环境（光照、通风、温湿度等）良好	1.13	1.14	1.24	1.57
C-3	环境与设施安全可靠	1.23	1.21	1.31	1.69
C-4	馆舍空间和阅览座位充足	0.04	0.04	0.41	0.74
C-5	馆内标志与导引系统完备、清晰	1.13	1.12	1.22	1.67
C-6	电子设备及网络设施（电脑、网络、多媒体、复印机等）种类齐全，性能良好，使用方便	0.51	0.53	0.81	1.17
C-7	提供方便、清洁的配套服务设施（饮水、洗手间、公用电话等）	0.92	0.87	1.35	1.68
C-8	提供个人学习或小组讨论空间	0.30	0.36	0.57	1.29
C-9	提供休闲区域及相关设施	0.62	0.59	0.78	1.58
C-10	提供必要的残障人士专用设施	0.22	0.16	0.58	0.90
C-11	提供自助借还、自助复印等设备	0.18	0.19	0.66	0.88
C-12	提供多种辅助软件工具	0.49	0.45	0.76	1.27

表 5-38　“环境与设施”服务优秀度统计表

序号	评价指标	服务优秀度			
		平均值	中位数	上四分位数	最高值
C 环境与设施		−2.32			
C-1	文化氛围浓厚，有助于学习和研究	−1.73	−1.74	−1.55	−1.05
C-2	物理环境（光照、通风、温湿度等）良好	−1.77	−1.77	−1.63	−1.26
C-3	环境与设施安全可靠	−1.54	−1.49	−1.43	−0.99
C-4	馆舍空间和阅览座位充足	−2.92	−2.85	−2.57	−2.36
C-5	馆内标志与导引系统完备、清晰	−1.80	−1.76	−1.66	−1.33
C-6	电子设备及网络设施（电脑、网络、多媒体、复印机等）种类齐全，性能良好，使用方便	−2.51	−2.43	−2.19	−1.90
C-7	提供方便、清洁的配套服务设施（饮水、洗手间、公用电话等）	−2.06	−2.11	−1.54	−1.28

（续表）

序号	评价指标	服务优秀度			
		平均值	中位数	上四分位数	最高值
C-8	提供个人学习或小组讨论空间	−2.75	−2.80	−2.34	−1.86
C-9	提供休闲区域及相关设施	−2.42	−2.40	−2.13	−1.61
C-10	提供必要的残障人士专用设施	−2.67	−2.76	−2.35	−1.75
C-11	提供自助借还、自助复印等设备	−2.85	−2.78	−2.43	−1.97
C-12	提供多种辅助软件工具	−2.51	−2.43	−2.25	−1.84

表 5-39 "环境与设施"简单满意度统计表

序号	评价指标	简单满意度(%)			
		平均值	中位数	上四分位数	最高值
C 环境与设施		62.67			
C-1	文化氛围浓厚，有助于学习和研究	72.59	72.89	74.81	83.11
C-2	物理环境（光照、通风、温湿度等）良好	72.10	72.56	74.03	80.33
C-3	环境与设施安全可靠	74.48	74.89	76.39	83.11
C-4	馆舍空间和阅览座位充足	59.69	61.33	63.56	64.67
C-5	馆内标志与导引系统完备、清晰	70.46	71.33	72.06	78.33
C-6	电子设备及网络设施（电脑、网络、多媒体、复印机等）种类齐全，性能良好，使用方便	62.58	62.94	64.83	71.56
C-7	提供方便、清洁的配套服务设施（饮水、洗手间、公用电话等）	67.16	66.33	74.31	77.89
C-8	提供个人学习或小组讨论空间	54.17	54.56	59.56	63.78
C-9	提供休闲区域及相关设施	54.79	55.61	58.67	62.44
C-10	提供必要的残障人士专用设施	52.71	54.00	56.47	64.00
C-11	提供自助借还、自助复印等设备	54.25	55.28	59.19	63.78
C-12	提供多种辅助软件工具	57.99	58.83	61.75	64.89

维度 C（环境与设施）也是各维度中用户满意度较低的一个维度，简单满意度平均值为 62.67%，仅略好于维度 A（文献资源），而合格度和优秀度都是四个维度中最低的。这说明高校图书馆的硬件条件总体上与用户的要求还有一定差距，还需要进一步完善和提高。

在这一维度中,C-3(环境与设施安全可靠)满意度最高,平均值为 74.48%,在 38 项指标中位列第 3,这说明高校图书馆能够给大家比较充分的安全感。此外,高校用户对图书馆的文化氛围(C-1)、物理环境(C-2)、标志导引系统(C-5)的满意度也都比较高,平均值均达到 70%以上,都进入了排名前 10 位。在这类基础性的环境与设施方面,C-4(馆舍空间和阅览座位)是用户满意度相对较低的。

而这一维度中的后几项指标,即那些与基础设施相比,更像是锦上添花型的设施,用户的满意度普遍偏低,而这类设施正属于图书馆当前或今后应重点考虑发展的方面。其中,C-10(提供必要的残障人士专用设施)这一指标在 38 项指标中满意度排名位居最后,这可能是由于高校图书馆的到馆用户以在校学生为主体,因此对于对残障人士专用设施的保障和重视程度不如公共馆。公共馆由于接待用户群体更为广泛,为残障人士设想得相对更为周到,甚至还有公共馆建有专门的盲人阅览室、聋哑阅览室等,因此从公共馆综合报告也可以印证这一点,公共馆这一指标的简单满意度排名提高到第 29,而不是最后。这也对各高校馆提出了更高要求,在全社会都更加关心和重视残障人士等弱势群体的大环境下,应进一步改进这方面的工作。

从优秀度来看,排名最低的 4 项指标都来自这一维度,分别是 C-4(馆舍空间和阅览座位)、C-11(自助设备)、C-8(个人学习或小组讨论空间)、C-10(残障人士专用设施),说明这 4 项指标是现阶段距离用户期望值最远的指标,应优先加以改进。

对比 14 所高校馆的学生群体数据可知,这一维度中只有一项指标有比较明显的差异,即 C-4(馆舍空间和阅览座位),有 12 所高校的研究生比本科生更满意,其原因已经在 5.1.3 节进行过分析,与本科生更多地依赖图书馆馆舍进行学习(或上自习),而大多数研究生有自己的实验室或办公室可以选择,且宿舍条件优于本科生有很大关系。这也再次说明,本科生对图书馆提供学习场所的需求和期望高于研究生。其他各项指标,研究生与本科生各自更为满意的比例相差不大,或研究生稍高于本科生。

对于 C-4 这一指标,还可以进一步做些分析。近年来,有许多高校图书馆建了新馆舍,阅览环境应当说得到了很大改善,但从调查显示,馆舍空间和阅览座位在 14 所高校中仍无一例外地处在满意度低且关注度高的位置,即处于散点图中最左上方的区域,属于最迫切需要改进的一项。各高校可以根据自己的实际情况进行判断,如果是馆舍空间较充足而用户仍不满足,应该做更深入细致的分析并加强对用户的引导;如果是由于学校扩招或图书馆建筑面积不足导致用户不满,可以根据此类用户调查结果,向学校去争取使图书馆条件得到相应改善。

在 14 所高校中,有 7 所高校的雷达图中出现了红色区间,并且全部出现在 C 维度中。除了上面提到的 C-4(馆舍与座位)有 5 所高校外,还有 C-11(自助设备)6

所、C-10(残障人士专用设备)4 所、C-8(个人学习空间)3 所、C-6(电子设备及网络设施)和 C-7(提供方便、清洁的配套服务设施)各 1 所。出现红色区间的各项指标，表示其合格度已为负值，相当于拉响了红色警报，因为用户已经无法忍受当前的状况，需要引起图书馆的高度重视。

5.3.4 馆员与服务见表 5-40 至表 5-45

表 5-40 “馆员与服务”可接受最低值统计表

序号	评价指标	可接受最低值			
		平均值	中位数	上四分位数	最高值
D 馆员与服务		5.07			
D-1	馆员态度友善，尊重并主动帮助用户，举止得体	5.34	5.39	5.52	5.57
D-2	馆员业务熟练，理解与沟通能力良好	5.39	5.44	5.52	5.61
D-3	服务规则健全、公开、易于理解，保护用户隐私	5.39	5.45	5.50	5.58
D-4	与用户沟通的渠道畅通有效	5.15	5.22	5.28	5.36
D-5	对用户个性化需求给予足够关注	4.92	4.91	5.08	5.14
D-6	提供各种形式的参考咨询服务，有效帮助用户	5.01	5.05	5.18	5.23
D-7	开展各种形式的培训活动或提供相关指南资料	4.88	4.87	5.02	5.12
D-8	配备学科馆员，开展学科服务	4.74	4.77	4.83	5.01
D-9	举办各种展览、报告、讲座等科学文化传播活动	4.81	4.90	5.01	5.11

表 5-41 “馆员与服务”实际感受值统计表

序号	评价指标	实际感受值			
		平均值	中位数	上四分位数	最高值
D 馆员与服务		6.01			
D-1	馆员态度友善，尊重并主动帮助用户，举止得体	6.40	6.38	6.70	7.34
D-2	馆员业务熟练，理解与沟通能力良好	6.60	6.54	6.90	7.48
D-3	服务规则健全、公开、易于理解，保护用户隐私	6.60	6.65	6.80	7.39
D-4	与用户沟通的渠道畅通有效	6.08	5.99	6.34	7.04
D-5	对用户个性化需求给予足够关注	5.51	5.38	5.87	6.25
D-6	提供各种形式的参考咨询服务，有效帮助用户	5.85	5.74	6.26	6.76

（续表）

序号	评价指标	实际感受值			
		平均值	中位数	上四分位数	最高值
D-7	开展各种形式的培训活动或提供相关指南资料	6.13	6.28	6.48	7.25
D-8	配备学科馆员，开展学科服务	5.20	5.13	5.69	5.83
D-9	举办各种展览、报告、讲座等科学文化传播活动	5.97	6.21	6.42	7.04

表 5-42　“馆员与服务”理想期望值统计表

序号	评价指标	理想期望值			
		平均值	中位数	上四分位数	最高值
D 馆员与服务		8.02			
D-1	馆员态度友善，尊重并主动帮助用户，举止得体	8.23	8.27	8.31	8.43
D-2	馆员业务熟练，理解与沟通能力良好	8.22	8.24	8.32	8.44
D-3	服务规则健全、公开、易于理解，保护用户隐私	8.16	8.16	8.28	8.37
D-4	与用户沟通的渠道畅通有效	8.05	8.06	8.16	8.26
D-5	对用户个性化需求给予足够关注	7.88	7.89	8.01	8.08
D-6	提供各种形式的参考咨询服务，有效帮助用户	7.96	7.93	8.12	8.16
D-7	开展各种形式的培训活动或提供相关指南资料	7.91	7.93	8.03	8.12
D-8	配备学科馆员，开展学科服务	7.72	7.72	7.85	8.00
D-9	举办各种展览、报告、讲座等科学文化传播活动	7.86	7.99	8.06	8.15

表 5-43　“馆员与服务”服务合格度统计表

序号	评价指标	服务合格度			
		平均值	中位数	上四分位数	最高值
D 馆员与服务		0.94			
D-1	馆员态度友善，尊重并主动帮助用户，举止得体	1.06	1.05	1.44	1.81
D-2	馆员业务熟练，理解与沟通能力良好	1.21	1.21	1.56	1.87
D-3	服务规则健全、公开、易于理解，保护用户隐私	1.22	1.21	1.38	1.84
D-4	与用户沟通的渠道畅通有效	0.93	0.87	1.22	1.68
D-5	对用户个性化需求给予足够关注	0.59	0.50	0.85	1.35

（续表）

序号	评价指标	服务合格度			
		平均值	中位数	上四分位数	最高值
D-6	提供各种形式的参考咨询服务，有效帮助用户	0.84	0.76	1.16	1.72
D-7	开展各种形式的培训活动或提供相关指南资料	1.25	1.30	1.50	2.41
D-8	配备学科馆员，开展学科服务	0.46	0.39	0.77	1.18
D-9	举办各种展览、报告、讲座等科学文化传播活动	1.16	1.22	1.55	2.27

表 5-44 “馆员与服务”服务优秀度统计表

序号	评价指标	服务优秀度			
		平均值	中位数	上四分位数	最高值
D 馆员与服务		−2.01			
D-1	馆员态度友善，尊重并主动帮助用户，举止得体	−1.83	−1.92	−1.50	−1.08
D-2	馆员业务熟练，理解与沟通能力良好	−1.62	−1.72	−1.33	−0.96
D-3	服务规则健全、公开、易于理解，保护用户隐私	−1.56	−1.57	−1.37	−0.98
D-4	与用户沟通的渠道畅通有效	−1.97	−2.08	−1.74	−1.23
D-5	对用户个性化需求给予足够关注	−2.37	−2.44	−2.05	−1.72
D-6	提供各种形式的参考咨询服务，有效帮助用户	−2.11	−2.29	−1.76	−1.36
D-7	开展各种形式的培训活动或提供相关指南资料	−1.78	−1.70	−1.57	−0.86
D-8	配备学科馆员，开展学科服务	−2.52	−2.64	−2.22	−1.96
D-9	举办各种展览、报告、讲座等科学文化传播活动	−1.89	−1.82	−1.62	−1.08

表 5-45 “馆员与服务”简单满意度统计表

序号	评价指标	简单满意度(%)			
		平均值	中位数	上四分位数	最高值
D 馆员与服务		66.83			
D-1	馆员态度友善，尊重并主动帮助用户，举止得体	71.15	70.83	74.47	81.56
D-2	馆员业务熟练，理解与沟通能力良好	73.37	72.67	76.61	83.11
D-3	服务规则健全、公开、易于理解，保护用户隐私	73.37	73.83	75.53	82.11
D-4	与用户沟通的渠道畅通有效	67.57	66.50	70.44	78.22

（续表）

序号	评价指标	简单满意度(%)			
		平均值	中位数	上四分位数	最高值
D-5	对用户个性化需求给予足够关注	61.24	59.72	65.19	69.44
D-6	提供各种形式的参考咨询服务，有效帮助用户	65.00	63.78	69.53	75.11
D-7	开展各种形式的培训活动或提供相关指南资料	68.07	69.72	71.94	80.56
D-8	配备学科馆员，开展学科服务	57.77	57.00	63.19	64.78
D-9	举办各种展览、报告、讲座等科学文化传播活动	66.32	68.94	71.31	78.22

维度 D(馆员与服务)也是用户比较满意的一个维度，各项数据基本都排在 4 个维度中的第 2 位。

从满意度来看，用户对 D-2(馆员业务)和 D-3(服务规则)满意度最高，平均值为 73.37%，在 38 项指标中并列第 4。用户对 D-1(馆员态度)也比较满意，该指标列第 9 位。这三指标排名靠前，说明各高校图书馆在狠抓服务方面都下了不少功夫，取得了可喜的进步，改变了以前图书馆往往给用户留下低水平服务和低素质馆员的印象。

在这一维度中，比较迫切需要改进的是 D-8(学科馆员)和 D-5(对用户个性化需求给予足够关注)方面，这两项在该维度中的满意度最低，合格度和优秀度也最低。近年来，许多高校图书馆对学科服务给予了高度重视也做了很多努力，但从目前的效果来看，仍然难以令用户满意。

从本科生和研究生进行对比看出，这一维度中除了 D-3(服务规则)这一指标外，其余各项指标，大多数高校馆的研究生比本科生更满意，这和研究生更多地接受参考咨询、学科服务、培训讲座等深层次服务不无关系，而从事这些服务的馆员通常具有更高的业务能力和服务素质。

由于许多学校的学科服务对象侧重于教师，因此针对 D-8(学科馆员)这一指标，专门对比了教师与研究生的评价，有 6 所高校，教师的满意度大大高于研究生，基于此，可以进一步了解这 6 所高校馆为教师们开展了哪些学科服务；而另外 8 所高校馆则相反，研究生的满意度大于教师，从中也可以了解这些高校是否开展有针对研究生层面的学科服务。从这些后续研究中可以分析和归纳出一些开展学科服务的规律与经验，让更多图书馆从中共享和获益，同时也会使用户调查进一步延伸、获得更大的附加价值。

上面针对各维度、各指标以及对同一高校不同用户群的评价差异性进行了对比分析。此外，对于不同高校之间对同一指标的评价差异性也值得关注。对于某些指标，14 所高校馆用户的评价比较趋于一致，说明这些指标的情况带有普遍性，各馆的情况差别不是很大，例如：

A-7(提供教学参考书服务)，各馆用户实际感受值之间的差异性最低，差值只有 0.82。

B-10(开放时间)，各馆用户实际感受值之间的差值为 0.83。

C-4(馆舍空间和阅览座位充足)的差值为 1.08，在环境和设施维度中差异性最低。说明各高校无论是否有新校区和新馆舍，用户对这项指标的评价并不悬殊。

在馆员与服务方面，差异性相对最低的是两项指标：D-5(对用户个性化需求给予足够关注)、D-8(配备学科馆员，开展学科服务)，说明这两项是各高校一个普遍性问题。

而另一些指标，14 所高校的用户评价差异很大，说明这些指标因馆而异，例如：

C-7(提供方便、清洁的配套服务设施)，各馆用户实际感受值之间的差异性最大，差值达到 2.72，这可能与新建馆舍往往有较现代的配套设施有关。

D-9(举办各种展览、报告、讲座等科学文化传播活动)，各馆用户实际感受值之间的差值为 2.59。

D-7(开展各种形式的培训活动或提供相关指南资料)，各馆用户实际感受值之间的差值为 2.27。

在文献资源方面，用户对 A-2(电子资源能够满足需求)的评价差异较大，差值为 1.78，这说明各个馆在电子资源建设方面还存在较大的差距。

在获取便利性方面，B-5(馆舍馆藏布局合理)成为评价差异性相对较大的一个指标，差值为 1.66。

各个馆可以从这些差异性较大的指标中寻找自己相对比较薄弱的环节，发现可改进之处。

5.3.5 综合评价

表 5-46 是 14 家高校馆用户的综合评价统计。用户对上述各个维度的 38 项指标给予或高或低的评价后，通过这个综合打分，可以基本确定图书馆总体服务质量在用户心目中处于何种位置，这个评价的最高分为 9。

通过表 5-46 的数据可以了解到各高校的不同用户群之间的评价差异，从全部参与调查的 7 000 多位用户的总体统计来看，各类用户的评价排序为：其他＞科研人员＞教师＞研究生＞本科生。但是对于每个学校而言，又会因校而异。对于不同用户群的评价有明显差异的高校，应仔细分析不同用户对各个指标的评价，从中找出需要针对这一类用户进行改进的服务内容。

表 5-46　高校馆总体服务质量评价数据对比

单　位	总体服务质量综合评价					
	本科生	研究生	教　师	科研人员	其　他	总　体
A	6.50	6.81	6.89	5.50	7.00	6.73
B	6.34	6.12	6.50	7.00	7.00	6.20
C	6.56	5.97	6.20	/	/	6.48
D	6.13	6.11	6.21	6.50	6.83	6.14
E	6.16	6.19	6.47	6.70	6.80	6.20
F	6.43	6.42	6.93	7.00	5.86	6.44
G	5.45	6.24	5.75	6.00	7.18	5.68
H	6.23	6.25	5.93	/	7.00	6.24
I	6.84	6.46	6.76	7.67	8.00	6.68
J	7.42	7.42	7.21	7.36	7.50	7.40
K	6.78	7.04	6.58	7.20	6.20	6.88
L	6.41	6.25	6.33	4.67	6.67	6.30
M	6.51	6.66	6.26	6.60	6.61	6.56
N	6.47	6.98	7.11	7.29	5.00	6.70
总计	6.45	6.49	6.51	6.62	6.74	6.47

图 5-1 是 14 家高校馆全部用户的综合评价对比，可以直观地看出各个高校用户对图书馆总体服务质量的评分。

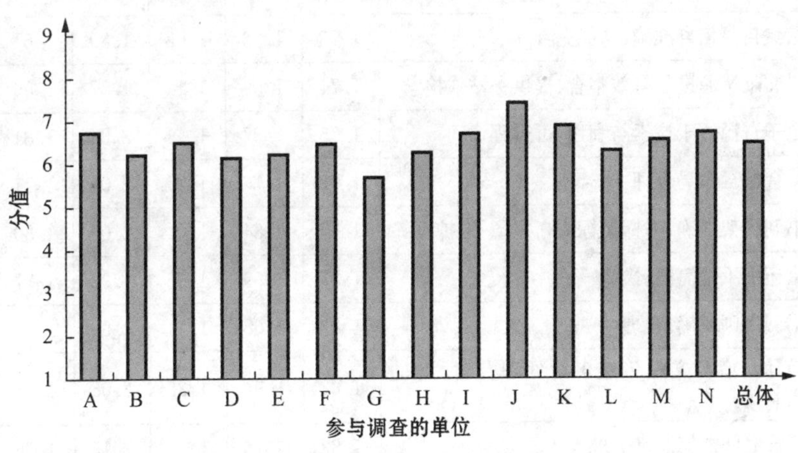

图 5-1　高校馆总体服务质量评价数据对比图

5.4 方差分析

样本标准差是衡量一个样本波动大小的量，能反映一个数据集的离散程度。样本方差或样本标准差越大，样本数据的波动就越大。进而反映不同用户对某一指标的评分差异性。各项指标的标准方差见表5-47。

表5-47 各项指标标准差

序号	评价指标	标准差					样本容量
		可接受最低值	实际感受值	理想期望值	服务合格度	服务优秀度	
A文献资源							
A-1	印刷型资源能够满足需求	1.64	1.66	1.15	1.91	1.61	7063
A-2	电子资源能够满足需求	1.71	1.84	1.13	2.03	1.75	7141
A-3	新资源能够满足需求	1.66	1.74	1.18	1.97	1.74	6981
A-4	及时完成文献资源加工处理	1.70	1.71	1.28	1.88	1.65	6179
A-5	馆藏特色鲜明	1.78	1.81	1.39	2.00	1.75	6956
A-6	有效地收集与整合网络资源	1.67	1.76	1.22	1.91	1.70	6834
A-7	提供指定教学参考书服务	1.76	1.83	1.31	2.05	1.86	7034
B资源获取便利性							
B-1	网站/主页信息丰富、揭示清楚、更新及时、界面友好	1.68	1.70	1.14	1.87	1.56	7453
B-2	馆藏目录信息准确、功能完善	1.73	1.72	1.08	1.89	1.61	7479
B-3	对文献资源进行有效整合、提供一站式检索	1.71	1.69	1.12	1.87	1.59	7053
B-4	电子资源便于检索与利用，可远程访问	1.75	1.87	1.11	2.04	1.81	7040
B-5	馆舍馆藏布局合理	1.72	1.76	1.11	2.04	1.71	7373
B-6	书刊排架准确，书标架标清晰完备、维护良好	1.77	1.84	1.04	2.09	1.80	7526
B-7	借还书手续简便、快捷	1.87	1.59	1.03	1.92	1.37	7560
B-8	借阅规则明确、合理	1.83	1.68	1.11	1.92	1.50	7506
B-9	馆际互借与文献传递申请处理及时、满足率高	1.82	1.94	1.25	2.08	1.83	5410
B-10	开放时间能够满足需求	1.82	1.78	1.02	2.15	1.76	7539

（续表）

序号	评价指标	标准差					样本容量
		可接受最低值	实际感受值	理想期望值	服务合格度	服务优秀度	
C环境与设施							
C-1	文化氛围浓厚，有助于学习和研究	1.73	1.64	1.01	1.85	1.53	7449
C-2	物理环境（光照、通风、温湿度等）良好	1.71	1.68	1.01	1.88	1.59	7497
C-3	环境与设施安全可靠	1.77	1.59	1.04	1.79	1.45	7314
C-4	馆舍空间和阅览座位充足	1.77	1.96	1.03	2.33	2.04	7485
C-5	馆内标志与导引系统完备、清晰	1.74	1.70	1.09	1.89	1.59	7368
C-6	电子设备及网络设施（电脑、网络、多媒体、复印机等）种类齐全，性能良好，使用方便	1.74	1.93	1.09	2.17	1.91	7066
C-7	提供方便、清洁的配套服务设施（饮水、洗手间、公用电话等）	1.76	1.97	1.11	2.14	1.85	7423
C-8	提供个人学习或小组讨论空间	1.86	2.08	1.61	2.24	2.10	6873
C-9	提供休闲区域及相关设施	1.90	2.09	1.83	2.17	2.08	6933
C-10	提供必要的残障人士专用设施	1.94	2.15	1.76	2.23	2.15	5779
C-11	提供自助借还、自助复印等设备	1.86	2.19	1.49	2.33	2.21	6684
C-12	提供多种辅助软件工具	1.78	1.99	1.42	2.08	1.96	6372
D馆员与服务							
D-1	馆员态度友善，尊重并主动帮助用户，举止得体	1.75	1.90	1.06	2.08	1.77	7573
D-2	馆员业务熟练，理解与沟通能力良好	1.75	1.76	1.06	1.94	1.61	7471
D-3	服务规则健全、公开、易于理解，保护用户隐私	1.79	1.68	1.12	1.85	1.52	7109
D-4	与用户沟通的渠道畅通有效	1.74	1.87	1.18	1.99	1.72	6987
D-5	对用户个性化需求给予足够关注	1.79	1.97	1.33	2.09	1.87	6692
D-6	提供各种形式的参考咨询服务，有效帮助用户	1.76	1.94	1.26	2.02	1.81	6889
D-7	开展各种形式的培训活动或提供相关指南资料	1.79	1.95	1.34	2.03	1.74	6874
D-8	配备学科馆员，开展学科服务	1.82	2.11	1.51	2.15	2.00	6292
D-9	举办各种展览、报告、讲座等科学文化传播活动	1.97	2.24	1.93	2.10	1.85	7171

在维度 A 中,用户对 A-2(电子资源)的实际感受值差异最大,而对 A-1(印刷资源)的实际感受值差异最低,说明不同用户对印刷资源的评价更趋于一致。A-5(馆藏特色鲜明)这项指标的可接受最低值和理想期望值两项的标准差都高于该维度的其他指标,这说明不同用户对于馆藏特色是否鲜明的可接受程度和期望程度存在较大差异,但是对于该项指标的实际感受值,用户评价的差异性却低于另外两个指标。

在维度 B 中,所有指标的理想期望值的标准差都比较低,有 9 项指标都在 1.02 至 1.14 之间,说明用户对这 9 项指标的期望高度一致,唯一较高的指标是 B-9(馆际互借),其实际感受值和理想期望值的标准方差均为该维度最高,这可能是由于各个馆开展馆际互借的程度不同、不同用户群对馆际互借的使用程度、依赖程度、期望程度亦不同所致。

在维度 C 中,可以看到一个有趣的现象,前 7 项指标与后 5 项指标分化成两个阵营,前者的各项数据明显低于后者。尤其是理想期望值,前 7 项指标的标准方差在 1.01 至 1.11 之间,而后 5 项指标的这一数值却高达 1.42 至 1.83。分析可知,前 7 项指标涉及图书馆最基础的设施与环境,用户对这些条件的依赖度和认同度趋于一致。而后 5 项指标则属于锦上添花型的设施,有些在现阶段还没有广泛普及,因此用户对这些设施的理解、感受和需求自然存在较大差异。

在维度 D 中,D-9(举办各种展览、报告、讲座等科学文化传播活动)这一项的可接受最低值、实际感受值、理想期望值的标准方差均明显高于同一维度的其他指标。而涉及馆员的两项指标 D-1 和 D-2,用户对可接受最低值和理想期望值的评价完全相同,但在实际感受值方面,对馆员服务态度的评价差异要明显高于对馆员业务能力的评价差异。

5.5 对不确定选项的分析

对不确定选项进行统计分析,见表 5-48,在维度 A 中,对 A-4(及时完成文献资源加工处理),有 6.38%的用户选择了不确定,明显高于其他指标。这说明,有相对较多的用户无法获知图书馆是否能够对文献资源进行比较迅速的编目及加工,因此这项指标更适用于图书馆的自我评价。

在维度 B 中,B-9(馆际互借与文献传递申请处理及时、满足率高)有 10%的用户选择不确定,远远高于其他指标。这是因为,许多学生用户,尤其是占调查总人数 53.7%的本科生,在本科学习阶段,大多还没有接触到馆际互借服务,因此对这项指标无从判断,这从该项指标的方差分析结果也可以得到印证。

在维度 C 中,对 C-10(提供必要的残障人士专用设施)的不确定选项非常高,这可能是由于高校图书馆的到馆用户以在校学生为主体，许多用户平时不太留意是否有残障人士专用设施，因此答题时难以选择。C-12（提供多种辅助软件工具）的不确定选项明显高于其他指标，这一方面是由于用户的年龄和专业背景不同，在使用辅助软件工具方面有很明显的差异，另一方面是由于部分用户虽然了解部分辅助软件，但对于图书馆是否能够提供“多种”辅助软件工具没有把握。

在维度D中，D-8（学科馆员）成为用户选择不确定最高的一项，这是由于有些学校并没有开展实质性的学科服务，或者只面向部分用户群提供服务，因此有不少用户对这项服务一无所知。这也从一个侧面说明图书馆还应该加强对学科服务宣传力度，让所有用户更了解更多使用这项服务。

表5-48　各馆问卷样本选择不确定项分析表

	A	B	C	D	E	F	G	H	I	J	K	L	M	N	总体
A-1	6	16	19	63	51	30	43	24	29	34	9	27	114	51	516
A-2	5	10	12	57	37	16	50	16	17	15	3	11	147	34	430
A-3	16	19	19	50	54	21	43	11	25	54	10	34	154	74	584
A-4	18	55	56	141	113	63	89	46	70	128	21	79	390	117	1 386
A-5	8	21	20	52	79	18	35	17	27	77	7	33	163	41	598
A-6	8	26	23	78	67	32	62	25	28	49	11	36	225	52	722
A-7	14	20	17	35	65	20	44	18	24	82	11	52	89	41	532
B-1	1	3	4	17	7	5	45	10	3	7	0	2	38	4	146
B-2	1	2	7	14	10	3	31	10	4	5	2	7	22	6	124
B-3	4	14	28	63	40	28	43	21	29	40	12	31	142	32	527
B-4	8	15	22	63	49	31	53	28	17	33	6	20	189	32	566
B-5	2	7	13	24	27	6	23	8	10	33	2	8	50	16	229
B-6	1	4	3	9	8	6	17	4	5	9	0	4	8	3	81
B-7	0	2	5	5	1	3	15	3	2	3	0	2	3	2	46
B-8	1	4	8	13	12	3	14	5	5	12	1	6	13	3	100
B-9	42	99	95	218	212	112	103	64	86	259	48	105	651	108	2 202
B-10	1	6	5	6	4	6	15	4	5	8	0	4	19	1	84
C-1	4	8	11	32	17	7	9	6	8	20	1	9	23	7	162
C-2	2	4	9	13	12	9	8	9	12	14	0	5	19	5	121

（续表）

	A	B	C	D	E	F	G	H	I	J	K	L	M	N	总体
C-3	4	17	21	28	31	16	16	10	17	38	4	14	55	19	290
C-4	4	6	8	17	12	7	6	7	14	16	3	4	18	7	129
C-5	2	5	17	28	27	16	18	12	12	22	3	9	56	13	240
C-6	7	15	24	83	61	23	35	22	20	39	9	19	153	36	546
C-7	2	6	13	30	27	13	21	10	11	23	4	7	22	11	200
C-8	11	30	34	90	72	35	34	27	47	92	18	44	144	66	744
C-9	13	22	32	92	70	29	38	21	40	73	5	38	155	48	676
C-10	37	64	85	185	180	92	81	54	79	215	41	115	436	162	1 826
C-11	6	24	37	91	85	46	42	37	42	124	19	44	254	74	925
C-12	19	41	48	133	132	45	66	42	48	144	19	74	337	101	1 249
D-1	0	3	5	7	3	6	5	5	2	10	0	3	5	3	57
D-2	1	7	11	20	9	12	9	9	7	16	0	6	25	16	148
D-3	6	27	32	46	55	33	26	18	29	57	5	31	110	28	503
D-4	13	25	31	70	57	39	34	26	34	46	9	36	173	38	631
D-5	18	37	46	94	90	40	37	33	45	104	12	54	251	63	924
D-6	13	30	26	81	81	38	28	24	20	92	6	48	191	53	731
D-7	15	29	42	109	49	38	51	32	29	45	12	60	181	44	736
D-8	26	42	56	139	122	67	58	42	59	150	30	86	346	99	1 322
D-9	7	30	30	91	50	26	49	27	33	54	6	29	229	18	679
总计	346	795	974	2 387	2 078	1 040	1 396	787	994	2 242	349	1 196	5 600	1 528	21 712

第6章　研究结论与展望

基于用户需求的图书馆服务质量评价研究是一次全新的理论探索和实践过程，也是一个动态的过程，随着网络环境和信息环境的不断变化。用户使用图书馆的行为也在不断变化。用户对资源与图书馆的需求变化了，服务评价体系也要相应地变化。本项研究与试验取得了一定成果，为国内开展相关研究起到引领方向、奠定基础、提供参考的作用，但也存在一定的局限，需要我们客观地进行总结，确立今后的研究方向。

6.1　研究结论

6.1.1　实践意义

图书馆服务质量评价问题，终究是一个实践性的研究，而不是纯粹的理论研究。本项研究立足于研究型图书馆服务质量评价实践，调动课题组内外和图书馆业界的力量，在国内外相关研究成果调研的基础上，精心组织人力，进行大量的实证研究，研制数据报告，筛选和优化评价指标，建立评价指标体系，开发用于联合调查的网络平台，制定图书馆服务质量评价的组织实施方案。

本项研究模拟第三方组织形式，在全国范围内组织多达19家研究型图书馆进行服务质量评价联合调查活动，获得大量可供分析和研究的可靠数据，对评价和修正指标体系、组织流程、调查方法与技术支持等方面，对深入研究同类型图书馆服务质量方面存在的普遍与个别问题、不同类型用户对服务质量的要求和期望等方面很有借鉴和帮助。这是国内首次以第三方组织形式，对跨类型的研究型图书馆的服务质量评价实施调查与分析，一定程度上揭示了我国研究型图书馆服务质量的状况、问题和改进的切入点，对推动研究型图书馆服务工作具有良好的促进作用。参与馆的评价充分地证明了这一点。

本项研究选取全国19家各类型研究型图书馆进行服务质量评价实验，并向参与馆提供数据报告，同时提供同类型参与馆综合数据报告（高校馆）。在整个工作流程中，研究人员的工作得到了参与馆的好评。参与馆普遍反映这次调查很有意义，对各馆工作起到促进作用。列举如下：

- 此次调查做得挺好的，谢谢你们课题组所做的大量数据整理与分析报告工作,为我们馆的工作提供了很好的参考。

• 这次用户调查得到的两个数据比较是很有意义的,一是用户的实际感受与期望值的比较,二是本校用户的满意值与其他高校的比较,两种数据一起综合,更能真实反映一个图书馆某项工作的差距与不足,我们准备在以上两种数据的基础上,完成我们图书馆自己的一份用户满意度调查报告,提出改进不足的具体措施,在校内公开,一是让工作人员心中有数,明确不足和差距,努力改进工作;二是让用户看到图书馆加强与用户的沟通与交流,改进工作的诚意,也希望得到用户对图书馆工作不断的关注和支持。

• 看过用户满意度调查数据综合报告,感觉你们的工作量好大! 我们一定好好利用本次用户调查结果,改善用户服务工作。

• 参加贵馆的满意度调查,对我们而言也是一个非常有意义的工作,可以找出我们存在的问题,目前我们正着手解决调研中的部分问题,谢谢您和贵馆相关的老师。

• 发来的用户满意度调查数据综合报告已收到。报告内容详尽,数据清楚,一定会对我们改进工作带来很大帮助,感谢您和课题组成员的辛苦工作。

• 谢谢你们的辛勤工作! 我们很高兴能参与你们的研究工作,从中我们也获益良多,希望今后多合作,谢谢!

• 精心编制的数据报告已经收到。初步浏览后,我们被如此庞大的数据量和如此精准的统计分析所震撼,为你们如此强大的研究能力和如此勤奋的奉献精神所折服。我们认为,数据报告是一座蕴含丰富的金矿,从中必将发掘出无尽无价的宝藏。××大学图书馆的用户服务工作将由此得到明确而宝贵的导引,××大学的用户将从此受益无穷。

• 年终总结我们馆长想把本次的用户调查活动作为重点详细介绍。

6.1.2 学术价值

尽管本项研究着眼于解决图书馆服务质量评价的实践问题,但实践问题离不开理论指导,没有理论指导的实践是盲目的实践。研究人员首先调研了国内外相关研究成果,参考和借鉴现有理论研究中合理而成熟的部分,在此基础上,运用研究人员以及业内专家、特别是用户的智慧,从我国研究型图书馆的实际出发,从国内用户对研究型图书馆服务的实际需求出发,提出并设计一整套可用于图书馆服务质量评价的模型、方法、流程、技术、实施方案,成为本研究最重要的成果,为后续的研究打好基础,具有重要的参考和借鉴价值。

研究成果所形成的重要学术思想包括:强调图书馆服务质量评价要以用户需求和用户满意为导向,体现用户的参与和用户的作用;要以第三方评价为主体,而同行评价和自评只能作为补充,而不是代替;评价指标和指标体系的设计必须首先来自用户的认知,充分考虑用户对图书馆服务的需求和期望;加强图书馆之间的横向评价,研究制订具有可比性的指标,引入定标比超(bench-marking),发挥评价的引领和促进作用;图书馆服务质量评价是系统工程,需要多方参与,组织有序,过程严密;要在借鉴国外研究成果的基础上,自主建立适合国情馆情的评价指标体系,加强评价指标的针对性和适用性。

6.1.3　研究创新

科学研究实质上是一个创新的过程。研究要不断地超越已有的研究成果,提出新的思想、理论、方法和技术。关于图书馆服务质量评价问题,尽管不是一个全新的研究选题,但国内外无论在理论上还是实践上,都存在着一定的争议,有些问题没有得到很好的解决。国内相关理论研究和实践活动尤其薄弱。本项研究希望通过自己的研究和实践探索,推动对这一问题的研究,尝试解决其中的若干理论和实践问题,探寻能将图书馆服务质量评价理论、方法、模型、方案有机结合并通过实证检验的研究型图书馆服务质量评价之路。尽管期望通过一次研究能解决图书馆服务质量评价中的所有问题是不切实际的,也是不可能的,但本项研究仍力求在多个方面有所创新。

在评价对象上,本项研究在国内首次聚焦于跨类型(高校、专业、公共)研究型图书馆的服务质量评价问题。研究型图书馆是图书馆行业中非常重要的一类群体,具有较强的服务实力。研究型图书馆的服务质量评价问题需要得到足够的关注(我国甚至缺少这类组织,而美国则有研究图书馆协会 ARL、研究图书馆集团 RLG 和研究图书馆中心 CRL)。

在评价的基点上,借鉴国外的相关理论与研究成果,摒弃了国内自说自话的评价模式,从自我主观评价,走向基于用户需求的客观评价。同时,也实现了从原来注重内部操作的过程评价,转变为注重产出、注重服务质量的效果评价,使评价工作更加体现用户的感知和需求,体现图书馆的服务性这一本质。

在评价的指标体系上,在充分调研用户需求的基础上,对评价指标进行彻底的本土化改造,使指标体系更能符合我国的国情、馆情和用户特点。无论是 SERVQUAL 还是 LibQUAL+®,最初都来自本国和特定的服务机构。我们可以借鉴其中的思想,实现完全的本土化。

在评价的方法上,采用国内不常使用的 9 分量表,既能更细微地体现评价区分度,也能更好地与国际接轨。同时,采用信度、效度、方差、平均值、中位数、四分位数、最高值,以及服务合格度、服务优秀度等分析方法,提高评价方法的可靠性、适用性和科学性。

在评价的技术上，研究人员自主开发具有先进水平的网络调查平台与系统，专门用于该项研究所需要的较大规模的用户评价数据的采集。用户可网上提交调查问卷，系统自动实现数据存储、收割、统计和分析，具有很强的实用性。实践证明，该平台与系统可以有效地支撑异地大规模联合调查，在数据的采集和处理上发挥了不可替代的作用。

在评价的组织上，研究人员充分准备，积极宣传，动员 19 个研究型图书馆参与评价试验。研究人员合理分工，相互配合，通过多次研讨和征询专家意见，不断优化工作方案和评价指标体系，保障研究工作的顺利进行。

在评价的试验应用上，以适用性为前提，将理论研究成果引入图书馆服务质量评价的实践，并通过评价实践检验前期研究方法和方案的可行性。评价虽属试验性质，但也起到了评价所应有的反映、监测、比较等功能，使研究成果具有指导作用，在业界也具有一定的推广价值。

在评价报告的撰写上，为使参与调查馆受益，为每个馆撰写和提供全面而翔实的调查数据报告和综合报告，提供调查结果和可供横向比较的数据，为改进工作提供参考和指导。

在理论与实践的结合上，从国内研究图书馆的实际状况出发，从图书馆服务质量评价的需要出发，在加强学术研究的国际视野和创新性同时，面向图书馆服务质量评价过程中需要解决的理论、方法、技术、流程、方案等诸多问题，勇于探索，悉心总结，使得研究成果对于图书馆服务质量评价的实践具有更好的指导意义。

6.2 研究的不足之处

图书馆服务质量评价研究是一个需要不断探索、不断完善的研究课题。因人力、时间、经费所限，研究人员在相关理论和方法综合研究、指标研制与设计、调查组织与实践和数据分析、技术支持等方面做了积极的尝试和探索，但仍有很多不足或者遗憾。主要有以下几个方面：

(1) 关于深化理论研究问题

图书馆服务质量评价实践的演化和发展，其实质反映出对图书馆服务质量本质的研究深化和发展。评价指标和问卷的设计应该建立在对服务质量实质内容的理解之上。什么指标能够“揭示”图书馆服务质量的本质？这是调查是否有效最重要的前提，也是防止评价失真的重要前提。如何在借鉴国内外评价理论的基础上，形成完整的具有中国特色的图书馆服务评价理论体系，仍然任重而道远。

(2) 关于模拟第三方组织进行联合读者调查的组织问题

本研究团队充分利用各种资源和条件，做了最大限度的努力，但因时间、经费、人力有限,对高校以外的图书馆的组织发动工作未到位,导致公共馆和专业馆参与数量少,问卷回收数量也不太理想,没有实现可供三种类型(高校、公共、专业)图书馆同时实现服务质量横向对比的综合报告的研究目标。

6.3 研究展望

科学研究是无止境的。本研究对图书馆服务评价理论与实践的研究虽然取得了一定的成果,但由于力量有限,有些方面还不够完善,今后需要在以下几个方面做进一步深入研究:

(1) 构建包括“核心(通用)指标+特色指标+可选指标”的指标库

要通过更广泛的用户调查,结合图书馆工作的现实与未来发展需要,借鉴图书情报学理论国内外最新研究成果,对基于用户需求的图书馆服务质量评价指标,要分层次、分对象地构建一个更加全面的丰富的指标体系(指标库),例如分为核心(通用)指标、特色指标、可选指标。核心指标是评价图书馆服务最重要的不可缺少的指标,不同类型、不同规模的图书馆都可通用。特色指标则是反映某一类或某一图书馆特定需要的评价指标,是该类图书馆或该图书馆必须要评价的内容。可选指标则是根据每个图书馆的特定需要,反映图书馆服务不同侧面的可以自由选取的指标。各种指标都要有一定数量,使参与评价的图书馆有更多的选择余地。

(2) 评价指标的“语言表达”的设计和优化

调查研究工作是一个严谨的过程,需要运用科学的理论和方法指导。图书馆相关专业术语只适用于研究人员和业界内部的沟通和交流。当调查问卷展现在用户面前的时候,每项评价指标则应以通俗易懂的“说法”表达出来,避免用户费心猜测,理解有误或不准确,从而影响评价结果的真实性和可靠性。所以,必须站在用户的角度,尽量使用用户熟悉和理解的语言表达调查内容。为此,评价指标的表述要通过长期的持续的试验,不断优化语言表达方式,形成用户能够解读的甚至喜闻乐见的表述。

(3) 持续进行服务评价与结果跟踪

单次调查都仅是当前或过去一段时间服务状况的客观反映,对于认识近期服务状态是有积极意义的。但更重要的是,通过持续地进行服务评价调查,跟踪用户评价的变化,揭示和分析用户评价变化的特点和原因,对图书馆服务质量改进的意义更大。不同图书馆之间横向比较有特定的意义,但本馆不同历史时期(特别是近期的不同阶段)用户评价变化的情况分析,对于决策的参考意义更大。因此,本项研究虽然结束,但很期待以此项研究为契机,由合适的第三方组织牵头,或者各馆自发联合组织,定期进行图书馆服务质量评价,建立长期而系统的服务评价档案,并与服务的调整与改进关联起来。

(4) 加强技术支持

繁杂的调查过程和大量的调查数据,如果仅仅靠人工办法,无论如何都是低效的,而且可能错误很多。本项研究吸收技术人员有效参与,对研究的顺利进行和研究工作的成功提供了重要保障。技术的支持是不可缺少的。也需要更多地在研究的各个阶段,邀请技术人员参与,为网络调查和数据的采集、处理和分析提供保障。需要有更先进的软件系统做好数据分析,自动生成数据报告等,减少人工作业,提高工作效率。国外的服务评价在技术支持方面已经形成一个完整的技术保障体系。

(5) 建立第三方评价机制

同任何评价一样,服务质量评价最重要的是客观性。建立第三方评价组织机制是保障评价客观性的最重要的条件。因为第三方没有利益冲突,没有任何成见,所以在评价时更有条件遵循科学公开公正的原则。建立第三方评价机构或者组织,独立地开展对国内各类图书馆服务的评价工作,建立规范的工作程序和一整套制度体系,对于促进国内图书馆事业与图书馆服务的健康发展具有重要的战略意义。

附录1　调查问卷(高校馆)

×××大学图书馆用户满意度调查

尊敬的用户：

您好！请您在百忙之中完成下面的问卷调查，完成问卷平均需要15分钟。您的参与可以帮助我们更好地了解您的期望和需求，让我们获知从哪些方面改进可以使您更加满意。您的意见对我们十分重要！谢谢！

本次调查采用3层9级量表的测评方法。请您根据亲身感受，分别对每个指标给出三个评价分值：可接受的最低值、实际感受值、理想的期望值。

可接受的最低值：表示您能接受的最低水平，低于这个值则使您无法忍受；

实际感受值：表示您亲自经历并感受到的实际水平；

理想的期望值：表示您认为图书馆在该项服务上应该达到的理想水平；

取值范围为1～9，1为最低，9为最高，请在所选数值上画圈。

如果对该问题没有感受可以选择“不确定”选项。

请您尝试进行一次模拟评价：请为“图书馆文化氛围浓厚，有助于学习和研究”指标评分：

可接受的最低值	实际感受值	理想的期望值
1 2 ③ 4 5 6 7 8 9	1 2 3 4 5 6 ⑦ 8 9	1 2 3 4 5 6 7 ⑧ 9

本次调查采用匿名方式，我们承诺对您提供的数据和个人信息采取可靠措施严格保密。

再次感谢您的大力支持！

×××大学图书馆

2008年10月×日

一、请您对本馆文献资源方面进行评价(请在所选数值上画圈)：

	我可接受的最低值	我的实际感受值	我理想的期望值	不确定
	低　　　　　高	低　　　　　高	低　　　　　高	
1. 印刷型资源能够满足需求	1 2 3 4 5 6 7 8 9	1 2 3 4 5 6 7 8 9	1 2 3 4 5 6 7 8 9	
2. 电子资源能够满足需求	1 2 3 4 5 6 7 8 9	1 2 3 4 5 6 7 8 9	1 2 3 4 5 6 7 8 9	

（续表）

	我可接受的最低值	我的实际感受值	我理想的期望值	不确定
	低 高	低 高	低 高	
3. 新资源能够满足需求	1 2 3 4 5 6 7 8 9	1 2 3 4 5 6 7 8 9	1 2 3 4 5 6 7 8 9	
4. 及时完成文献资源加工处理	1 2 3 4 5 6 7 8 9	1 2 3 4 5 6 7 8 9	1 2 3 4 5 6 7 8 9	
5. 馆藏特色鲜明	1 2 3 4 5 6 7 8 9	1 2 3 4 5 6 7 8 9	1 2 3 4 5 6 7 8 9	
6. 有效地收集与整合网络资源	1 2 3 4 5 6 7 8 9	1 2 3 4 5 6 7 8 9	1 2 3 4 5 6 7 8 9	
7. 提供指定教学参考书服务	1 2 3 4 5 6 7 8 9	1 2 3 4 5 6 7 8 9	1 2 3 4 5 6 7 8 9	

二、请您对本馆资源获取便利性方面进行评价(请在所选数值上画圈)：

	我可接受的最低值	我的实际感受值	我理想的期望值	不确定
	低 高	低 高	低 高	
1. 网站/主页信息丰富、揭示清楚、更新及时、界面友好	1 2 3 4 5 6 7 8 9	1 2 3 4 5 6 7 8 9	1 2 3 4 5 6 7 8 9	
2. 馆藏目录信息准确、功能完善	1 2 3 4 5 6 7 8 9	1 2 3 4 5 6 7 8 9	1 2 3 4 5 6 7 8 9	
3. 对文献资源进行有效整合、提供一站式检索	1 2 3 4 5 6 7 8 9	1 2 3 4 5 6 7 8 9	1 2 3 4 5 6 7 8 9	
4. 电子资源便于检索与利用,可远程访问	1 2 3 4 5 6 7 8 9	1 2 3 4 5 6 7 8 9	1 2 3 4 5 6 7 8 9	
5. 馆舍馆藏布局合理	1 2 3 4 5 6 7 8 9	1 2 3 4 5 6 7 8 9	1 2 3 4 5 6 7 8 9	
6. 书刊排架准确,书标架标清晰完备、维护良好	1 2 3 4 5 6 7 8 9	1 2 3 4 5 6 7 8 9	1 2 3 4 5 6 7 8 9	
7. 借还书手续简便、快捷	1 2 3 4 5 6 7 8 9	1 2 3 4 5 6 7 8 9	1 2 3 4 5 6 7 8 9	
8. 借阅规则明确、合理	1 2 3 4 5 6 7 8 9	1 2 3 4 5 6 7 8 9	1 2 3 4 5 6 7 8 9	
9. 馆际互借与文献传递申请处理及时、满足率高	1 2 3 4 5 6 7 8 9	1 2 3 4 5 6 7 8 9	1 2 3 4 5 6 7 8 9	
10. 开放时间能够满足需求	1 2 3 4 5 6 7 8 9	1 2 3 4 5 6 7 8 9	1 2 3 4 5 6 7 8 9	

三、请您对本馆环境与设施方面进行评价(请在所选数值上画圈):

	我可接受的最低值	我的实际感受值	我理想的期望值	不确定
	低 高	低 高	低 高	
1. 文化氛围浓厚,有助于学习和研究	1 2 3 4 5 6 7 8 9	1 2 3 4 5 6 7 8 9	1 2 3 4 5 6 7 8 9	
2. 物理环境(光照、通风、温湿度等)良好	1 2 3 4 5 6 7 8 9	1 2 3 4 5 6 7 8 9	1 2 3 4 5 6 7 8 9	
3. 环境与设施安全可靠	1 2 3 4 5 6 7 8 9	1 2 3 4 5 6 7 8 9	1 2 3 4 5 6 7 8 9	
4. 馆舍空间和阅览座位充足	1 2 3 4 5 6 7 8 9	1 2 3 4 5 6 7 8 9	1 2 3 4 5 6 7 8 9	
5. 馆内标志与导引系统完备、清晰	1 2 3 4 5 6 7 8 9	1 2 3 4 5 6 7 8 9	1 2 3 4 5 6 7 8 9	
6. 电子设备及网络设施(电脑、网络、多媒体、复印机等)种类齐全,性能良好,使用方便	1 2 3 4 5 6 7 8 9	1 2 3 4 5 6 7 8 9	1 2 3 4 5 6 7 8 9	
7. 提供方便、清洁的配套服务设施(饮水、洗手间、公用电话等)	1 2 3 4 5 6 7 8 9	1 2 3 4 5 6 7 8 9	1 2 3 4 5 6 7 8 9	
8. 提供个人学习或小组讨论空间	1 2 3 4 5 6 7 8 9	1 2 3 4 5 6 7 8 9	1 2 3 4 5 6 7 8 9	
9. 提供休闲区域及相关设施	1 2 3 4 5 6 7 8 9	1 2 3 4 5 6 7 8 9	1 2 3 4 5 6 7 8 9	
10. 提供必要的残障人士专用设施	1 2 3 4 5 6 7 8 9	1 2 3 4 5 6 7 8 9	1 2 3 4 5 6 7 8 9	
11. 提供自助借还、自助复印等自助服务设备	1 2 3 4 5 6 7 8 9	1 2 3 4 5 6 7 8 9	1 2 3 4 5 6 7 8 9	
12. 提供多种辅助软件工具	1 2 3 4 5 6 7 8 9	1 2 3 4 5 6 7 8 9	1 2 3 4 5 6 7 8 9	

四、请您对本馆馆员与服务方面进行评价(请在所选数值上画圈):

	我可接受的最低值	我的实际感受值	我理想的期望值	不确定
	低 高	低 高	低 高	
1. 馆员态度友善,尊重并主动帮助用户,举止得体	1 2 3 4 5 6 7 8 9	1 2 3 4 5 6 7 8 9	1 2 3 4 5 6 7 8 9	

（续表）

	我可接受的最低值 低　　　　高	我的实际感受值 低　　　　高	我理想的期望值 低　　　　高	不确定
2. 馆员业务熟练，理解与沟通能力良好	1 2 3 4 5 6 7 8 9	1 2 3 4 5 6 7 8 9	1 2 3 4 5 6 7 8 9	
3. 服务规则健全、公开、易于理解，保护用户隐私	1 2 3 4 5 6 7 8 9	1 2 3 4 5 6 7 8 9	1 2 3 4 5 6 7 8 9	
4. 与用户沟通的渠道畅通有效	1 2 3 4 5 6 7 8 9	1 2 3 4 5 6 7 8 9	1 2 3 4 5 6 7 8 9	
5. 对用户个性化需求给予足够关注	1 2 3 4 5 6 7 8 9	1 2 3 4 5 6 7 8 9	1 2 3 4 5 6 7 8 9	
6. 提供各种形式的参考咨询服务，有效帮助用户	1 2 3 4 5 6 7 8 9	1 2 3 4 5 6 7 8 9	1 2 3 4 5 6 7 8 9	
7. 开展各种形式的培训活动或提供相关指南资料	1 2 3 4 5 6 7 8 9	1 2 3 4 5 6 7 8 9	1 2 3 4 5 6 7 8 9	
8. 配备学科馆员，开展学科服务	1 2 3 4 5 6 7 8 9	1 2 3 4 5 6 7 8 9	1 2 3 4 5 6 7 8 9	
9. 举办各种展览、报告、讲座等科学文化传播活动	1 2 3 4 5 6 7 8 9	1 2 3 4 5 6 7 8 9	1 2 3 4 5 6 7 8 9	

五、请您对本馆总体服务质量进行综合评价（请在所选数值上画圈）：

	低　　　　高
综合评价	1 2 3 4 5 6 7 8 9

六、欢迎您对本馆服务提出宝贵意见与建议：

____

____

____

七、为进行后期数据分析，需要您提供必要的个人信息。我们承诺对个人信息采取可靠措施严格保密！

1. 年龄：

□ 20 岁以下　□ 20～29 岁　□ 30～39 岁　□ 40～49 岁

☐ 50 岁及以上

2. 身份：

☐ 本科生　☐ 研究生　☐ 教师　☐ 科研人员　☐ 其他

3. 到图书馆的平均频率：

☐ 几乎每天　☐ 每周一次以上　☐ 每月一次以上　☐ 很少

4. 每周通过访问图书馆主页利用各种资源或服务的平均时间：

☐ 1 小时以下　☐ 1～5 小时　☐ 5～10 小时　☐ 10 小时以上

再次感谢您的合作!

附录 2　调查问卷(公共馆)

×××图书馆用户满意度调查

尊敬的用户：

您好！请您在百忙之中完成下面的问卷调查，完成问卷平均需要 15 分钟。您的参与可以帮助我们更好地了解您的期望和需求，让我们获知从哪些方面改进可以使您更加满意。您的意见对我们十分重要！谢谢！

本次调查采用 3 层 9 级量表的测评方法。请您根据亲身感受，分别对每个指标给出三个评价分值：可接受的最低值、实际感受值、理想的期望值。

可接受的最低值：表示您能接受的最低水平，低于这个值则使您无法忍受；

实际感受值：表示您亲自经历并感受到的实际水平；

理想的期望值：表示您认为图书馆在该项服务上应该达到的理想水平；

取值范围为 1～9，1 为最低，9 为最高，请在所选数值上画圈。

如果对该问题没有感受可以选择"不确定"选项。

请您尝试进行一次模拟评价：请为图书馆"文化氛围浓厚，有助于学习和研究"指标评分：

可接受的最低值	实际感受值	理想的期望值
1 2 ③ 4 5 6 7 8 9	1 2 3 4 5 6 ⑦ 8 9	1 2 3 4 5 6 7 ⑧ 9

本次调查采用匿名方式，我们承诺对您提供的数据和个人信息采取可靠措施严格保密。

再次感谢您的大力支持！

×××图书馆

2008 年 10 月×日

一、请您对本馆文献资源方面进行评价(请在所选数值上画圈)：

	我可接受的最低值	我的实际感受值	我理想的期望值	不确定
	低　　　　高	低　　　　高	低　　　　高	
1. 印刷型资源能够满足需求	1 2 3 4 5 6 7 8 9	1 2 3 4 5 6 7 8 9	1 2 3 4 5 6 7 8 9	
2. 电子资源能够满足需求	1 2 3 4 5 6 7 8 9	1 2 3 4 5 6 7 8 9	1 2 3 4 5 6 7 8 9	

(续表)

	我可接受的最低值	我的实际感受值	我理想的期望值	不确定
	低　　高	低　　高	低　　高	
3. 新资源能够满足需求	1 2 3 4 5 6 7 8 9	1 2 3 4 5 6 7 8 9	1 2 3 4 5 6 7 8 9	
4. 及时完成文献资源加工处理	1 2 3 4 5 6 7 8 9	1 2 3 4 5 6 7 8 9	1 2 3 4 5 6 7 8 9	
5. 馆藏特色鲜明	1 2 3 4 5 6 7 8 9	1 2 3 4 5 6 7 8 9	1 2 3 4 5 6 7 8 9	
6. 具有供残障人士使用的特殊馆藏	1 2 3 4 5 6 7 8 9	1 2 3 4 5 6 7 8 9	1 2 3 4 5 6 7 8 9	
7. 具有供各种年龄和文化程度用户群体使用的文献资源	1 2 3 4 5 6 7 8 9	1 2 3 4 5 6 7 8 9	1 2 3 4 5 6 7 8 9	

二、　请您对本馆资源获取便利性方面进行评价(请在所选数值上画圈):

	我可接受的最低值	我的实际感受值	我理想的期望值	不确定
	低　　高	低　　高	低　　高	
1. 网站/主页信息丰富、揭示清楚、更新及时、界面友好	1 2 3 4 5 6 7 8 9	1 2 3 4 5 6 7 8 9	1 2 3 4 5 6 7 8 9	
2. 馆藏目录信息准确、功能完善	1 2 3 4 5 6 7 8 9	1 2 3 4 5 6 7 8 9	1 2 3 4 5 6 7 8 9	
3. 电子资源便于检索与利用,可远程访问	1 2 3 4 5 6 7 8 9	1 2 3 4 5 6 7 8 9	1 2 3 4 5 6 7 8 9	
4. 馆舍馆藏布局合理	1 2 3 4 5 6 7 8 9	1 2 3 4 5 6 7 8 9	1 2 3 4 5 6 7 8 9	
5. 书刊排架准确,书标架标清晰完备、维护良好	1 2 3 4 5 6 7 8 9	1 2 3 4 5 6 7 8 9	1 2 3 4 5 6 7 8 9	
6. 借还书手续简便、快捷	1 2 3 4 5 6 7 8 9	1 2 3 4 5 6 7 8 9	1 2 3 4 5 6 7 8 9	
7. 借阅规则明确、合理	1 2 3 4 5 6 7 8 9	1 2 3 4 5 6 7 8 9	1 2 3 4 5 6 7 8 9	
8. 馆际互借与文献传递申请处理及时、满足率高	1 2 3 4 5 6 7 8 9	1 2 3 4 5 6 7 8 9	1 2 3 4 5 6 7 8 9	
9. 开放时间能够满足需求	1 2 3 4 5 6 7 8 9	1 2 3 4 5 6 7 8 9	1 2 3 4 5 6 7 8 9	
10. 入馆或办证手续简便	1 2 3 4 5 6 7 8 9	1 2 3 4 5 6 7 8 9	1 2 3 4 5 6 7 8 9	

三、请您对本馆环境与设施方面进行评价(请在所选数值上画圈):

	我可接受的最低值	我的实际感受值	我理想的期望值	不确定
	低　　　　高	低　　　　高	低　　　　高	
1. 文化氛围浓厚,有助于学习和研究	1 2 3 4 5 6 7 8 9	1 2 3 4 5 6 7 8 9	1 2 3 4 5 6 7 8 9	
2. 物理环境(光照、通风、温湿度等)良好	1 2 3 4 5 6 7 8 9	1 2 3 4 5 6 7 8 9	1 2 3 4 5 6 7 8 9	
3. 环境与设施安全可靠	1 2 3 4 5 6 7 8 9	1 2 3 4 5 6 7 8 9	1 2 3 4 5 6 7 8 9	
4. 馆舍空间和阅览座位充足	1 2 3 4 5 6 7 8 9	1 2 3 4 5 6 7 8 9	1 2 3 4 5 6 7 8 9	
5. 馆内标志与导引系统完备、清晰	1 2 3 4 5 6 7 8 9	1 2 3 4 5 6 7 8 9	1 2 3 4 5 6 7 8 9	
6. 电子设备及网络设施(电脑、网络、多媒体、复印机等)种类齐全,性能良好,使用方便	1 2 3 4 5 6 7 8 9	1 2 3 4 5 6 7 8 9	1 2 3 4 5 6 7 8 9	
7. 提供方便、清洁的配套服务设施(饮水、洗手间、公用电话等)	1 2 3 4 5 6 7 8 9	1 2 3 4 5 6 7 8 9	1 2 3 4 5 6 7 8 9	
8. 提供休闲区域及相关设施	1 2 3 4 5 6 7 8 9	1 2 3 4 5 6 7 8 9	1 2 3 4 5 6 7 8 9	
9. 提供必要的残障人士专用设施	1 2 3 4 5 6 7 8 9	1 2 3 4 5 6 7 8 9	1 2 3 4 5 6 7 8 9	
10. 提供自助借还、自助复印等自助服务设备	1 2 3 4 5 6 7 8 9	1 2 3 4 5 6 7 8 9	1 2 3 4 5 6 7 8 9	
11. 提供多种辅助软件工具	1 2 3 4 5 6 7 8 9	1 2 3 4 5 6 7 8 9	1 2 3 4 5 6 7 8 9	

四、请您对本馆馆员与服务方面进行评价(请在所选数值上画圈):

	我可接受的最低值	我的实际感受值	我理想的期望值	不确定
	低　　　　高	低　　　　高	低　　　　高	
1. 馆员态度友善,尊重并主动帮助用户,举止得体	1 2 3 4 5 6 7 8 9	1 2 3 4 5 6 7 8 9	1 2 3 4 5 6 7 8 9	
2. 馆员业务熟练,理解与沟通能力良好	1 2 3 4 5 6 7 8 9	1 2 3 4 5 6 7 8 9	1 2 3 4 5 6 7 8 9	

(续表)

	我可接受的最低值	我的实际感受值	我理想的期望值	不确定
	低　　　　　　高	低　　　　　　高	低　　　　　　高	
3. 服务规则健全、公开、易于理解，保护用户隐私	1 2 3 4 5 6 7 8 9	1 2 3 4 5 6 7 8 9	1 2 3 4 5 6 7 8 9	
4. 与用户沟通的渠道畅通有效	1 2 3 4 5 6 7 8 9	1 2 3 4 5 6 7 8 9	1 2 3 4 5 6 7 8 9	
5. 对用户个性化需求给予足够关注	1 2 3 4 5 6 7 8 9	1 2 3 4 5 6 7 8 9	1 2 3 4 5 6 7 8 9	
6. 提供各种形式的参考咨询服务，有效帮助用户	1 2 3 4 5 6 7 8 9	1 2 3 4 5 6 7 8 9	1 2 3 4 5 6 7 8 9	
7. 开展各种形式的培训活动或提供相关指南资料	1 2 3 4 5 6 7 8 9	1 2 3 4 5 6 7 8 9	1 2 3 4 5 6 7 8 9	
8. 举办各种展览、报告、讲座等科学文化传播活动	1 2 3 4 5 6 7 8 9	1 2 3 4 5 6 7 8 9	1 2 3 4 5 6 7 8 9	

五、请您对本馆总体服务质量进行综合评价(请在所选数值上画圈)：

	低　　　　　　高
综合评价	1 2 3 4 5 6 7 8 9

六、欢迎您对本馆服务提出宝贵意见与建议：

____

____

____

____

七、为进行后期数据分析，需要您提供必要的个人信息。我们承诺对个人信息采取可靠措施严格保密！

1. 年龄：

☐ 20 岁以下　☐ 20～29 岁　☐ 30～39 岁　☐ 40～49 岁

☐ 50 岁及以上

2. 身份：

☐ 高校学生　☐ 科研人员　☐ 企事业人员　☐ 政府工作人员

□ 其他

3. 到图书馆的平均频率：

□ 几乎每天　□ 每周一次以上　□ 每月一次以上　□ 很少

4. 每周通过访问图书馆主页利用各种资源或服务的平均时间：

□ 1 小时以下　□ 1～5 小时　□ 5～10 小时　□ 10 小时以上

再次感谢您的合作！

附录3 调查问卷(专业馆)

×××图书馆用户满意度调查

尊敬的用户：

您好！请您在百忙之中完成下面的问卷调查，完成问卷平均需要15分钟。您的参与可以帮助我们更好地了解您的期望和需求，让我们获知从哪些方面改进可以使您更加满意。您的意见对我们十分重要！谢谢！

本次调查采用3层9级量表的测评方法。请您根据亲身感受，分别对每个指标给出三个评价分值：可接受的最低值、实际感受值、理想的期望值。

可接受的最低值：表示您能接受的最低水平，低于这个值则使您无法忍受；

实际感受值：表示您亲自经历并感受到的实际水平；

理想的期望值：表示您认为图书馆在该项服务上应该达到的理想水平；

取值范围为1～9，1为最低，9为最高，请在所选数值上画圈。

如果对该问题没有感受可以选择“不确定”选项。

请您尝试进行一次模拟评价：请为“图书馆文化氛围浓厚，有助于学习和研究”指标评分：

可接受的最低值	实际感受值	理想的期望值
1 2 ③ 4 5 6 7 8 9	1 2 3 4 5 6 ⑦ 8 9	1 2 3 4 5 6 7 ⑧ 9

本次调查采用匿名方式，我们承诺对您提供的数据和个人信息采取可靠措施严格保密。

再次感谢您的大力支持！

×××图书馆

2008年10月×日

一、请您对本馆文献资源方面进行评价(请在所选数值上画圈)：

	我可接受的最低值	我的实际感受值	我理想的期望值	不确定
	低　　　　高	低　　　　高	低　　　　高	
1. 印刷型资源能够满足需求	1 2 3 4 5 6 7 8 9	1 2 3 4 5 6 7 8 9	1 2 3 4 5 6 7 8 9	
2. 电子资源能够满足需求	1 2 3 4 5 6 7 8 9	1 2 3 4 5 6 7 8 9	1 2 3 4 5 6 7 8 9	

（续表）

	我可接受的最低值 低　　　　高	我的实际感受值 低　　　　高	我理想的期望值 低　　　　高	不确定
3. 新资源能够满足需求	1 2 3 4 5 6 7 8 9	1 2 3 4 5 6 7 8 9	1 2 3 4 5 6 7 8 9	
4. 及时完成文献资源加工处理	1 2 3 4 5 6 7 8 9	1 2 3 4 5 6 7 8 9	1 2 3 4 5 6 7 8 9	
5. 馆藏特色鲜明	1 2 3 4 5 6 7 8 9	1 2 3 4 5 6 7 8 9	1 2 3 4 5 6 7 8 9	
6. 有效地收集与整合网络资源	1 2 3 4 5 6 7 8 9	1 2 3 4 5 6 7 8 9	1 2 3 4 5 6 7 8 9	

二、请您对本馆资源获取便利性方面进行评价(请在所选数值上画圈)：

	我可接受的最低值 低　　　　高	我的实际感受值 低　　　　高	我理想的期望值 低　　　　高	不确定
1. 网站/主页信息丰富、揭示清楚、更新及时、界面友好	1 2 3 4 5 6 7 8 9	1 2 3 4 5 6 7 8 9	1 2 3 4 5 6 7 8 9	
2. 馆藏目录信息准确、功能完善	1 2 3 4 5 6 7 8 9	1 2 3 4 5 6 7 8 9	1 2 3 4 5 6 7 8 9	
3. 对文献资源进行有效整合、提供一站式检索	1 2 3 4 5 6 7 8 9	1 2 3 4 5 6 7 8 9	1 2 3 4 5 6 7 8 9	
4. 电子资源便于检索与利用,可远程访问	1 2 3 4 5 6 7 8 9	1 2 3 4 5 6 7 8 9	1 2 3 4 5 6 7 8 9	
5. 馆舍馆藏布局合理	1 2 3 4 5 6 7 8 9	1 2 3 4 5 6 7 8 9	1 2 3 4 5 6 7 8 9	
6. 书刊排架准确,书标架标清晰完备、维护良好	1 2 3 4 5 6 7 8 9	1 2 3 4 5 6 7 8 9	1 2 3 4 5 6 7 8 9	
7. 借还书手续简便、快捷	1 2 3 4 5 6 7 8 9	1 2 3 4 5 6 7 8 9	1 2 3 4 5 6 7 8 9	
8. 借阅规则明确、合理	1 2 3 4 5 6 7 8 9	1 2 3 4 5 6 7 8 9	1 2 3 4 5 6 7 8 9	
9. 馆际互借与文献传递申请处理及时、满足率高	1 2 3 4 5 6 7 8 9	1 2 3 4 5 6 7 8 9	1 2 3 4 5 6 7 8 9	
10. 开放时间能够满足需求	1 2 3 4 5 6 7 8 9	1 2 3 4 5 6 7 8 9	1 2 3 4 5 6 7 8 9	

三、请您对本馆环境与设施方面进行评价(请在所选数值上画圈):

	我可接受的最低值	我的实际感受值	我理想的期望值	不确定
	低 高	低 高	低 高	
1. 文化氛围浓厚,有助于学习和研究	1 2 3 4 5 6 7 8 9	1 2 3 4 5 6 7 8 9	1 2 3 4 5 6 7 8 9	
2. 物理环境(光照、通风、温湿度等)良好	1 2 3 4 5 6 7 8 9	1 2 3 4 5 6 7 8 9	1 2 3 4 5 6 7 8 9	
3. 环境与设施安全可靠	1 2 3 4 5 6 7 8 9	1 2 3 4 5 6 7 8 9	1 2 3 4 5 6 7 8 9	
4. 馆舍空间和阅览座位充足	1 2 3 4 5 6 7 8 9	1 2 3 4 5 6 7 8 9	1 2 3 4 5 6 7 8 9	
5. 馆内标志与导引系统完备、清晰	1 2 3 4 5 6 7 8 9	1 2 3 4 5 6 7 8 9	1 2 3 4 5 6 7 8 9	
6. 电子设备及网络设施(电脑、网络、多媒体、复印机等)种类齐全,性能良好,使用方便	1 2 3 4 5 6 7 8 9	1 2 3 4 5 6 7 8 9	1 2 3 4 5 6 7 8 9	
7. 提供方便、清洁的配套服务设施(饮水、洗手间、公用电话等)	1 2 3 4 5 6 7 8 9	1 2 3 4 5 6 7 8 9	1 2 3 4 5 6 7 8 9	
8. 提供个人学习或小组讨论空间	1 2 3 4 5 6 7 8 9	1 2 3 4 5 6 7 8 9	1 2 3 4 5 6 7 8 9	
9. 提供休闲区域及相关设施	1 2 3 4 5 6 7 8 9	1 2 3 4 5 6 7 8 9	1 2 3 4 5 6 7 8 9	
10. 提供必要的残障人士专用设施	1 2 3 4 5 6 7 8 9	1 2 3 4 5 6 7 8 9	1 2 3 4 5 6 7 8 9	
11. 提供自助借还、自助复印等自助服务设备	1 2 3 4 5 6 7 8 9	1 2 3 4 5 6 7 8 9	1 2 3 4 5 6 7 8 9	
12. 提供多种辅助软件工具	1 2 3 4 5 6 7 8 9	1 2 3 4 5 6 7 8 9	1 2 3 4 5 6 7 8 9	

四、请您对本馆馆员与服务方面进行评价(请在所选数值上画圈):

	我可接受的最低值	我的实际感受值	我理想的期望值	不确定
	低 高	低 高	低 高	
1. 馆员态度友善,尊重并主动帮助用户,举止得体	1 2 3 4 5 6 7 8 9	1 2 3 4 5 6 7 8 9	1 2 3 4 5 6 7 8 9	

（续表）

	我可接受的最低值 低 高	我的实际感受值 低 高	我理想的期望值 低 高	不确定
2. 馆员业务熟练，理解与沟通能力良好	1 2 3 4 5 6 7 8 9	1 2 3 4 5 6 7 8 9	1 2 3 4 5 6 7 8 9	
3. 服务规则健全、公开、易于理解，保护用户隐私	1 2 3 4 5 6 7 8 9	1 2 3 4 5 6 7 8 9	1 2 3 4 5 6 7 8 9	
4. 与用户沟通的渠道畅通有效	1 2 3 4 5 6 7 8 9	1 2 3 4 5 6 7 8 9	1 2 3 4 5 6 7 8 9	
5. 对用户个性化需求给予足够关注	1 2 3 4 5 6 7 8 9	1 2 3 4 5 6 7 8 9	1 2 3 4 5 6 7 8 9	
6. 提供各种形式的参考咨询服务，有效帮助用户	1 2 3 4 5 6 7 8 9	1 2 3 4 5 6 7 8 9	1 2 3 4 5 6 7 8 9	
7. 开展各种形式的培训活动或提供相关指南资料	1 2 3 4 5 6 7 8 9	1 2 3 4 5 6 7 8 9	1 2 3 4 5 6 7 8 9	
8. 配备学科馆员，开展学科服务	1 2 3 4 5 6 7 8 9	1 2 3 4 5 6 7 8 9	1 2 3 4 5 6 7 8 9	
9. 提供情报研究服务	1 2 3 4 5 6 7 8 9	1 2 3 4 5 6 7 8 9	1 2 3 4 5 6 7 8 9	
10. 举办各种展览、报告、讲座等科学文化传播活动	1 2 3 4 5 6 7 8 9	1 2 3 4 5 6 7 8 9	1 2 3 4 5 6 7 8 9	

五、请您对本馆总体服务质量进行综合评价（请在所选数值上画圈）：

	低 高
综合评价	1 2 3 4 5 6 7 8 9

六、欢迎您对本馆服务提出宝贵意见与建议：

____

____

____

____

七、为进行后期数据分析，需要您提供必要的个人信息。我们承诺对个人信息采取可靠措施严格保密！

1. 年龄：

□ 20岁以下　□ 20～29岁　□ 30～39岁　□ 40～49岁

☐ 50 岁及以上

2. 身份：

☐ 研究生　☐ 科研人员　☐ 科研管理人员

☐ 其他

3. 到图书馆的平均频率：

☐ 几乎每天　☐ 每周一次以上　☐ 每月一次以上　☐ 很少

4. 每周通过访问图书馆主页利用各种资源或服务的平均时间：

☐ 1 小时以下　☐ 1～5 小时　☐ 5～10 小时　☐ 10 小时以上

再次感谢您的合作!

附录4　××大学图书馆2008年用户满意度调查数据报告

1　评价指标体系与问卷设计

1.1　评价指标体系研制过程

通过在北京地区部分图书馆进行用户开放式调查，请用户直接参与图书馆服务质量评价指标的设计，广泛了解用户对图书馆服务质量评价指标的建议，得到宝贵的第一手数据。在此基础上进行图书馆服务质量评价指标的研制，结合文献调研，借鉴参考国内外图书馆相关实践，征求图书馆专家和馆员的意见，经过多次评价测试和修改，研制了一套图书馆服务质量评价指标。评价指标分为高校版、专业版、公共版三个版本；指标体系分四个维度，含33项通用指标及若干特色指标（高校馆5个、专业馆5个、公共馆3个），各类型馆指标总数分别为：高校馆38个、专业馆38个、公共馆36个。

1.2　高校版评价指标体系内容

A. 文献资源

- 印刷型资源能够满足需求
- 电子资源能够满足需求
- 新资源能够满足需求
- 及时完成文献资源加工处理
- 馆藏特色鲜明
- 有效地收集与整合网络资源
- 提供指定教学参考书服务

B. 资源获取便利性

- 网站/主页信息丰富、揭示清楚、更新及时、界面友好

- 馆藏目录信息准确、功能完善
- 对文献资源进行有效整合、提供一站式检索
- 电子资源便于检索与利用,可远程访问
- 馆舍馆藏布局合理
- 书刊排架准确,书标架标清晰完备、维护良好
- 借还书手续简便、快捷
- 借阅规则明确、合理
- 馆际互借与文献传递申请处理及时、满足率高
- 开放时间能够满足需求

C. 环境与设施

- 文化氛围浓厚,有助于学习和研究
- 物理环境(光照、通风、温湿度等)良好
- 环境与设施安全可靠
- 馆舍空间和阅览座位充足
- 馆内标志与导引系统完备、清晰
- 电子设备及网络设施(电脑、网络、多媒体、复印机等)种类齐全,性能良好,使用方便
- 提供方便、清洁的配套服务设施(饮水、洗手间、公用电话等)
- 提供个人学习或小组讨论空间
- 提供休闲区域及相关设施
- 提供必要的残障人士专用设施
- 提供自助借还、自助复印等自助服务设备
- 提供多种辅助软件工具

D. 馆员与服务

- 馆员态度友善,尊重并主动帮助用户,举止得体
- 馆员业务熟练,理解与沟通能力良好
- 服务规则健全、公开、易于理解,保护用户隐私
- 与用户沟通的渠道畅通有效
- 对用户个性化需求给予足够关注
- 提供各种形式的参考咨询服务,有效帮助用户
- 开展各种形式的培训活动或提供相关指南资料
- 配备学科馆员,开展学科服务
- 举办各种展览、报告、讲座等科学文化传播活动

1.3 量表与测评方法

- 为使用户更为准确地表达自己的感受，本次调查问卷采用3层9级数字量表的测评方法。请用户根据亲身感受，分别对每个指标给出三个评价分值：可接受最低值、实际感受值、理想期望值。取值范围为1～9，1为最低，9为最高。
- 可接受最低值：表示用户能接受的最低水平；
- 实际感受值：表示用户亲自经历并感受到的实际水平；
- 理想期望值：表示用户认为图书馆在该项服务上应该达到的理想水平；
- 同时提供“不确定”选项。如果用户对该问题没有感受，可以选择“不确定”。

1.4 问卷附加问题

- 总体服务质量综合评价：这是问卷的重要组成部分，请用户在对具体指标评分的基础上，对图书馆总体服务质量进行实际感受的综合评价。
- 意见与建议：这是问卷的重要组成部分，用户可自由填写对图书馆服务的意见与建议。
- 用户信息：为对用户进行分类分析，请用户填写必要的个人信息，包括年龄、身份、到馆频率、使用图书馆网络资源与服务的平均时间、电子邮件地址等。

1.5 有效答题与有效问卷的判定

- 有效答题的判定

对于每一项评价指标，完整给出三个评价分值且符合逻辑（即：“可接受最低值”不大于“理想期望值”），或者选择“不确定”，则视为有效答题。答题不完整或不合逻辑视为无效答题。

- 有效问卷的判定

同时满足下列四个条件的问卷则为有效问卷：

有效答题数不少于30个；

无效答题数与选择“不确定”的有效答题数量之和不超过19个；

填写了综合评价的分值；

用户信息填写完整；

- 无效问卷将不参与数据分析，但其中用户填写的意见与建议将完整提供给图书馆分析参考。

2 主要参数定义与基本算法

2.1 平均值

平均值是指样本的算术平均值，计算方法是各项相加，除以样本数。在数据报告中，提供用户对每一项评价指标的可接受最低值、实际感受值和理想期望值的平均值，也提供图书馆总体服务质量综合评价的平均值。

指标平均值计算公式为：

$$\overline{A}_i = \frac{1}{n}\sum_{j=1}^{n} a_{ij}, \quad \overline{P}_i = \frac{1}{n}\sum_{j=1}^{n} p_{ij}, \quad \overline{E}_i = \frac{1}{n}\sum_{j=1}^{n} e_{ij}.$$

式中，$\overline{A}$ 为用户对第 i 项指标可接受最低值的平均值，a_{ij} 表示用户 j 对第 i 项指标的可接受最低值；$\overline{P}_i$ 为用户对第 i 项指标实际感受值的平均值，p_{ij} 表示用户 j 对第 i 项指标的实际感受值；$\overline{E}_i$ 为用户对第 i 项指标理想期望值的平均值，e_{ij} 表示用户 j 对第 i 项指标的理想期望值。

总体服务质量综合评价平均值计算公式为：

$$\overline{Z}_k = \frac{1}{m}\sum_{l=1}^{m} z_{kl}, \quad \overline{Z} = \frac{1}{5}\sum_{k=1}^{5} \overline{Z}_k.$$

式中，$\overline{Z}_k$ 为不同用户身份（本科生、研究生、教师、科研人员、其他）对总体服务质量综合评价的平均值，z_{kl} 表示 k 身份 l 用户对图书馆总体服务质量综合评价值；$\overline{Z}$ 为全体用户对总体服务质量综合评价的平均值。

2.2 标准差

方差是一组数据中每一个数与这组数据平均数的差的平方的和再除以数据的个数。标准差就是方差的算术平方根。样本标准差是衡量一个样本波动大小的量，能反映一个数据集的离散程度。样本方差或样本标准差越大，样本数据的波动就越大。进而反映不同用户对某一指标的评分差异性。

指标标准方差计算公式为：

$$A_{SDi} = \sqrt{\frac{1}{n}\sum_{j=1}^{n}(a_{ij} - \overline{A}_i)^2}, \quad P_{SDi} = \sqrt{\frac{1}{n}\sum_{j=1}^{n}(p_{ij} - \overline{P}_i)^2},$$

$$E_{SDi}=\sqrt{\frac{1}{n}\sum_{j=1}^{n}(e_{ij}-\overline{E}_i)^2}.$$

式中,A_{SDi} 为第 i 项指标可接受最低值的标准差;P_{SDi} 为第 i 项指标实际感受值的标准差;E_{SDi} 为第 i 项指标理想的期望值的标准差。

总体服务质量综合评价标准差计算公式为:

$$Z_{SDk}=\sqrt{\frac{1}{m}\sum_{l=1}^{m}(z_{kl}-\overline{Z}_k)^2},\quad Z_{SD}=\sqrt{\frac{1}{5}\sum_{k=1}^{5}(\overline{Z}_k-\overline{Z})^2}.$$

式中,Z_{SDk} 为不同用户身份(本科生、研究生、教师、科研人员、其他)对总体服务质量综合评价的标准差;Z_{SD} 全体用户对总体服务质量综合评价的标准差。

2.3 服务合格度

服务合格度是指实际感受值与可接受最低值的差值,若出现负值则表示用户感受的服务质量低于他们最低可接受的服务质量。数据报告将提供每个指标服务合格度的平均值和标准差。

平均值计算公式为:

$$MSA_i=\frac{1}{n}\sum_{j=1}^{n}(p_{ij}-a_{ij}),$$

标准差计算公式为:

$$MSA_{SDi}=\sqrt{\frac{1}{n}\sum_{j=1}^{n}[(p_{ij}-a_{ij})-MSA_i]^2}.$$

2.4 服务优秀度

服务优秀度是指实际感受值与理想期望值的差值,若出现正值则表示用户感受的服务质量超过了他们期望的服务质量。数据报告将提供每个指标服务优秀度的平均值和标准差。

平均值计算公式为:

$$MSS_i=\frac{1}{n}\sum_{j=1}^{n}(p_{ij}-e_{ij}),$$

标准差计算公式为:

$$MSS_{SDi}=\sqrt{\frac{1}{n}\sum_{j=1}^{n}[(p_{ij}-e_{ij})-MSS_i]^2}.$$

2.5 简单满意度

简单满意度是用户实际感受值考量用户对图书馆服务满意程度的指标，评价指标 i 的简单满意度计算公式为：

$$q_i = \frac{\overline{P}_i}{\lambda} \times 100\% \quad (\lambda = 9).$$

2.6 总体服务质量综合评价

用户根据自己的实际感受为图书馆总体服务质量进行评分。取值范围是1～9，1为最低，9为最高。平均值和标准差的计算公式参见2.1和2.2节。

2.7 指标关注度

用户对每项评价指标的理想期望值和可接受最低值之间的数值区域称为“容忍区”，其中间数值可代表用户对指标所对应的服务的重视和关注程度。其计算公式为：

$$m_i = \frac{\overline{A}_i + \overline{E}_i}{2}.$$

2.8 信度

信度是指调查问卷的一致程度或稳定程度，它不涉及调查结论是否正确，所要测量的是调查本身是否稳定。可分为内部信度和外部信度两类。内部信度是指调查问卷中的一组问题(或全部问题)间的内在一致性。衡量内部信度有多种方法，以Cronbach α(克伦巴赫α)系数的运用最为广泛。

Cronbach α系数的基本含义是：α系数数值越高，说明问卷内各问题的结果越趋于一致，即问卷的信度越高。反之亦然。按照Guieford提出的具体度量标准，若α低于0.35，则属低信度，问卷不宜采用；若α大于0.7，则表示信度高，问卷设计得好；若α在0.35至0.7之间，则属中信度，问卷可以接受①。

① 韦福祥.服务质量评价与管理[M].北京：人民邮电出版社，2005：119.

3 调查数据分析

3.1 调查时间与数据回收情况

××大学图书馆于 2008 年 10 月 27 日启动调查，2008 年 11 月 24 日关闭调查，共 29 天。

共回收问卷 786 份(其中发放纸质问卷 29 份，回收 25 份)，剔除无效问卷 171 份，有效问卷 615 份。有效问卷比例为 78%。

共有 295 位用户在问卷中留言，提取意见、建议共 502 条，详见附件。

3.2 用户信息统计分析

3.2.1 用户年龄

表 1 用户年龄统计

用户年龄	20 岁以下	20～29 岁	30～39 岁	40～49 岁	50 岁及以上	总 计
样本容量	82	472	46	12	3	615
百分比	13.3%	76.7%	7.5%	2.0%	0.5%	100%

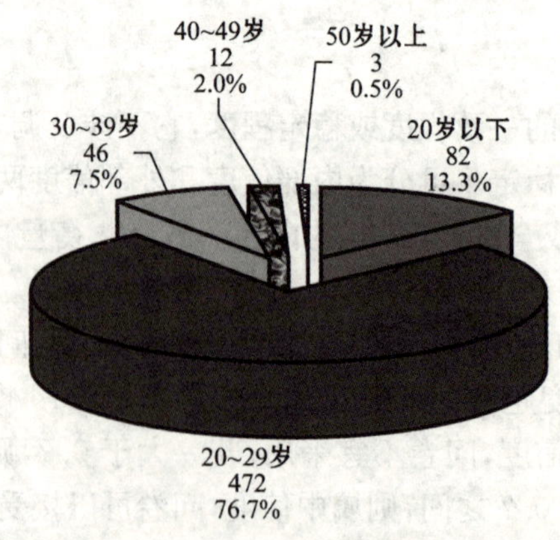

附 4 图 1 用户年龄分布

3.2.2　用户身份

表 2　用户身份统计

用户身份	本科生	研究生	教　师	科研人员	其　他	总　计
样本容量	259	288	42	14	12	615
百分比	42.1%	46.8%	6.8%	2.3%	2.0%	100%

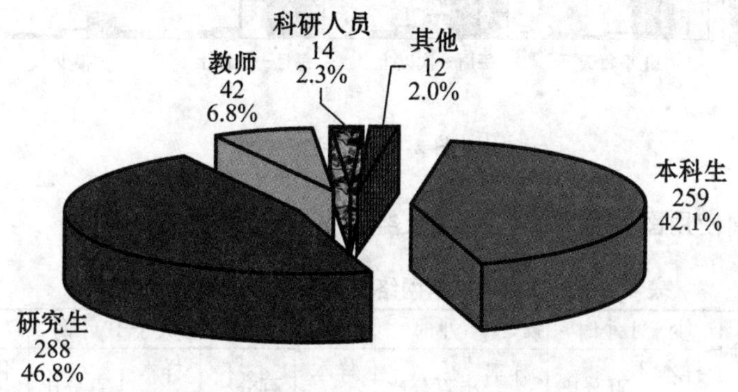

附 4 图 2　用户身份分布

3.2.3　到馆频率

表 3　到馆频率统计

身份＼频率	几乎每天		每周一次以上		每月一次以上		很　少		总　计	
	样本容量	百分比	样本容量	百分比	样本容量	百分比	样本容量	百分比	样本容量	百分比
本科生	64	24.7%	155	59.8%	36	13.9%	4	1.5%	259	100%
研究生	24	8.3%	177	61.5%	73	25.3%	14	4.9%	288	100%
教师	3	7.1%	13	31.0%	21	50.0%	5	11.9%	42	100%
科研人员	1	7.1%	7	50.0%	5	35.7%	1	7.1%	14	100%
其他	2	16.7%	4	33.3%	4	33.3%	2	16.7%	12	100%
总计	94	15.3%	356	57.9%	139	22.6%	26	4.2%	615	100%

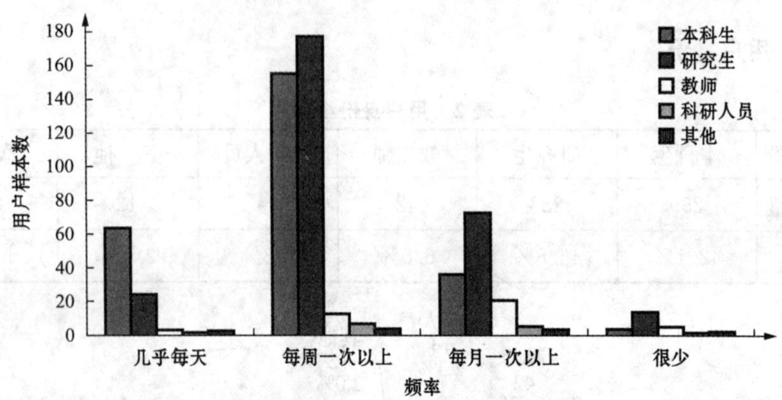

附4图3 用户到馆频率

3.2.4 每周使用图书馆网络资源与服务的平均时间

表4 每周使用图书馆网络资源与服务的平均时间统计

身份＼时间	少于1小时		1～5小时		5～10小时		大于10小时		总 计	
	样本容量	百分比	样本容量	百分比	样本容量	百分比	样本容量	百分比	样本容量	百分比
本科生	95	36.7%	149	57.5%	14	5.4%	1	0.4%	259	100%
研究生	29	10.1%	142	49.3%	68	23.6%	49	17.0%	288	100%
教师	0	0.0%	24	57.1%	10	23.8%	8	19.0%	42	100%
科研人员	0	0.0%	6	42.9%	3	21.4%	5	35.7%	14	100%
其他	1	8.3%	7	58.3%	1	8.3%	3	25.0%	12	100%
总计	125	20.3%	328	53.3%	96	15.6%	66	10.7%	615	100%

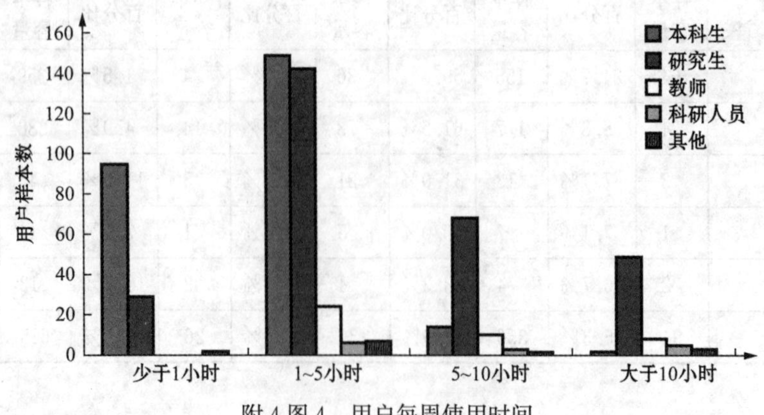

附4图4 用户每周使用时间

3.3 问卷信度分析

表5　问卷信度分析

	维　度	Cronbach α	内部一致性检验
可接受最低值	A文献资源	0.926	通过
	B资源获取便利性	0.961	通过
	C环境与设施	0.959	通过
	D馆员与服务	0.969	通过
	总体	0.987	通过
实际感受值	A文献资源	0.849	通过
	B资源获取便利性	0.892	通过
	C环境与设施	0.910	通过
	D馆员与服务	0.921	通过
	总体	0.966	通过
理想期望值	A文献资源	0.825	通过
	B资源获取便利性	0.908	通过
	C环境与设施	0.893	通过
	D馆员与服务	0.911	通过
	总体	0.964	通过

分析结果表明，α系数都在0.825～0.987之间，表明内部一致性非常好，整个问卷具有较高的信度。

3.4 对不确定选项的统计

用户选择“不确定”选项，表明对该项服务内容不了解或图书馆没有开展此项服务。

表6　对“不确定”选项的统计

序号	评价指标	“不确定”选项的数量
A文献资源		
A-1	印刷型资源能够满足需求	434
A-2	电子资源能够满足需求	15
A-3	新资源能够满足需求	54

（续表）

序号	评价指标	“不确定”选项的数量
A-4	及时完成文献资源加工处理	128
A-5	馆藏特色鲜明	77
A-6	有效地收集与整合网络资源	49
A-7	提供指定教学参考书服务	82
B 资源获取便利性		
B-1	网站/主页信息丰富、揭示清楚、更新及时、界面友好	7
B-2	馆藏目录信息准确、功能完善	5
B-3	对文献资源进行有效整合、提供一站式检索	40
B-4	电子资源便于检索与利用，可远程访问	33
B-5	馆舍馆藏布局合理	33
B-6	书刊排架准确，书标架标清晰完备、维护良好	9
B-7	借还书手续简便、快捷	3
B-8	借阅规则明确、合理	12
B-9	馆际互借与文献传递申请处理及时、满足率高	259
B-10	开放时间能够满足需求	8
C 环境与设施		
C-1	文化氛围浓厚，有助于学习和研究	20
C-2	物理环境（光照、通风、温湿度等）良好	14
C-3	环境与设施安全可靠	38
C-4	馆舍空间和阅览座位充足	16
C-5	馆内标志与导引系统完备、清晰	22
C-6	电子设备及网络设施（电脑、网络、多媒体、复印机等）种类齐全，性能良好，使用方便	39
C-7	提供方便、清洁的配套服务设施（饮水、洗手间、公用电话等）	23
C-8	提供个人学习或小组讨论空间	92
C-9	提供休闲区域及相关设施	73
C-10	提供必要的残障人士专用设施	215
C-11	提供自助借还、自助复印等设备	124
C-12	提供多种辅助软件工具	144

（续表）

序号	评价指标	"不确定"选项的数量
D馆员与服务		
D-1	馆员态度友善，尊重并主动帮助用户，举止得体	10
D-2	馆员业务熟练，理解与沟通能力良好	16
D-3	服务规则健全、公开、易于理解，保护用户隐私	57
D-4	与用户沟通的渠道畅通有效	46
D-5	对用户个性化需求给予足够关注	104
D-6	提供各种形式的参考咨询服务，有效帮助用户	92
D-7	开展各种形式的培训活动或提供相关指南资料	45
D-8	配备学科馆员，开展学科服务	150
D-9	举办各种展览、报告、讲座等科学文化传播活动	54

3.5 评价指标分析

3.5.1 平均值

表7 各项指标平均值

序号	评价指标	平均值					样本容量
		可接受最低值	实际感受值	理想期望值	服务合格度	服务优秀度	
A文献资源		4.91	6.18	8.06	1.27	−1.89	
A-1	印刷型资源能够满足需求	4.98	6.33	8.24	1.35	−1.92	577
A-2	电子资源能够满足需求	5.33	6.63	8.48	1.30	−1.85	598
A-3	新资源能够满足需求	4.90	5.96	8.02	1.06	−2.07	558
A-4	及时完成文献资源加工处理	4.89	6.19	7.97	1.30	−1.78	484
A-5	馆藏特色鲜明	4.50	6.10	7.70	1.60	−1.60	536
A-6	有效地收集与整合网络资源	5.01	6.37	8.17	1.36	−1.80	562
A-7	提供指定教学参考书服务	4.84	5.70	7.94	0.86	−2.23	528
B资源获取便利性		5.42	6.96	8.36	1.53	−1.41	
B-1	网站/主页信息丰富、揭示清楚、更新及时、界面友好	5.14	6.91	8.28	1.77	−1.36	605

（续表）

序号	评价指标	平均值					样本容量
		可接受最低值	实际感受值	理想期望值	服务合格度	服务优秀度	
B-2	馆藏目录信息准确、功能完善	5.67	7.07	8.46	1.40	－1.39	610
B-3	对文献资源进行有效整合、提供一站式检索	5.34	6.76	8.36	1.42	－1.60	572
B-4	电子资源便于检索与利用，可远程访问	5.38	6.77	8.46	1.39	－1.70	579
B-5	馆舍馆藏布局合理	5.10	6.97	8.25	1.87	－1.29	582
B-6	书刊排架准确，书标架标清晰完备、维护良好	5.63	7.20	8.47	1.58	－1.27	605
B-7	借还书手续简便、快捷	5.65	7.85	8.56	2.21	－0.71	610
B-8	借阅规则明确、合理	5.71	7.60	8.43	1.89	－0.83	603
B-9	馆际互借与文献传递申请处理及时、满足率高	5.08	6.54	8.10	1.46	－1.57	355
B-10	开放时间能够满足需求	5.58	6.83	8.55	1.24	－1.72	606
C 环境与设施		4.95	6.23	8.02	1.28	－1.79	
C-1	文化氛围浓厚，有助于学习和研究	5.75	7.48	8.53	1.72	－1.05	595
C-2	物理环境（光照、通风、温湿度等）良好	5.66	7.23	8.50	1.57	－1.26	600
C-3	环境与设施安全可靠	5.80	7.48	8.47	1.69	－0.99	575
C-4	馆舍空间和阅览座位充足	5.48	5.75	8.45	0.27	－2.69	595
C-5	馆内标志与导引系统完备、清晰	5.39	7.05	8.39	1.67	－1.33	592
C-6	电子设备及网络设施（电脑、网络、多媒体、复印机等）种类齐全，性能良好，使用方便	5.27	6.44	8.34	1.17	－1.90	574
C-7	提供方便、清洁的配套服务设施（饮水、洗手间、公用电话等）	5.32	7.01	8.29	1.68	－1.28	591
C-8	提供个人学习或小组讨论空间	4.45	5.74	7.60	1.29	－1.86	522
C-9	提供休闲区域及相关设施	4.04	5.62	7.23	1.58	－1.61	538
C-10	提供必要的残障人士专用设施	4.54	5.30	7.50	0.76	－2.20	397
C-11	提供自助借还、自助复印等设备	4.49	5.15	7.60	0.66	－2.44	491
C-12	提供多种辅助软件工具	4.57	5.84	7.68	1.27	－1.84	469
D 馆员与服务		5.09	6.88	8.18	1.79	－1.30	
D-1	馆员态度友善，尊重并主动帮助用户，举止得体	5.53	7.34	8.43	1.81	－1.08	603
D-2	馆员业务熟练，理解与沟通能力良好	5.61	7.48	8.44	1.87	－0.96	596
D-3	服务规则健全、公开、易于理解，保护用户隐私	5.54	7.39	8.37	1.84	－0.98	557

（续表）

序号	评价指标	平均值					样本容量
		可接受最低值	实际感受值	理想期望值	服务合格度	服务优秀度	
D-4	与用户沟通的渠道畅通有效	5.35	7.04	8.26	1.68	－1.23	567
D-5	对用户个性化需求给予足够关注	4.89	6.25	7.96	1.35	－1.72	511
D-6	提供各种形式的参考咨询服务，有效帮助用户	5.04	6.76	8.12	1.72	－1.36	521
D-7	开展各种形式的培训活动或提供相关指南资料	4.84	7.25	8.12	2.41	－0.86	570
D-8	配备学科馆员，开展学科服务	4.64	5.83	7.79	1.18	－1.96	463
D-9	举办各种展览、报告、讲座等科学文化传播活动	4.77	7.04	8.12	2.27	－1.08	558

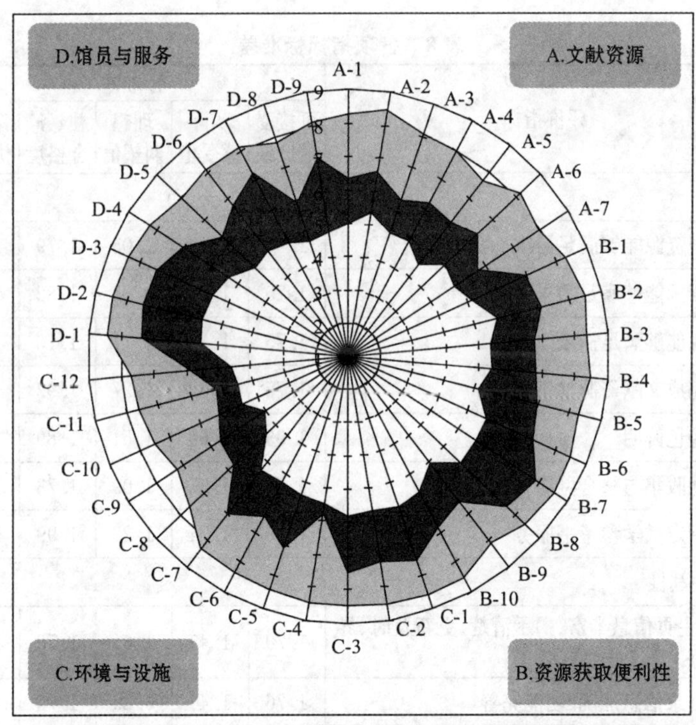

■ 理想期望值与实际感受值之间的范围（实际感受值 < 理想期望值）
■ 实际感受值与可接受最低值之间的范围（实际感受值 > 可接受最低值）
▨ 实际感受值与可接受最低值之间的范围（实际感受值 < 可接受最低值）
▦ 理想期望值与实际感受值之间的范围（实际感受值 > 理想期望值）

附4图5　满意度调查结果雷达图

读图提示

雷达图是专门用来进行多指标体系比较分析的专业图表。在本图中，从圆心延伸的每条轴线代表一个不同的调查指标；轴线上标有数值刻度；轴线末端标出指标的序号。

读者对每项指标给出的“可接受最低值”、“实际感受值”、“理想期望值”标在相应的轴线上。不同轴线上同类值的点连接起来，形成三个封闭的线形。“可接受最低值”线形与“实际感受值”线形之间的范围，以黑色表示；“实际感受值”线形与“理想期望值”线形之间的范围，以灰色表示。

如果读者给出的“实际感受值”小于“可接受最低值”，或“实际感受值”大于“理想期望值”，则两线形会出现交叉，形成▨或▦区域，此时应予以特别关注。

3.5.2 标准差

表 8 各项指标标准差

序号	评价指标	标准差					样本容量
		可接受最低值	实际感受值	理想期望值	服务合格度	服务优秀度	
A 文献资源							
A-1	印刷型资源能够满足需求	1.68	1.50	1.05	1.79	1.37	577
A-2	电子资源能够满足需求	1.75	1.56	0.88	1.82	1.44	598
A-3	新资源能够满足需求	1.75	1.51	1.17	1.76	1.45	558
A-4	及时完成文献资源加工处理	1.75	1.62	1.27	1.92	1.42	484
A-5	馆藏特色鲜明	1.93	1.69	1.51	1.89	1.51	536
A-6	有效地收集与整合网络资源	1.71	1.57	1.09	1.78	1.37	562
A-7	提供指定教学参考书服务	1.86	1.74	1.29	1.99	1.72	528
B 资源获取便利性							
B-1	网站/主页信息丰富、揭示清楚、更新及时、界面友好	1.70	1.47	1.01	1.76	1.26	605
B-2	馆藏目录信息准确、功能完善	1.76	1.45	0.89	1.76	1.26	610
B-3	对文献资源进行有效整合、提供一站式检索	1.77	1.53	0.92	1.75	1.38	572
B-4	电子资源便于检索与利用，可远程访问	1.80	1.64	0.86	1.82	1.51	579
B-5	馆舍馆藏布局合理	1.83	1.39	0.94	1.88	1.25	582
B-6	书刊排架准确，书标架标清晰完备、维护良好	1.81	1.38	0.79	1.84	1.25	605

（续表）

序号	评价指标	标准差					样本容量
		可接受最低值	实际感受值	理想期望值	服务合格度	服务优秀度	
B-7	借还书手续简便、快捷	1.93	1.27	0.74	1.87	1.07	610
B-8	借阅规则明确、合理	1.88	1.35	0.87	1.87	1.10	603
B-9	馆际互借与文献传递申请处理及时、满足率高	1.95	1.83	1.17	2.08	1.58	355
B-10	开放时间能够满足需求	1.83	1.58	0.77	2.19	1.56	606
C环境与设施							
C-1	文化氛围浓厚，有助于学习和研究	1.78	1.26	0.76	1.72	1.08	595
C-2	物理环境（光照、通风、温湿度等）良好	1.70	1.35	0.76	1.73	1.19	600
C-3	环境与设施安全可靠	1.79	1.24	0.85	1.64	1.01	575
C-4	馆舍空间和阅览座位充足	1.72	1.77	0.80	2.13	1.76	595
C-5	馆内标志与导引系统完备、清晰	1.80	1.42	0.81	1.77	1.25	592
C-6	电子设备及网络设施（电脑、网络、多媒体、复印机等）种类齐全，性能良好，使用方便	1.80	1.74	0.92	2.11	1.61	574
C-7	提供方便、清洁的配套服务设施（饮水、洗手间、公用电话等）	1.80	1.47	0.91	1.89	1.29	591
C-8	提供个人学习或小组讨论空间	2.01	1.95	1.68	2.00	1.63	522
C-9	提供休闲区域及相关设施	2.10	1.99	1.91	2.06	1.62	538
C-10	提供必要的残障人士专用设施	2.07	1.98	1.72	2.06	1.78	397
C-11	提供自助借还、自助复印等设备	1.99	2.02	1.57	2.17	1.89	491
C-12	提供多种辅助软件工具	1.94	1.79	1.53	1.80	1.49	469
D馆员与服务							
D-1	馆员态度友善，尊重并主动帮助用户，举止得体	1.77	1.46	0.90	1.85	1.20	603
D-2	馆员业务熟练，理解与沟通能力良好	1.77	1.32	0.85	1.73	1.06	596
D-3	服务规则健全、公开、易于理解，保护用户隐私	1.84	1.36	0.94	1.73	1.07	557
D-4	与用户沟通的渠道畅通有效	1.84	1.53	0.99	1.80	1.26	567
D-5	对用户个性化需求给予足够关注	1.92	1.68	1.29	1.78	1.43	511
D-6	提供各种形式的参考咨询服务，有效帮助用户	1.88	1.62	1.18	1.69	1.21	521
D-7	开展各种形式的培训活动或提供相关指南资料	1.94	1.50	1.20	1.84	1.12	570

（续表）

序号	评价指标	标准差					样本容量
		可接受最低值	实际感受值	理想期望值	服务合格度	服务优秀度	
D-8	配备学科馆员，开展学科服务	2.03	2.00	1.54	1.95	1.64	463
D-9	举办各种展览、报告、讲座等科学文化传播活动	1.99	1.59	1.27	1.94	1.26	558

3.5.3 服务合格度

表 9 服务合格度及排序

序号	评价指标	服务合格度						按全部排序
		本科生	研究生	教师	科研人员	其他	全部	
A 文献资源							1.27	
A-1	印刷型资源能够满足需求	1.45	1.31	0.76	1.86	1.64	1.35	25
A-2	电子资源能够满足需求	1.50	1.17	0.95	1.29	1.50	1.30	27
A-3	新资源能够满足需求	1.12	1.08	0.49	1.15	1.08	1.06	34
A-4	及时完成文献资源加工处理	1.54	1.21	0.74	1.25	1.00	1.30	27
A-5	馆藏特色鲜明	1.60	1.69	0.95	1.31	2.33	1.60	16
A-6	有效地收集与整合网络资源	1.35	1.38	1.10	1.36	2.00	1.36	24
A-7	提供指定教学参考书服务	0.57	1.14	0.52	1.88	1.45	0.86	35
B 资源获取便利性							1.53	
B-1	网站/主页信息丰富、揭示清楚、更新及时、界面友好	1.83	1.76	1.43	2.08	1.83	1.77	9
B-2	馆藏目录信息准确、功能完善	1.34	1.48	1.21	1.21	1.58	1.40	22
B-3	对文献资源进行有效整合、提供一站式检索	1.46	1.43	1.02	1.43	1.83	1.42	21
B-4	电子资源便于检索与利用，可远程访问	1.50	1.39	1.02	1.21	0.67	1.39	23
B-5	馆舍馆藏布局合理	2.06	1.72	1.66	2.08	1.82	1.87	5
B-6	书刊排架准确，书标架标清晰完备、维护良好	1.57	1.54	1.61	2.23	1.75	1.58	17
B-7	借还书手续简便、快捷	2.18	2.26	1.90	2.23	2.42	2.21	3
B-8	借阅规则明确、合理	1.89	1.90	1.80	2.00	2.08	1.89	4

（续表）

序号	评价指标	服务合格度						按全部排序
		本科生	研究生	教师	科研人员	其他	全部	
B-9	馆际互借与文献传递申请处理及时、满足率高	1.53	1.38	1.31	1.88	2.20	1.46	20
B-10	开放时间能够满足需求	0.86	1.49	1.59	1.85	1.50	1.24	31
C环境与设施							1.28	
C-1	文化氛围浓厚，有助于学习和研究	1.60	1.83	1.82	1.92	1.33	1.72	10
C-2	物理环境（光照、通风、温湿度等）良好	1.52	1.58	1.58	2.14	1.82	1.57	19
C-3	环境与设施安全可靠	1.72	1.61	1.89	1.92	1.70	1.69	12
C-4	馆舍空间和阅览座位充足	−0.06	0.39	1.16	1.31	0.73	0.27	38
C-5	馆内标志与导引系统完备、清晰	1.75	1.60	1.58	1.64	1.50	1.67	15
C-6	电子设备及网络设施（电脑、网络、多媒体、复印机等）种类齐全，性能良好，使用方便	1.22	1.05	1.28	2.15	1.55	1.17	33
C-7	提供方便、清洁的配套服务设施（饮水、洗手间、公用电话等）	1.71	1.69	1.50	1.64	1.50	1.68	13
C-8	提供个人学习或小组讨论空间	1.48	1.10	1.14	1.60	1.92	1.29	29
C-9	提供休闲区域及相关设施	1.88	1.39	1.03	1.90	1.30	1.58	17
C-10	提供必要的残障人士专用设施	0.72	0.73	0.97	1.29	1.13	0.76	36
C-11	提供自助借还、自助复印等设备	0.76	0.53	0.89	0.85	1.00	0.66	37
C-12	提供多种辅助软件工具	1.33	1.24	0.93	2.09	1.00	1.27	30
D馆员与服务							1.79	
D-1	馆员态度友善，尊重并主动帮助用户，举止得体	1.88	1.77	1.71	1.50	2.00	1.81	8
D-2	馆员业务熟练，理解与沟通能力良好	1.95	1.81	1.83	1.57	2.09	1.87	5
D-3	服务规则健全、公开、易于理解，保护用户隐私	2.00	1.73	1.64	1.69	2.27	1.84	7
D-4	与用户沟通的渠道畅通有效	1.67	1.67	1.59	1.92	2.36	1.68	13
D-5	对用户个性化需求给予足够关注	1.41	1.29	1.14	1.85	1.83	1.35	25
D-6	提供各种形式的参考咨询服务，有效帮助用户	1.74	1.67	1.65	1.92	2.36	1.72	10

(续表)

序号	评价指标	服务合格度						按全部排序
		本科生	研究生	教师	科研人员	其他	全部	
D-7	开展各种形式的培训活动或提供相关指南资料	2.38	2.49	2.34	2.36	1.83	2.41	1
D-8	配备学科馆员,开展学科服务	1.01	1.32	1.08	1.18	1.82	1.18	32
D-9	举办各种展览、报告、讲座等科学文化传播活动	2.35	2.20	2.07	2.75	2.27	2.27	2

3.5.4 服务优秀度

表 10 服务优秀度及排序

序号	评价指标	服务优秀度						按全部排序
		本科生	研究生	教师	科研人员	其他	全部	
A 文献资源							−1.89	
A-1	印刷型资源能够满足需求	−1.90	−1.96	−2.19	−0.71	−1.64	−1.92	32
A-2	电子资源能够满足需求	−1.87	−1.87	−1.71	−1.64	−1.58	−1.85	29
A-3	新资源能够满足需求	−2.14	−2.03	−2.18	−1.46	−1.67	−2.07	34
A-4	及时完成文献资源加工处理	−1.61	−1.87	−2.08	−1.33	−2.27	−1.78	26
A-5	馆藏特色鲜明	−1.69	−1.48	−1.80	−1.62	−1.33	−1.60	20
A-6	有效地收集与整合网络资源	−1.96	−1.70	−1.74	−1.82	−1.25	−1.80	27
A-7	提供指定教学参考书服务	−2.57	−2.01	−2.06	−0.75	−1.45	−2.23	36
B 资源获取便利性							−1.41	
B-1	网站/主页信息丰富、揭示清楚、更新及时、界面友好	−1.42	−1.29	−1.57	−1.00	−1.50	−1.36	16
B-2	馆藏目录信息准确、功能完善	−1.43	−1.33	−1.48	−1.57	−1.50	−1.39	18
B-3	对文献资源进行有效整合、提供一站式检索	−1.48	−1.64	−1.79	−2.00	−1.67	−1.60	20
B-4	电子资源便于检索与利用,可远程访问	−1.72	−1.64	−1.76	−1.86	−2.17	−1.70	23
B-5	馆舍馆藏布局合理	−1.20	−1.38	−1.32	−1.00	−1.09	−1.29	14
B-6	书刊排架准确,书标架标清晰完备、维护良好	−1.35	−1.22	−1.20	−0.85	−1.25	−1.27	12

（续表）

序号	评价指标	服务优秀度						按全部排序
		本科生	研究生	教师	科研人员	其他	全部	
B-7	借还书手续简便、快捷	−0.76	−0.64	−0.83	−0.77	−0.92	−0.71	1
B-8	借阅规则明确、合理	−0.84	−0.85	−0.73	−0.54	−0.92	−0.83	2
B-9	馆际互借与文献传递申请处理及时、满足率高	−1.74	−1.51	−1.40	−1.63	−1.10	−1.57	19
B-10	开放时间能够满足需求	−2.05	−1.51	−1.32	−1.31	−1.75	−1.72	24
C环境与设施							−1.79	
C-1	文化氛围浓厚，有助于学习和研究	−1.09	−1.01	−1.08	−0.69	−1.42	−1.05	7
C-2	物理环境（光照、通风、温湿度等）良好	−1.29	−1.28	−1.20	−0.79	−1.09	−1.26	11
C-3	环境与设施安全可靠	−0.95	−1.06	−0.86	−0.77	−0.60	−0.99	6
C-4	馆舍空间和阅览座位充足	−2.93	−2.65	−1.76	−2.38	−2.00	−2.69	38
C-5	馆内标志与导引系统完备、清晰	−1.30	−1.35	−1.35	−1.36	−1.50	−1.33	15
C-6	电子设备及网络设施（电脑、网络、多媒体、复印机等）种类齐全，性能良好，使用方便	−1.92	−1.97	−1.54	−1.31	−1.73	−1.90	31
C-7	提供方便、清洁的配套服务设施（饮水、洗手间、公用电话等）	−1.27	−1.25	−1.38	−1.50	−1.67	−1.28	13
C-8	提供个人学习或小组讨论空间	−1.81	−1.90	−2.11	−1.50	−1.33	−1.86	30
C-9	提供休闲区域及相关设施	−1.41	−1.79	−1.68	−1.40	−1.70	−1.61	22
C-10	提供必要的残障人士专用设施	−2.24	−2.20	−2.13	−2.00	−1.50	−2.20	35
C-11	提供自助借还、自助复印等设备	−2.51	−2.50	−1.92	−2.23	−2.10	−2.44	37
C-12	提供多种辅助软件工具	−1.94	−1.76	−1.90	−1.45	−1.90	−1.84	28
D馆员与服务							−1.30	
D-1	馆员态度友善，尊重并主动帮助用户，举止得体	−1.07	−1.05	−1.10	−1.86	−1.18	−1.08	8
D-2	馆员业务熟练，理解与沟通能力良好	−0.93	−0.94	−0.98	−1.64	−1.18	−0.96	4
D-3	服务规则健全、公开、易于理解，保护用户隐私	−0.91	−1.01	−1.10	−1.31	−1.00	−0.98	5
D-4	与用户沟通的渠道畅通有效	−1.33	−1.15	−1.27	−1.31	−0.73	−1.23	10

（续表）

序号	评价指标	服务优秀度						按全部排序
		本科生	研究生	教师	科研人员	其他	全部	
D-5	对用户个性化需求给予足够关注	−1.82	−1.67	−1.56	−1.77	−1.25	−1.72	24
D-6	提供各种形式的参考咨询服务，有效帮助用户	−1.43	−1.30	−1.32	−1.54	−1.09	−1.36	16
D-7	开展各种形式的培训活动或提供相关指南资料	−0.96	−0.79	−0.80	−0.79	−1.00	−0.86	3
D-8	配备学科馆员，开展学科服务	−2.16	−1.84	−2.00	−1.73	−1.18	−1.96	33
D-9	举办各种展览、报告、讲座等科学文化传播活动	−1.03	−1.15	−1.12	−0.75	−0.73	−1.08	8

3.6 满意度分析

3.6.1 简单满意度

表 11 简单满意度

序号	评价指标	简单满意度(%)					
		本科生	研究生	教师	科研人员	其他	全部
A 文献资源							68.63
A-1	印刷型资源能够满足需求	70.03	70.42	66.93	79.37	73.74	70.29
A-2	电子资源能够满足需求	70.86	75.01	77.25	80.95	81.48	73.71
A-3	新资源能够满足需求	65.07	66.84	65.53	69.23	73.15	66.17
A-4	及时完成文献资源加工处理	68.29	69.28	66.95	72.22	70.71	68.80
A-5	馆藏特色鲜明	65.60	69.48	65.83	71.79	77.78	67.79
A-6	有效地收集与整合网络资源	68.09	72.18	73.81	71.72	77.78	70.76
A-7	提供指定教学参考书服务	60.53	65.64	63.30	75.00	66.67	63.34
B 资源获取便利性							77.29
B-1	网站/主页信息丰富、揭示清楚、更新及时、界面友好	74.47	78.44	78.04	82.05	76.85	76.80
B-2	馆藏目录信息准确、功能完善	77.65	79.60	77.51	76.19	77.78	78.52

（续表）

序号	评价指标	简单满意度（%）					
		本科生	研究生	教师	科研人员	其他	全部
B-3	对文献资源进行有效整合、提供一站式检索	75.63	75.03	72.49	73.02	79.63	75.14
B-4	电子资源便于检索与利用，可远程访问	73.90	76.48	74.60	74.60	71.30	75.17
B-5	馆舍馆藏布局合理	78.46	76.73	74.80	78.70	78.79	77.40
B-6	书刊排架准确，书标架标清晰完备、维护良好	79.18	80.78	78.86	82.91	81.48	80.04
B-7	借还书手续简便、快捷	86.60	88.19	85.45	85.47	87.04	87.25
B-8	借阅规则明确、合理	84.32	84.78	83.20	86.32	82.41	84.47
B-9	馆际互借与文献传递申请处理及时、满足率高	68.80	73.75	78.41	76.39	75.56	72.64
B-10	开放时间能够满足需求	72.50	78.37	78.86	76.92	75.93	75.83
C环境与设施							69.17
C-1	文化氛围浓厚，有助于学习和研究	82.77	83.17	82.75	87.18	83.33	83.06
C-2	物理环境（光照、通风、温湿度等）良好	80.26	80.32	80.00	81.75	82.83	80.35
C-3	环境与设施安全可靠	83.47	82.44	83.78	84.62	88.89	83.13
C-4	馆舍空间和阅览座位充足	61.63	64.22	73.98	67.52	71.72	63.94
C-5	馆内标志与导引系统完备、清晰	78.44	78.38	78.06	76.98	78.89	78.36
C-6	电子设备及网络设施（电脑、网络、多媒体、复印机等）种类齐全，性能良好，使用方便	70.82	71.02	76.35	79.49	73.74	71.54
C-7	提供方便、清洁的配套服务设施（饮水、洗手间、公用电话等）	78.22	77.94	75.83	75.40	77.78	77.85
C-8	提供个人学习或小组讨论空间	64.76	62.21	66.07	66.67	69.44	63.81
C-9	提供休闲区域及相关设施	64.06	60.50	65.17	63.33	64.44	62.49
C-10	提供必要的残障人士专用设施	58.00	58.36	64.52	60.32	66.67	58.89
C-11	提供自助借还、自助复印等设备	55.67	57.06	64.33	58.97	63.33	57.25
C-12	提供多种辅助软件工具	65.00	64.59	64.81	69.70	63.33	64.87
D馆员与服务							76.42
D-1	馆员态度友善，尊重并主动帮助用户，举止得体	81.99	81.59	81.75	73.02	82.83	81.59
D-2	馆员业务熟练，理解与沟通能力良好	83.90	83.10	82.01	73.02	82.83	83.11
D-3	服务规则健全、公开、易于理解，保护用户隐私	83.83	80.76	80.91	79.49	83.84	82.09
D-4	与用户沟通的渠道畅通有效	76.55	79.11	79.67	77.78	84.85	78.17

（续表）

序号	评价指标	简单满意度(%)					
		本科生	研究生	教师	科研人员	其他	全部
D-5	对用户个性化需求给予足够关注	68.36	69.62	71.91	70.09	76.85	69.43
D-6	提供各种形式的参考咨询服务，有效帮助用户	74.42	75.06	77.78	73.50	81.82	75.09
D-7	开展各种形式的培训活动或提供相关指南资料	77.49	82.57	84.55	83.33	79.63	80.60
D-8	配备学科馆员，开展学科服务	60.84	66.82	69.14	65.66	72.73	64.72
D-9	举办各种展览、报告、讲座等科学文化传播活动	77.02	78.21	81.03	85.19	83.84	78.18

表 12　简单满意度排序（降序）

序号	评价指标	简单满意度(%)	排序
B-7	借还书手续简便、快捷	87.25	1
B-8	借阅规则明确、合理	84.47	2
C-3	环境与设施安全可靠	83.13	3
D-2	馆员业务熟练，理解与沟通能力良好	83.11	4
C-1	文化氛围浓厚，有助于学习和研究	83.06	5
D-3	服务规则健全、公开、易于理解，保护用户隐私	82.09	6
D-1	馆员态度友善，尊重并主动帮助用户，举止得体	81.59	7
D-7	开展各种形式的培训活动或提供相关指南资料	80.60	8
C-2	物理环境（光照、通风、温湿度等）良好	80.35	9
B-6	书刊排架准确，书标架标清晰完备、维护良好	80.04	10
B-2	馆藏目录信息准确、功能完善	78.52	11
C-5	馆内标志与导引系统完备、清晰	78.36	12
D-9	举办各种展览、报告、讲座等科学文化传播活动	78.18	13
D-4	与用户沟通的渠道畅通有效	78.17	14
C-7	提供方便、清洁的配套服务设施（饮水、洗手间、公用电话等）	77.85	15
B-5	馆舍馆藏布局合理	77.40	16
B-1	网站/主页信息丰富、揭示清楚、更新及时、界面友好	76.80	17
B-10	开放时间能够满足需求	75.83	18
B-4	电子资源便于检索与利用，可远程访问	75.17	19

（续表）

序号	评价指标	简单满意度(%)	排序
B-3	对文献资源进行有效整合、提供一站式检索	75.14	20
D-6	提供各种形式的参考咨询服务，有效帮助用户	75.09	21
A-2	电子资源能够满足需求	73.71	22
B-9	馆际互借与文献传递申请处理及时、满足率高	72.64	23
C-6	电子设备及网络设施(电脑、网络、多媒体、复印机等)种类齐全，性能良好，使用方便	71.54	24
A-6	有效地收集与整合网络资源	70.76	25
A-1	印刷型资源能够满足需求	70.29	26
D-5	对用户个性化需求给予足够关注	69.43	27
A-4	及时完成文献资源加工处理	68.80	28
A-5	馆藏特色鲜明	67.79	29
A-3	新资源能够满足需求	66.17	30
C-12	提供多种辅助软件工具	64.87	31
D-8	配备学科馆员，开展学科服务	64.72	32
C-4	馆舍空间和阅览座位充足	63.94	33
C-8	提供个人学习或小组讨论空间	63.81	34
A-7	提供指定教学参考书服务	63.34	35
C-9	提供休闲区域及相关设施	62.49	36
C-10	提供必要的残障人士专用设施	58.89	37
C-11	提供自助借还、自助复印等设备	57.25	38

3.6.2　分维度综合分析

表 13　分维度综合分析

维　度	可接受最低值	实际感受值	理想期望值
A 文献资源	4.91	6.18	8.06
B 资源获取便利性	5.42	6.96	8.36
C 环境与设施	4.95	6.23	8.02
D 馆员与服务	5.09	6.88	8.17
总体	5.08	6.60	8.22

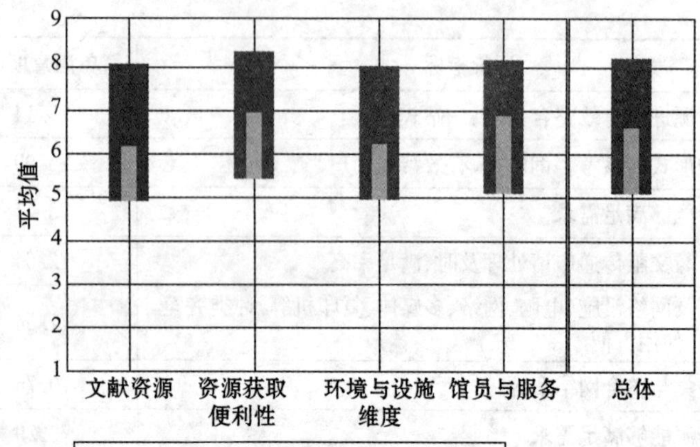

附 4 图 6　可接受最低值、理想期望值与实际感受值

读图提示

图 6 中灰色区域表示每一个维度的可接受最低值平均值与理想期望值平均值之间的范围。内部斜线的条形图表示可接受最低值平均值与实际感受值平均值之间的范围。斜线条形图的顶端与灰色区域顶端之间区域代表图书馆在该服务方面满足读者期望的程度和可努力空间的大小;灰色区域相对位置的高低代表读者对该方面服务的关注程度。

3.6.3　指标关注度

表 14　指标关注度

序号	评价指标	指标关注度					
		本科生	研究生	教师	科研人员	其他	全部
A 文献资源							6.49
A-1	印刷型资源能够满足需求	6.53	6.66	6.74	6.57	6.64	6.61
A-2	电子资源能够满足需求	6.56	7.10	7.33	7.46	7.38	6.91
A-3	新资源能够满足需求	6.36	6.49	6.74	6.38	6.88	6.46
A-4	及时完成文献资源加工处理	6.18	6.56	6.69	6.54	7.00	6.43
A-5	馆藏特色鲜明	5.95	6.15	6.35	6.62	6.50	6.10
A-6	有效地收集与整合网络资源	6.44	6.66	6.96	6.68	6.63	6.59
A-7	提供指定教学参考书服务	6.53	6.66	6.74	6.57	6.64	6.61

（续表）

序号	评价指标	指标关注度					
		本科生	研究生	教师	科研人员	其他	全部
B资源获取便利性							6.89
B-1	网站/主页信息丰富、揭示清楚、更新及时、界面友好	6.45	6.34	6.47	6.19	6.00	6.39
B-2	馆藏目录信息准确、功能完善	6.50	6.83	7.10	6.85	6.75	6.71
B-3	对文献资源进行有效整合、提供一站式检索	7.04	7.09	7.11	7.04	6.96	7.06
B-4	电子资源便于检索与利用，可远程访问	6.82	6.86	6.90	6.86	7.08	6.85
B-5	馆舍馆藏布局合理	6.76	7.01	7.08	7.04	7.17	6.92
B-6	书刊排架准确，书标架标清晰完备、维护良好	6.63	6.74	6.56	6.54	6.73	6.68
B-7	借还书手续简便、快捷	7.02	7.11	6.89	6.77	7.08	7.05
B-8	借阅规则明确、合理	7.08	7.13	7.15	6.96	7.08	7.10
B-9	馆际互借与文献传递申请处理及时、满足率高	7.06	7.11	6.95	7.04	6.83	7.07
B-10	开放时间能够满足需求	6.30	6.70	7.10	6.75	6.25	6.59
C环境与设施							6.48
C-1	文化氛围浓厚，有助于学习和研究	7.12	7.06	6.96	6.65	6.96	7.07
C-2	物理环境（光照、通风、温湿度等）良好	7.20	7.08	7.08	7.23	7.54	7.14
C-3	环境与设施安全可靠	7.11	7.08	7.01	6.68	7.09	7.08
C-4	馆舍空间和阅览座位充足	7.13	7.15	7.03	7.04	7.45	7.13
C-5	馆内标志与导引系统完备、清晰	7.04	6.91	6.96	6.62	7.09	6.97
C-6	电子设备及网络设施（电脑、网络、多媒体、复印机等）种类齐全，性能良好，使用方便	6.83	6.93	6.91	6.79	7.10	6.89
C-7	提供方便、清洁的配套服务设施（饮水、洗手间、公用电话等）	6.72	6.85	7.00	6.73	6.73	6.80
C-8	提供个人学习或小组讨论空间	6.82	6.79	6.76	6.71	7.08	6.81
C-9	提供休闲区域及相关设施	6.00	6.00	6.43	5.95	5.96	6.03
C-10	提供必要的残障人士专用设施	5.53	5.65	6.19	5.45	6.00	5.64
C-11	提供自助借还、自助复印等设备	5.98	5.99	6.39	5.79	6.19	6.02
C-12	提供多种辅助软件工具	5.89	6.12	6.30	6.00	6.25	6.04

（续表）

序号	评价指标	指标关注度					
		本科生	研究生	教师	科研人员	其他	全部
D馆员与服务							6.63
D-1	馆员态度友善，尊重并主动帮助用户，举止得体	6.16	6.07	6.32	5.95	6.15	6.12
D-2	馆员业务熟练，理解与沟通能力良好	6.97	6.98	7.05	6.75	7.05	6.98
D-3	服务规则健全、公开、易于理解，保护用户隐私	7.04	7.04	6.95	6.61	7.00	7.02
D-4	与用户沟通的渠道畅通有效	7.00	6.91	7.01	6.96	6.91	6.96
D-5	对用户个性化需求给予足够关注	6.72	6.86	7.01	6.69	6.82	6.81
D-6	提供各种形式的参考咨询服务，有效帮助用户	6.36	6.46	6.68	6.27	6.63	6.43
D-7	开展各种形式的培训活动或提供相关指南资料	6.54	6.57	6.84	6.42	6.73	6.58
D-8	配备学科馆员，开展学科服务	6.27	6.58	6.84	6.71	6.75	6.48
D-9	举办各种展览、报告、讲座等科学文化传播活动	6.05	6.27	6.68	6.18	6.23	6.21

表 15　指标关注度排序（降序）

序号	评价指标	指标关注度	排序
C-1	文化氛围浓厚，有助于学习和研究	7.14	1
C-3	环境与设施安全可靠	7.13	2
B-7	借还书手续简便、快捷	7.10	3
C-2	物理环境（光照、通风、温湿度等）良好	7.08	4
B-8	借阅规则明确、合理	7.07	5
B-10	开放时间能够满足需求	7.07	5
B-2	馆藏目录信息准确、功能完善	7.06	7
B-6	书刊排架准确，书标架标清晰完备、维护良好	7.05	8
D-2	馆员业务熟练，理解与沟通能力良好	7.02	9
D-1	馆员态度友善，尊重并主动帮助用户，举止得体	6.98	10
C-4	馆舍空间和阅览座位充足	6.97	11
D-3	服务规则健全、公开、易于理解，保护用户隐私	6.96	12
B-4	电子资源便于检索与利用，可远程访问	6.92	13

（续表）

序号	评价指标	指标关注度	排序
A-2	电子资源能够满足需求	6.91	14
C-5	馆内标志与导引系统完备、清晰	6.89	15
B-3	对文献资源进行有效整合、提供一站式检索	6.85	16
C-7	提供方便、清洁的配套服务设施(饮水、洗手间、公用电话等)	6.81	17
D-4	与用户沟通的渠道畅通有效	6.81	17
C-6	电子设备及网络设施(电脑、网络、多媒体、复印机等)种类齐全,性能良好,使用方便	6.80	19
B-1	网站/主页信息丰富、揭示清楚、更新及时、界面友好	6.71	20
B-5	馆舍馆藏布局合理	6.68	21
A-1	印刷型资源能够满足需求	6.61	22
A-6	有效地收集与整合网络资源	6.59	23
B-9	馆际互借与文献传递申请处理及时、满足率高	6.59	23
D-6	提供各种形式的参考咨询服务,有效帮助用户	6.58	25
D-7	开展各种形式的培训活动或提供相关指南资料	6.48	26
A-3	新资源能够满足需求	6.46	27
D-9	举办各种展览、报告、讲座等科学文化传播活动	6.44	28
A-4	及时完成文献资源加工处理	6.43	29
D-5	对用户个性化需求给予足够关注	6.43	29
A-7	提供指定教学参考书服务	6.39	31
D-8	配备学科馆员,开展学科服务	6.21	32
C-12	提供多种辅助软件工具	6.12	33
A-5	馆藏特色鲜明	6.10	34
C-11	提供自助借还、自助复印等设备	6.04	35
C-8	提供个人学习或小组讨论空间	6.03	36
C-10	提供必要的残障人士专用设施	6.02	37
C-9	提供休闲区域及相关设施	5.64	38

3.6.4 总体服务质量综合评价

表 16 总体服务质量综合评价统计

读者身份	平均值	标准差	样本容量
本科生	7.42	0.78	259
研究生	7.42	0.83	288
教师	7.21	1.07	42
科研人员	7.36	1.15	14
其他	7.50	0.67	12
总体	7.40	0.83	615

3.7 简单满意度/指标关注度综合分析

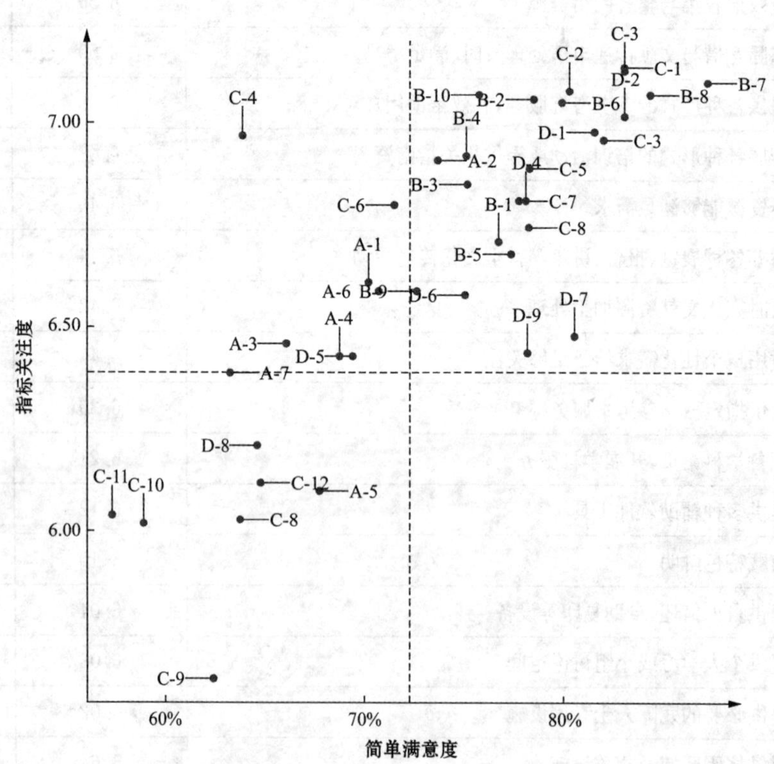

附 4 图 7 简单满意度与指标关注度

读图提示

如某项指标具有较低的满意度，或较高的指标关注度，则表明本项服务应优先予以改进。以简单满意度为横坐标、以指标关注度为纵坐标所构成的散点图，可以明确给出图书馆改进工作、提高服务质量的工作次序。处于散点图最左上方的指标，是最迫切需要改善的服务。

4 对调查数据与用户开放意见进行深入分析的建议

建议根据本馆不同类型用户样本分布情况，做更细致更深入的数据分析。例如，对不确定选项按用户类型的统计、对服务合格度和服务优秀度分维度按用户类型或年龄的统计等。

用户开放意见是对定量分析的重要补充。建议图书馆重视对用户开放意见的分类整理和统计工作，可以考虑做一个统计报告，并组织相关部门讨论，进行工作整改措施的讨论和落实，公开对用户开放意见进行答复等。与用户建立一个良性互动渠道，吸引更多用户参与图书馆管理，关注图书馆工作。

附录5　××省图书馆2008年用户满意度调查数据报告

1　评价指标体系与问卷设计

1.1　评价指标体系研制过程

通过在北京地区部分图书馆进行用户开放式调查，请用户直接参与图书馆服务质量评价指标的设计，广泛了解用户对图书馆服务质量评价指标的建议，得到宝贵的第一手数据。在此基础上进行图书馆服务质量评价指标的研制，结合文献调研，借鉴参考国内外图书馆相关实践，征求图书馆专家和馆员的意见，经过多次评价测试和修改，研制了一套图书馆服务质量评价指标。评价指标分为高校版、专业版、公共版三个版本；指标体系分四个维度，含33项通用指标及若干特色指标（高校馆5个、专业馆5个、公共馆3个），各类型馆指标总数分别为：高校馆38个、专业馆38个、公共馆36个。

1.2　公共版评价指标体系内容

A. 文献资源

- 印刷型资源能够满足需求
- 电子资源能够满足需求
- 新资源能够满足需求
- 及时完成文献资源加工处理
- 馆藏特色鲜明
- 具有供残障人士使用的特殊馆藏
- 具有供各种年龄和文化程度用户群体使用的文献资源

B. 资源获取便利性

- 网站/主页信息丰富、揭示清楚、更新及时、界面友好

- 馆藏目录信息准确、功能完善
- 电子资源便于检索与利用,可远程访问
- 馆舍馆藏布局合理
- 书刊排架准确,书标架标清晰完备、维护良好
- 借还书手续简便、快捷
- 借阅规则明确、合理
- 馆际互借与文献传递申请处理及时、满足率高
- 开放时间能够满足需求
- 入馆或办证手续简便

C. 环境与设施

- 文化氛围浓厚,有助于学习和研究
- 物理环境(光照、通风、温湿度等)良好
- 环境与设施安全可靠
- 馆舍空间和阅览座位充足
- 馆内标志与导引系统完备、清晰
- 电子设备及网络设施(电脑、网络、多媒体、复印机等)种类齐全,性能良好,使用方便
- 提供方便、清洁的配套服务设施(饮水、洗手间、公用电话等)
- 提供休闲区域及相关设施
- 提供必要的残障人士专用设施
- 提供自助借还、自助复印等自助服务设备
- 提供多种辅助软件工具

D. 馆员与服务

- 馆员态度友善,尊重并主动帮助用户,举止得体
- 馆员业务熟练,理解与沟通能力良好
- 服务规则健全、公开、易于理解,保护用户隐私
- 与用户沟通的渠道畅通有效
- 对用户个性化需求给予足够关注
- 提供各种形式的参考咨询服务,有效帮助用户
- 开展各种形式的培训活动或提供相关指南资料
- 举办各种展览、报告、讲座等科学文化传播活动

1.3 量表与测评方法

为使用户更为准确地表达自己的感受,本次调查问卷采用3层9级数字量表的测评方法。请用户根据亲身感受,分别对每个指标给出三个评价分值:可接受最低值、实际感受值、理想期望值。取值范围为1~9,1为最低,9为最高。

可接受最低值:表示用户能接受的最低水平;

实际感受值:表示用户亲自经历并感受到的实际水平;

理想期望值:表示用户认为图书馆在该项服务上应该达到的理想水平;

同时提供"不确定"选项。如果用户对该问题没有感受,可以选择"不确定"。

1.4 问卷附加问题

总体服务质量综合评价:这是问卷的重要组成部分,请用户在对具体指标评分的基础上,对图书馆总体服务质量进行实际感受的综合评价。

意见与建议:这是问卷的重要组成部分,用户可自由填写对图书馆服务的意见与建议。

用户信息:为对用户进行分类分析,请用户填写必要的个人信息,包括年龄、身份、到馆频率、使用图书馆网络资源与服务的平均时间、电子邮件地址等。

1.5 有效答题与有效问卷的判定

有效答题的判定:

对于每一项评价指标,完整给出三个评价分值且符合逻辑(即:"可接受最低值"不大于"理想期望值"),或者选择"不确定",则视为有效答题。答题不完整或不合逻辑视为无效答题。

有效问卷的判定:

同时满足下列四个条件的问卷则为有效问卷:

◇ 有效答题数不少于28个;

◇ 无效答题数与选择"不确定"的有效答题数量之和不超过18个;

◇ 填写了综合评价的分值;

◇ 用户信息填写完整;

无效问卷将不参与数据分析,但其中用户填写的意见与建议将完整提供给图书馆分析参考。

2 主要参数定义与基本算法

2.1 平均值

平均值是指样本的算术平均值，计算方法是各项相加，除以样本数。在数据报告中，提供用户对每一项评价指标的可接受最低值、实际感受值和理想期望值的平均值，也提供图书馆总体服务质量综合评价的平均值。

指标平均值计算公式为：

$$\overline{A}_i = \frac{1}{n}\sum_{j=1}^{n} a_{ij}, \quad \overline{P}_i = \frac{1}{n}\sum_{j=1}^{n} p_{ij}, \quad \overline{E}_i = \frac{1}{n}\sum_{j=1}^{n} e_{ij}.$$

式中，$\overline{A}_i$ 为用户对第 i 项指标可接受最低值的平均值，a_{ij} 表示用户 j 对第 i 项指标的可接受最低值；$\overline{P}_i$ 为用户对第 i 项指标实际感受值的平均值，p_{ij} 表示用户 j 对第 i 项指标的实际感受值；$\overline{E}_i$ 为用户对第 i 项指标理想期望值的平均值，e_{ij} 表示用户 j 对第 i 项指标的理想期望值。

总体服务质量综合评价平均值计算公式为：

$$\overline{Z}_k = \frac{1}{m}\sum_{l=1}^{m} z_{kl}, \quad \overline{Z} = \frac{1}{5}\sum_{k=1}^{5} \overline{Z}_k.$$

式中，$\overline{Z}_k$ 为不同用户身份（高校学生、科研人员、企事业人员、政府工作人员、其他）对总体服务质量综合评价的平均值，z_{kl} 表示 k 身份 l 用户对图书馆总体服务质量综合评价值；$\overline{Z}$ 为全体用户对总体服务质量综合评价的平均值。

2.2 标准差

方差是一组数据中每一个数与这组数据的平均数的差的平方的和再除以数据的个数。标准差就是方差的算术平方根。样本标准差是衡量一个样本波动大小的量，能反映一个数据集的离散程度。样本方差或样本标准差越大，样本数据的波动就越大。进而反应不同用户对某一指标的评分差异性。

指标标准差计算公式为：

$$A_{SDi} = \sqrt{\frac{1}{n}\sum_{j=1}^{n}(a_{ij} - \overline{A}_i)^2}, \quad P_{SDi} = \sqrt{\frac{1}{n}\sum_{j=1}^{n}(p_{ij} - \overline{P}_i)^2},$$

$$E_{SDi} = \sqrt{\frac{1}{n}\sum_{j=1}^{n}(e_{ij} - \overline{E}_i)^2}.$$

式中，A_{SDi}为第 i 项指标可接受最低值的标准差；P_{SDi}为第 i 项指标实际感受值的标准差；E_{SDi}为第 i 项指标理想期望值的标准差。

总体服务质量综合评价标准差计算公式为：

$$Z_{SDk}=\sqrt{\frac{1}{m}\sum_{l=1}^{m}(z_{kl}-\overline{Z}_k)^2},\quad Z_{SD}=\sqrt{\frac{1}{5}\sum_{k=1}^{5}(\overline{Z}_k-\overline{Z})^2}.$$

式中，Z_{SDk}为不同用户身份（高校学生、科研人员、企事业人员、政府工作人员、其他）对总体服务质量综合评价的标准差；Z_{SD}为全体用户对总体服务质量综合评价的标准差。

2.3 服务合格度

服务合格度是指实际感受值与可接受最低值的差值，若出现负值则表示用户感受的服务质量低于他们最低可接受的服务质量。数据报告将提供每个指标服务合格度的平均值和标准差。

平均值计算公式为：

$$MSA_i=\frac{1}{n}\sum_{j=1}^{n}(p_{ij}-a_{ij}),$$

标准差计算公式为：

$$MSA_{SDi}=\sqrt{\frac{1}{n}\sum_{j=1}^{n}[(p_{ij}-a_{ij})-MSA_i]^2}.$$

2.4 服务优秀度

服务优秀度是指实际感受值与理想期望值的差值，若出现正值则表示用户感受的服务质量超过了他们期望的服务质量。数据报告将提供每个指标服务优秀度的平均值和标准差。

平均值计算公式为：

$$MSS_i=\frac{1}{n}\sum_{j=1}^{n}(p_{ij}-e_{ij}),$$

标准差计算公式为：

$$MSS_{SDi}=\sqrt{\frac{1}{n}\sum_{j=1}^{n}[(p_{ij}-e_{ij})-MSS_i]^2}.$$

2.5 简单满意度

简单满意度是用用户实际感受值考量用户对图书馆服务满意程度的指标，评价指标 i 的简单满意度计算公式为：

$$q_i = \frac{\overline{P}_i}{\lambda} \times 100\% \quad (\lambda = 9)$$

2.6 总体服务质量综合评价

用户根据自己的实际感受为图书馆总体服务质量进行评分。取值范围是1～9，1为最低，9为最高。平均值和标准差的计算公式参见2.1和2.2节。

2.7 指标关注度

用户对每项评价指标的理想期望值和可接受最低值之间的数值区域称为"容忍区"，其中间数值可代表用户对指标所对应的服务的重视和关注程度。其计算公式为：

$$m_i = \frac{\overline{A}_i + \overline{E}_i}{2}.$$

2.8 信度

信度是指调查问卷的一致程度或稳定程度，它不涉及调查结论是否正确，所要测量的是调查本身是否稳定。可分为内部信度和外部信度两类。内部信度是指调查问卷中的一组问题(或全部问题)间的内在一致性。衡量内部信度有多种方法，以Cronbach α(克伦巴赫α)系数的运用最为广泛。

Cronbach α系数的基本含义是：α系数数值越高，说明问卷内各问题的结果越趋于一致，即问卷的信度越高。反之亦然。按照Guieford提出的具体度量标准，若α低于0.35，则属低信度，问卷不宜采用；若α大于0.7，则表示信度高，问卷设计得好；若α在0.35至0.7之间，则属中信度，问卷可以接受[①]。

① 韦福祥.服务质量评价与管理[M].北京：人民邮电出版社，2005：119.

3 调查数据分析

3.1 调查时间与数据回收情况

××省图书馆共回收问卷288份，剔除无效问卷28份，有效问卷260份。有效问卷比例约90%。

3.2 用户信息统计分析

3.2.1 用户年龄

表1 用户年龄统计

用户年龄	20岁以下	20～29岁	30～39岁	40～49岁	50岁及以上	总 计
样本容量	22	73	55	76	34	260
百分比	8.5%	28.1%	21.2%	29.2%	13.1%	100%

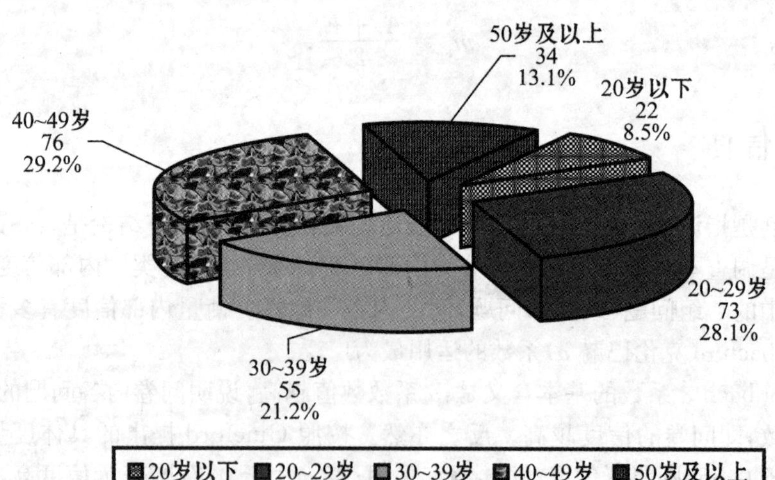

附5图1 用户年龄分布

3.2.2 用户身份

表2 用户身份统计

用户身份	高校学生	科研人员	企事业人员	政府工作人员	其 他	总 计
样本容量	82	16	83	20	59	260
百分比	31.5%	6.2%	31.9%	7.7%	22.7%	100%

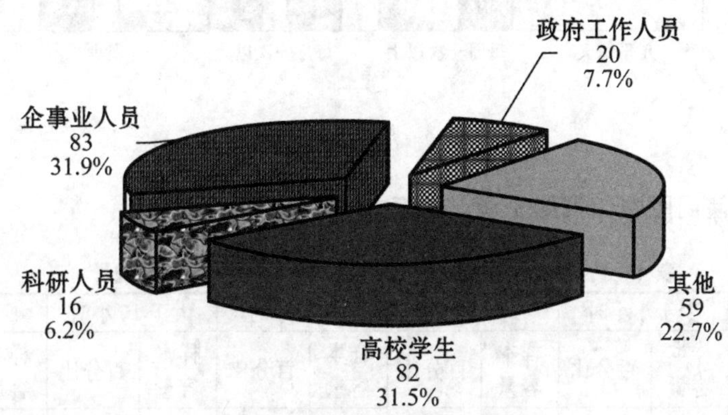

附5图2 用户身份分布

3.2.3 到馆频率

表3 到馆频率统计

频率 身份	几乎每天		每周一次以上		每月一次以上		很 少		总 计	
	样本容量	百分比	样本容量	百分比	样本容量	百分比	样本容量	百分比	样本容量	百分比
高校学生	1	1.2%	41	50.0%	37	45.1%	3	3.7%	82	100%
科研人员	0	0.0%	10	62.5%	3	18.8%	3	18.8%	16	100%
企事业人员	0	0.0%	37	44.6%	32	38.6%	14	16.9%	83	100%
政府工作人员	0	0.0%	2	10.0%	12	60.0%	6	30.0%	20	100%
其他	0	0.0%	7	11.9%	30	50.8%	22	37.3%	59	100%
总计	1	0.4%	97	37.3%	114	43.8%	48	18.5%	260	100%

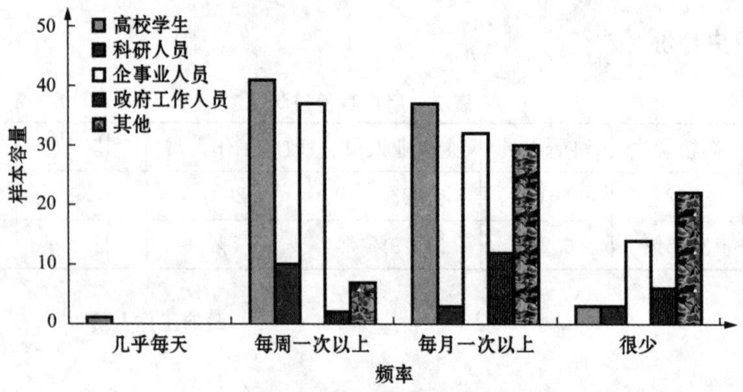

附 5 图 3　用户到馆频率

3.2.4　每周使用图书馆网络资源与服务的平均时间

表 4　每周使用图书馆网络资源与服务的平均时间统计

身份＼时间	少于 1 小时		1～5 小时		5～10 小时		大于 10 小时		总　计	
	样本容量	百分比	样本容量	百分比	样本容量	百分比	样本容量	百分比	样本容量	百分比
高校学生	1	1.2%	67	81.7%	14	17.1%	0	0.0%	82	100%
科研人员	0	0.0%	13	81.3%	3	18.8%	0	0.0%	16	100%
企事业人员	6	7.2%	69	83.1%	8	9.6%	0	0.0%	83	100%
政府工作人员	4	20.0%	15	75.0%	1	5.0%	0	0.0%	20	100%
其他	1	1.7%	52	88.1%	6	10.2%	0	0.0%	59	100%
总计	12	4.6%	216	83.1%	32	12.3%	0	0.0%	260	100%

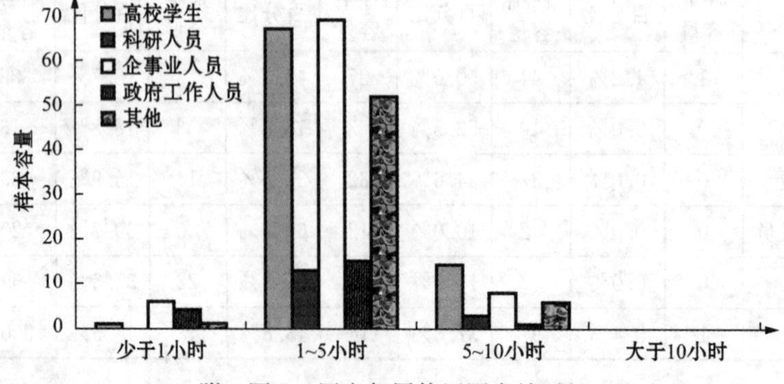

附 5 图 4　用户每周使用图书馆时间

3.3　问卷信度分析

表5　问卷信度分析

	维　度	Cronbach α	内部一致性检验
可接受最低值	A文献资源	0.765	通过
	B资源获取便利性	0.869	通过
	C环境与设施	0.852	通过
	D馆员与服务	0.791	通过
	总体	0.963	通过
实际感受值	A文献资源	0.703	通过
	B资源获取便利性	0.718	通过
	C环境与设施	0.822	通过
	D馆员与服务	0.759	通过
	总体	0.908	通过
理想期望值	A文献资源	0.694	通过
	B资源获取便利性	0.780	通过
	C环境与设施	0.851	通过
	D馆员与服务	0.779	通过
	总体	0.921	通过

分析结果表明，α系数都在0.694～0.963之间，表明内部一致性较好，整个问卷具有较高的信度。

3.4　对不确定选项的统计

用户选择“不确定”选项，表明对该项服务内容不了解或图书馆没有开展此项服务。

表6　对“不确定”选项的统计

序号	评价指标	“不确定”选项的数量
A文献资源		
A-1	印刷型资源能够满足需求	1
A-2	电子资源能够满足需求	8
A-3	新资源能够满足需求	28
A-4	及时完成文献资源加工处理	56

（续表）

序号	评价指标	“不确定”选项的数量
A-5	馆藏特色鲜明	0
A-6	具有供残障人士使用的特殊馆藏	20
A-7	具有供各种年龄和文化程度用户群体使用的文献资源	17
B资源获取便利性		
B-1	网站/主页信息丰富、揭示清楚、更新及时、界面友好	26
B-2	馆藏目录信息准确、功能完善	11
B-3	电子资源便于检索与利用，可远程访问	26
B-4	馆舍馆藏布局合理	13
B-5	书刊排架准确，书标架标清晰完备、维护良好	2
B-6	借还书手续简便、快捷	0
B-7	借阅规则明确、合理	1
B-8	馆际互借与文献传递申请处理及时、满足率高	81
B-9	开放时间能够满足需求	0
B-10	入馆或办证手续简便	0
C环境与设施		
C-1	文化氛围浓厚，有助于学习和研究	0
C-2	物理环境(光照、通风、温湿度等)良好	5
C-3	环境与设施安全可靠	9
C-4	馆舍空间和阅览座位充足	1
C-5	馆内标志与导引系统完备、清晰	1
C-6	电子设备及网络设施(电脑、网络、多媒体、复印机等)种类齐全，性能良好，使用方便	5
C-7	提供方便、清洁的配套服务设施(饮水、洗手间、公用电话等)	2
C-8	提供休闲区域及相关设施	1
C-9	提供必要的残障人士专用设施	19
C-10	提供自助借还、自助复印等设备	78
C-11	提供多种辅助软件工具	79

（续表）

序号	评价指标	“不确定”选项的数量
D馆员与服务		
D-1	馆员态度友善，尊重并主动帮助用户，举止得体	0
D-2	馆员业务熟练，理解与沟通能力良好	0
D-3	服务规则健全、公开、易于理解，保护用户隐私	1
D-4	与用户沟通的渠道畅通有效	8
D-5	对用户个性化需求给予足够关注	12
D-6	提供各种形式的参考咨询服务，有效帮助用户	0
D-7	开展各种形式的培训活动或提供相关指南资料	0
D-8	举办各种展览、报告、讲座等科学文化传播活动	0

3.5　评价指标分析

3.5.1　平均值

表7　各项指标平均值

序号	评价指标	平均值					样本容量
		可接受最低值	实际感受值	理想期望值	服务合格度	服务优秀度	
A文献资源		3.18	5.58	8.22	2.39	−2.64	
A-1	印刷型资源能够满足需求	2.98	5.40	8.05	2.42	−2.65	258
A-2	电子资源能够满足需求	3.22	5.70	8.46	2.48	−2.76	249
A-3	新资源能够满足需求	3.17	5.58	8.39	2.41	−2.80	225
A-4	及时完成文献资源加工处理	3.07	5.34	8.12	2.27	−2.78	188
A-5	馆藏特色鲜明	3.34	5.89	8.40	2.54	−2.52	254
A-6	具有供残障人士使用的特殊馆藏	2.98	5.15	7.84	2.17	−2.70	200
A-7	具有供各种年龄和文化程度用户群体使用的文献资源	3.26	6.06	8.53	2.80	−2.47	240
B资源获取便利性		3.30	5.95	8.41	2.65	−2.46	
B-1	网站/主页信息丰富、揭示清楚、更新及时、界面友好	3.01	5.45	8.27	2.44	−2.82	229

(续表)

序号	评价指标	平均值					样本容量
		可接受最低值	实际感受值	理想期望值	服务合格度	服务优秀度	
B-2	馆藏目录信息准确、功能完善	3.13	5.53	8.40	2.39	−2.87	247
B-3	电子资源便于检索与利用,可远程访问	3.26	5.76	8.47	2.50	−2.71	229
B-4	馆舍馆藏布局合理	3.24	6.00	8.45	2.76	−2.45	244
B-5	书刊排架准确,书标架标清晰完备、维护良好	3.21	5.57	8.32	2.36	−2.74	257
B-6	借还书手续简便、快捷	3.44	6.15	8.67	2.71	−2.52	259
B-7	借阅规则明确、合理	3.27	5.85	8.46	2.58	−2.60	257
B-8	馆际互借与文献传递申请处理及时、满足率高	3.21	5.49	8.04	2.27	−2.55	146
B-9	开放时间能够满足需求	3.42	6.51	8.77	3.09	−2.26	259
B-10	入馆或办证手续简便	3.31	6.03	8.58	2.72	−2.55	259
C 环境与设施		2.82	5.60	7.62	2.78	−2.03	
C-1	文化氛围浓厚,有助于学习和研究	3.05	5.48	8.16	2.43	−2.68	260
C-2	物理环境(光照、通风、温湿度等)良好	3.37	6.16	8.59	2.78	−2.44	250
C-3	环境与设施安全可靠	3.43	6.48	8.70	3.05	−2.22	244
C-4	馆舍空间和阅览座位充足	3.39	6.44	8.56	3.05	−2.12	256
C-5	馆内标志与导引系统完备、清晰	3.16	5.60	8.24	2.45	−2.64	256
C-6	电子设备及网络设施(电脑、网络、多媒体、复印机等)种类齐全,性能良好,使用方便	3.43	5.97	8.54	2.54	−2.57	253
C-7	提供方便、清洁的配套服务设施(饮水、洗手间、公用电话等)	3.24	6.18	8.51	2.94	−2.33	256
C-8	提供休闲区域及相关设施	3.08	5.37	7.95	2.30	−2.57	254
C-9	提供必要的残障人士专用设施	2.99	5.18	7.77	2.19	−2.59	196
C-10	提供自助借还、自助复印等设备	2.93	5.53	7.40	2.60	−1.87	30
C-11	提供多种辅助软件工具	2.64	5.18	6.77	2.55	−1.59	22
D 馆员与服务		3.24	5.77	8.37	2.53	−2.61	
D-1	馆员态度友善,尊重并主动帮助用户,举止得体	3.33	5.98	8.67	2.66	−2.69	258
D-2	馆员业务熟练,理解与沟通能力良好	3.54	6.00	8.76	2.45	−2.77	258
D-3	服务规则健全、公开、易于理解,保护用户隐私	3.28	5.61	8.30	2.34	−2.69	258
D-4	与用户沟通的渠道畅通有效	3.16	5.50	8.22	2.34	−2.72	234

（续表）

序号	评价指标	平均值					样本容量
		可接受最低值	实际感受值	理想期望值	服务合格度	服务优秀度	
D-5	对用户个性化需求给予足够关注	3.15	5.45	8.18	2.30	-2.74	229
D-6	提供各种形式的参考咨询服务，有效帮助用户	3.08	5.71	8.25	2.63	-2.54	257
D-7	开展各种形式的培训活动或提供相关指南资料	3.12	5.74	8.32	2.61	-2.59	258
D-8	举办各种展览、报告、讲座等科学文化传播活动	3.16	5.85	8.38	2.69	-2.52	256

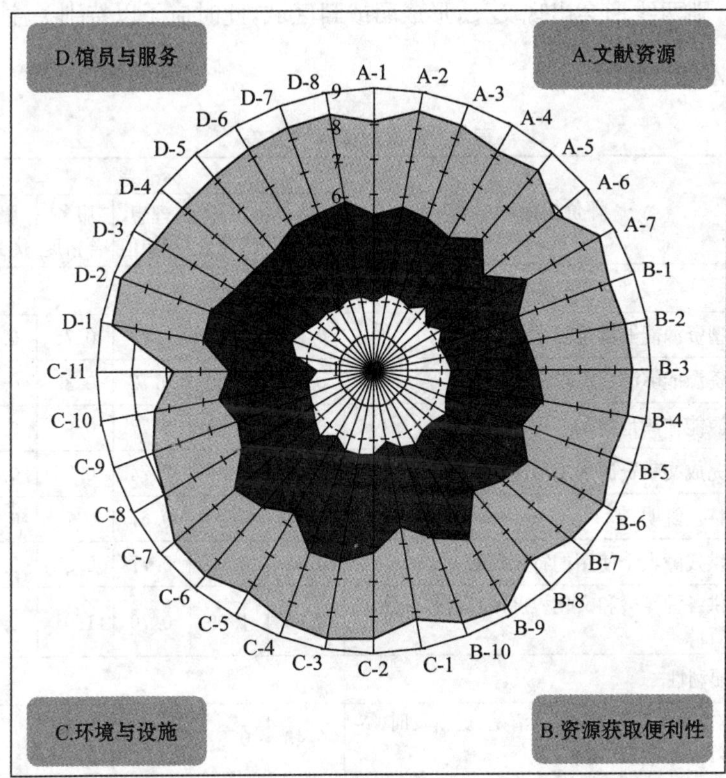

附5图5　满意度调查结果雷达图

读图提示

雷达图是专门用来进行多指标体系比较分析的专业图表。在本图中，从圆心延伸的每条轴线代表一个不同的调查指标；轴线上标有数值刻度；轴线末端标出指标的序号。

读者对每项指标给出的“可接受最低值”、“实际感受值”、“理想期望值”标在相应的轴线上。不同轴线上同类值的点连接起来，形成三个封闭的线形。“可接受最低值”线形与“实际感受值”线形之间的范围，以黑色表示；“实际感受值”线形与“理想期望值”线形之间的范围，以灰色表示。

如果读者给出的“实际感受值”小于“可接受最低值”，或“实际感受值”大于“理想期望值”，则两线形会出现交叉，形成▨或▦区域，此时应予以特别关注。

3.5.2 标准差

表8 各项指标标准方差

序号	评价指标	标准差					样本容量
		可接受最低值	实际感受值	理想期望值	服务合格度	服务优秀度	
A 文献资源							
A-1	印刷型资源能够满足需求	0.59	0.71	0.71	0.75	0.79	258
A-2	电子资源能够满足需求	0.56	0.80	0.72	0.80	0.88	249
A-3	新资源能够满足需求	0.61	0.86	0.77	0.90	0.93	225
A-4	及时完成文献资源加工处理	0.72	0.80	0.74	0.85	0.94	188
A-5	馆藏特色鲜明	0.71	0.80	0.67	0.75	0.90	254
A-6	具有供残障人士使用的特殊馆藏	0.63	0.90	0.77	0.85	0.89	200
A-7	具有供各种年龄和文化程度用户群体使用的文献资源	0.65	1.09	0.70	1.04	0.90	240
B 资源获取便利性							
B-1	网站/主页信息丰富、揭示清楚、更新及时、界面友好	0.43	0.81	0.77	0.85	0.82	229
B-2	馆藏目录信息准确、功能完善	0.72	0.76	0.63	0.80	0.85	247
B-3	电子资源便于检索与利用，可远程访问	0.57	0.79	0.67	0.85	0.92	229
B-4	馆舍馆藏布局合理	0.71	0.85	0.68	0.89	1.00	244
B-5	书刊排架准确，书标架标清晰完备、维护良好	0.71	0.76	0.65	0.78	0.88	257
B-6	借还书手续简便、快捷	0.65	0.84	0.55	0.83	0.86	259

（续表）

序号	评价指标	标准差					样本容量
		可接受最低值	实际感受值	理想期望值	服务合格度	服务优秀度	
B-7	借阅规则明确、合理	0.62	0.81	0.64	0.79	0.89	257
B-8	馆际互借与文献传递申请处理及时、满足率高	0.66	0.85	0.77	0.88	1.04	146
B-9	开放时间能够满足需求	0.68	0.87	0.56	0.87	0.90	259
B-10	入馆或办证手续简便	0.61	0.79	0.57	0.86	0.80	259
C环境与设施							
C-1	文化氛围浓厚，有助于学习和研究	0.57	0.74	0.74	0.71	0.81	260
C-2	物理环境（光照、通风、温湿度等）良好	0.62	0.96	0.68	0.88	0.87	250
C-3	环境与设施安全可靠	0.67	1.04	0.63	1.02	0.94	244
C-4	馆舍空间和阅览座位充足	0.70	1.02	0.67	1.08	0.96	256
C-5	馆内标志与导引系统完备、清晰	0.67	0.81	0.67	0.76	0.83	256
C-6	电子设备及网络设施（电脑、网络、多媒体、复印机等）种类齐全，性能良好，使用方便	0.64	0.76	0.72	0.82	0.88	253
C-7	提供方便、清洁的配套服务设施（饮水、洗手间、公用电话等）	0.52	0.96	0.75	1.04	0.96	256
C-8	提供休闲区域及相关设施	0.60	0.71	0.72	0.75	0.92	254
C-9	提供必要的残障人士专用设施	0.56	0.86	0.82	0.81	0.98	196
C-10	提供自助借还、自助复印等设备	0.74	1.04	1.33	1.16	1.28	30
C-11	提供多种辅助软件工具	0.79	1.14	1.34	1.01	1.05	22
D馆员与服务							
D-1	馆员态度友善，尊重并主动帮助用户，举止得体	0.55	0.75	0.59	0.82	0.82	258
D-2	馆员业务熟练，理解与沟通能力良好	0.61	0.84	0.55	0.82	0.93	258
D-3	服务规则健全、公开、易于理解，保护用户隐私	0.57	0.80	0.72	0.78	0.95	258
D-4	与用户沟通的渠道畅通有效	0.72	0.80	0.69	0.83	0.99	234
D-5	对用户个性化需求给予足够关注	0.62	0.73	0.64	0.75	0.81	229
D-6	提供各种形式的参考咨询服务，有效帮助用户	0.55	0.66	0.61	0.67	0.81	257
D-7	开展各种形式的培训活动或提供相关指南资料	0.74	0.82	0.67	0.85	0.93	258
D-8	举办各种展览、报告、讲座等科学文化传播活动	0.71	0.88	0.59	0.85	0.86	256

3.5.3　服务合格度

表 9　服务合格度及排序

序号	评价指标	服务合格度						按全部排序
		高校学生	科研人员	企事业人员	政府工作人员	其他	全部	
A 文献资源							2.39	
A-1	印刷型资源能够满足需求	2.46	2.38	2.32	2.50	2.49	2.42	25
A-2	电子资源能够满足需求	2.48	2.75	2.39	2.42	2.55	2.48	20
A-3	新资源能够满足需求	2.49	2.21	2.29	2.24	2.59	2.41	26
A-4	及时完成文献资源加工处理	2.33	1.79	2.36	2.00	2.31	2.27	33
A-5	馆藏特色鲜明	2.60	2.81	2.49	2.63	2.44	2.54	17
A-6	具有供残障人士使用的特殊馆藏	2.32	1.92	2.13	1.88	2.17	2.17	36
A-7	具有供各种年龄和文化程度用户群体使用的文献资源	3.03	2.07	2.69	2.61	2.86	2.80	5
B 资源获取便利性							2.65	
B-1	网站/主页信息丰富、揭示清楚、更新及时、界面友好	2.60	2.13	2.27	2.37	2.58	2.44	23
B-2	馆藏目录信息准确、功能完善	2.33	2.25	2.50	2.05	2.48	2.39	27
B-3	电子资源便于检索与利用，可远程访问	2.54	2.19	2.48	2.45	2.59	2.50	19
B-4	馆舍馆藏布局合理	2.77	2.71	2.64	2.89	2.89	2.76	7
B-5	书刊排架准确，书标架标清晰完备、维护良好	2.37	2.47	2.37	2.25	2.36	2.36	28
B-6	借还书手续简便、快捷	2.83	2.88	2.54	2.90	2.68	2.71	9
B-7	借阅规则明确、合理	2.49	2.69	2.69	2.55	2.53	2.58	15
B-8	馆际互借与文献传递申请处理及时、满足率高	2.48	1.80	2.24	2.07	2.31	2.27	33
B-9	开放时间能够满足需求	3.05	3.31	3.01	3.20	3.15	3.09	1
B-10	入馆或办证手续简便	2.78	2.93	2.52	2.70	2.86	2.72	8
C 环境与设施							2.78	
C-1	文化氛围浓厚，有助于学习和研究	2.48	2.38	2.40	2.35	2.46	2.43	24

（续表）

序号	评价指标	服务合格度						按全部排序
		高校学生	科研人员	企事业人员	政府工作人员	其他	全部	
C-2	物理环境（光照、通风、温湿度等）良好	3.00	2.60	2.77	2.58	2.61	2.78	6
C-3	环境与设施安全可靠	3.26	2.60	2.96	3.05	2.98	3.05	2
C-4	馆舍空间和阅览座位充足	3.22	2.94	2.99	2.95	2.96	3.05	2
C-5	馆内标志与导引系统完备、清晰	2.41	2.94	2.44	2.45	2.35	2.45	21
C-6	电子设备及网络设施（电脑、网络、多媒体、复印机等）种类齐全，性能良好，使用方便	2.48	2.63	2.47	2.67	2.65	2.54	17
C-7	提供方便、清洁的配套服务设施（饮水、洗手间、公用电话等）	3.16	2.69	2.83	2.90	2.86	2.94	4
C-8	提供休闲区域及相关设施	2.40	1.94	2.29	2.05	2.33	2.30	31
C-9	提供必要的残障人士专用设施	2.30	2.00	2.08	2.06	2.30	2.19	35
C-10	提供自助借还、自助复印等设备	2.50	/	2.69	/	2.50	2.60	14
C-11	提供多种辅助软件工具	2.40	/	2.83	/	2.00	2.55	16
D馆员与服务							2.53	
D-1	馆员态度友善，尊重并主动帮助用户，举止得体	2.68	2.73	2.67	2.80	2.54	2.66	11
D-2	馆员业务熟练，理解与沟通能力良好	2.55	2.56	2.42	2.60	2.28	2.45	21
D-3	服务规则健全、公开、易于理解，保护用户隐私	2.45	2.25	2.32	2.30	2.24	2.34	29
D-4	与用户沟通的渠道畅通有效	2.54	2.25	2.28	2.28	2.18	2.34	29
D-5	对用户个性化需求给予足够关注	2.27	2.47	2.28	2.47	2.25	2.30	31
D-6	提供各种形式的参考咨询服务，有效帮助用户	2.54	2.75	2.61	3.00	2.63	2.63	12
D-7	开展各种形式的培训活动或提供相关指南资料	2.68	2.63	2.59	2.68	2.53	2.61	13
D-8	举办各种展览、报告、讲座等科学文化传播活动	2.60	3.19	2.74	2.74	2.59	2.69	10

3.5.4 服务优秀度

表 10 服务优秀度及排序

序号	评价指标	服务优秀度						按全部排序
		高校学生	科研人员	企事业人员	政府工作人员	其他	全部	
A 文献资源							−2.64	
A-1	印刷型资源能够满足需求	−2.58	−2.88	−2.71	−2.60	−2.61	−2.65	22
A-2	电子资源能够满足需求	−2.87	−2.81	−2.76	−2.89	−2.55	−2.76	31
A-3	新资源能够满足需求	−2.81	−3.21	−2.88	−2.71	−2.61	−2.80	34
A-4	及时完成文献资源加工处理	−2.85	−3.29	−2.58	−3.07	−2.71	−2.78	33
A-5	馆藏特色鲜明	−2.56	−2.19	−2.53	−2.58	−2.51	−2.52	10
A-6	具有供残障人士使用的特殊馆藏	−2.59	−3.15	−2.75	−3.00	−2.52	−2.70	26
A-7	具有供各种年龄和文化程度用户群体使用的文献资源	−2.39	−3.21	−2.56	−2.39	−2.32	−2.47	9
B 资源获取便利性							−2.46	
B-1	网站/主页信息丰富、揭示清楚、更新及时、界面友好	−2.79	−3.06	−2.83	−2.89	−2.75	−2.82	35
B-2	馆藏目录信息准确、功能完善	−2.92	−3.25	−2.83	−3.00	−2.70	−2.87	36
B-3	电子资源便于检索与利用,可远程访问	−2.86	−3.06	−2.56	−2.75	−2.59	−2.71	27
B-4	馆舍馆藏布局合理	−2.54	−2.50	−2.50	−2.21	−2.31	−2.45	8
B-5	书刊排架准确,书标架标清晰完备、维护良好	−2.68	−3.00	−2.77	−2.85	−2.69	−2.74	29
B-6	借还书手续简便、快捷	−2.48	−2.44	−2.67	−2.20	−2.51	−2.52	10
B-7	借阅规则明确、合理	−2.72	−2.50	−2.49	−2.65	−2.61	−2.60	20
B-8	馆际互借与文献传递申请处理及时、满足率高	−2.50	−3.00	−2.46	−2.79	−2.53	−2.55	14
B-9	开放时间能够满足需求	−2.38	−2.00	−2.25	−2.10	−2.22	−2.26	5
B-10	入馆或办证手续简便	−2.63	−2.27	−2.54	−2.65	−2.49	−2.55	14
C 环境与设施							−2.03	
C-1	文化氛围浓厚,有助于学习和研究	−2.68	−2.94	−2.57	−2.90	−2.68	−2.68	23

（续表）

序号	评价指标	服务优秀度						按全部排序
		高校学生	科研人员	企事业人员	政府工作人员	其他	全部	
C-2	物理环境（光照、通风、温湿度等）良好	−2.33	−2.47	−2.46	−2.63	−2.48	−2.44	7
C-3	环境与设施安全可靠	−2.07	−2.67	−2.36	−2.05	−2.15	−2.22	4
C-4	馆舍空间和阅览座位充足	−2.05	−2.31	−2.20	−2.30	−2.00	−2.12	3
C-5	馆内标志与导引系统完备、清晰	−2.76	−2.31	−2.57	−2.80	−2.61	−2.64	21
C-6	电子设备及网络设施（电脑、网络、多媒体、复印机等）种类齐全，性能良好，使用方便	−2.80	−2.25	−2.49	−2.33	−2.51	−2.57	16
C-7	提供方便、清洁的配套服务设施（饮水、洗手间、公用电话等）	−2.29	−2.19	−2.18	−2.65	−2.52	−2.33	6
C-8	提供休闲区域及相关设施	−2.66	−2.94	−2.49	−2.74	−2.41	−2.57	16
C-9	提供必要的残障人士专用设施	−2.50	−2.85	−2.70	−2.75	−2.43	−2.59	18
C-10	提供自助借还、自助复印等设备	−2.00	/	−1.94	/	−1.63	−1.87	2
C-11	提供多种辅助软件工具	−1.80	/	−1.50	/	−1.60	−1.59	1
D 馆员与服务							−2.61	
D-1	馆员态度友善，尊重并主动帮助用户，举止得体	−2.74	−2.67	−2.56	−2.70	−2.78	−2.69	24
D-2	馆员业务熟练，理解与沟通能力良好	−2.85	−2.56	−2.69	−2.65	−2.86	−2.77	32
D-3	服务规则健全、公开、易于理解，保护用户隐私	−2.66	−2.56	−2.63	−2.70	−2.83	−2.69	24
D-4	与用户沟通的渠道畅通有效	−2.77	−2.75	−2.62	−2.83	−2.76	−2.72	28
D-5	对用户个性化需求给予足够关注	−2.95	−2.80	−2.59	−2.65	−2.65	−2.74	29
D-6	提供各种形式的参考咨询服务，有效帮助用户	−2.57	−2.38	−2.55	−2.26	−2.61	−2.54	13
D-7	开展各种形式的培训活动或提供相关指南资料	−2.76	−2.56	−2.55	−2.26	−2.51	−2.59	18
D-8	举办各种展览、报告、讲座等科学文化传播活动	−2.62	−2.06	−2.58	−2.21	−2.54	−2.52	10

3.6 满意度分析

3.6.1 简单满意度

表 11 简单满意度

序号	评价指标	简单满意度(%)					
		高校学生	科研人员	企事业人员	政府工作人员	其他	全部
A 文献资源							61.95
A-1	印刷型资源能够满足需求	60.08	61.11	59.08	60.56	60.64	59.99
A-2	电子资源能够满足需求	63.20	65.97	61.88	62.57	65.13	63.36
A-3	新资源能够满足需求	63.17	60.32	59.72	61.44	64.40	62.02
A-4	及时完成文献资源加工处理	59.39	56.35	59.89	57.04	60.00	59.28
A-5	馆藏特色鲜明	64.23	72.92	65.14	66.67	64.91	65.40
A-6	具有供残障人士使用的特殊馆藏	57.50	52.99	56.10	55.56	59.90	57.17
A-7	具有供各种年龄和文化程度用户群体使用的文献资源	69.86	56.35	65.28	66.05	69.64	67.36
B 资源获取便利性							66.12
B-1	网站/主页信息丰富、揭示清楚、更新及时、界面友好	61.27	58.33	58.53	60.82	62.89	60.55
B-2	馆藏目录信息准确、功能完善	60.68	61.81	61.40	59.65	62.90	61.40
B-3	电子资源便于检索与利用,可远程访问	63.07	60.42	64.48	65.00	65.14	63.95
B-4	馆舍馆藏布局合理	67.09	69.84	64.10	69.59	67.90	66.67
B-5	书刊排架准确,书标架标清晰完备、维护良好	61.18	64.44	61.11	62.78	63.09	61.91
B-6	借还书手续简便、快捷	68.29	71.53	66.67	73.33	68.17	68.34
B-7	借阅规则明确、合理	63.51	70.14	65.57	67.22	64.22	65.02
B-8	馆际互借与文献传递申请处理及时、满足率高	61.39	55.56	60.67	57.94	63.89	60.96
B-9	开放时间能够满足需求	71.47	77.08	71.49	75.00	72.50	72.33
B-10	入馆或办证手续简便	65.99	71.85	65.86	67.78	68.36	66.97
C 环境与设施							62.18
C-1	文化氛围浓厚,有助于学习和研究	61.11	61.11	60.64	60.00	61.39	60.94

（续表）

序号	评价指标	简单满意度(%)					
		高校学生	科研人员	企事业人员	政府工作人员	其他	全部
C-2	物理环境(光照、通风、温湿度等)良好	70.37	66.67	66.81	66.08	69.05	68.40
C-3	环境与设施安全可靠	73.94	68.89	69.70	72.51	73.08	71.99
C-4	馆舍空间和阅览座位充足	73.04	72.22	69.78	70.56	72.02	71.53
C-5	馆内标志与导引系统完备、清晰	60.16	70.83	62.96	62.78	61.60	62.24
C-6	电子设备及网络设施(电脑、网络、多媒体、复印机等)种类齐全，性能良好，使用方便	65.12	69.44	65.33	68.52	68.03	66.36
C-7	提供方便、清洁的配套服务设施(饮水、洗手间、公用电话等)	70.42	67.36	67.75	66.67	68.58	68.66
C-8	提供休闲区域及相关设施	59.35	57.64	59.77	57.89	61.30	59.71
C-9	提供必要的残障人士专用设施	58.33	56.41	55.37	56.94	60.05	57.60
C-10	提供自助借还、自助复印等设备	59.26	/	61.11	/	63.89	61.48
C-11	提供多种辅助软件工具	53.33	/	57.41	/	62.22	57.58
D馆员与服务							64.07
D-1	馆员态度友善，尊重并主动帮助用户，举止得体	65.58	68.89	66.80	69.44	65.73	66.49
D-2	馆员业务熟练，理解与沟通能力良好	66.26	70.83	66.00	69.44	65.89	66.62
D-3	服务规则健全、公开、易于理解，保护用户隐私	62.87	65.28	62.14	62.78	61.02	62.36
D-4	与用户沟通的渠道畅通有效	60.96	63.19	60.38	62.35	61.33	61.11
D-5	对用户个性化需求给予足够关注	59.26	63.70	59.94	62.09	61.66	60.50
D-6	提供各种形式的参考咨询服务，有效帮助用户	61.87	68.06	63.01	67.84	63.47	63.42
D-7	开展各种形式的培训活动或提供相关指南资料	62.06	68.75	63.96	65.50	63.84	63.74
D-8	举办各种展览、报告、讲座等科学文化传播活动	63.41	74.31	64.86	67.25	64.22	65.02

表12　简单满意度排序(降序)

序号	评价指标	简单满意度(%)	排序
B-9	开放时间能够满足需求	72.33	1
C-3	环境与设施安全可靠	71.99	2
C-4	馆舍空间和阅览座位充足	71.53	3

（续表）

序号	评价指标	简单满意度(%)	排序
C-7	提供方便、清洁的配套服务设施(饮水、洗手间、公用电话等)	68.66	4
C-2	物理环境(光照、通风、温湿度等)良好	68.40	5
B-6	借还书手续简便、快捷	68.34	6
A-7	具有供各种年龄和文化程度用户群体使用的文献资源	67.36	7
B-10	入馆或办证手续简便	66.97	8
B-4	馆舍馆藏布局合理	66.67	9
D-2	馆员业务熟练，理解与沟通能力良好	66.62	10
D-1	馆员态度友善，尊重并主动帮助用户，举止得体	66.49	11
C-6	电子设备及网络设施(电脑、网络、多媒体、复印机等)种类齐全，性能良好，使用方便	66.36	12
A-5	馆藏特色鲜明	65.40	13
B-7	借阅规则明确、合理	65.02	14
D-8	举办各种展览、报告、讲座等科学文化传播活动	65.02	14
B-3	电子资源便于检索与利用，可远程访问	63.95	16
D-7	开展各种形式的培训活动或提供相关指南资料	63.74	17
D-6	提供各种形式的参考咨询服务，有效帮助用户	63.42	18
A-2	电子资源能够满足需求	63.36	19
D-3	服务规则健全、公开、易于理解，保护用户隐私	62.36	20
C-5	馆内标志与导引系统完备、清晰	62.24	21
A-3	新资源能够满足需求	62.02	22
B-5	书刊排架准确，书标架标清晰完备、维护良好	61.91	23
C-10	提供自助借还、自助复印等设备	61.48	24
B-2	馆藏目录信息准确、功能完善	61.40	25
D-4	与用户沟通的渠道畅通有效	61.11	26
B-8	馆际互借与文献传递申请处理及时、满足率高	60.96	27
C-1	文化氛围浓厚，有助于学习和研究	60.94	28
B-1	网站/主页信息丰富、揭示清楚、更新及时、界面友好	60.55	29
D-5	对用户个性化需求给予足够关注	60.50	30

（续表）

序号	评价指标	简单满意度(%)	排序
A-1	印刷型资源能够满足需求	59.99	31
C-8	提供休闲区域及相关设施	59.71	32
A-4	及时完成文献资源加工处理	59.28	33
C-9	提供必要的残障人士专用设施	57.60	34
C-11	提供多种辅助软件工具	57.58	35
A-6	具有供残障人士使用的特殊馆藏	57.17	36

3.6.2 分维度综合分析

表13 分维度综合分析

维 度	可接受最低值	实际感受值	理想期望值
A文献资源	3.18	5.58	8.22
B资源获取便利性	3.30	5.95	8.41
C环境与设施	2.82	5.60	7.62
D馆员与服务	3.24	5.77	8.37
总体	3.02	5.67	7.79

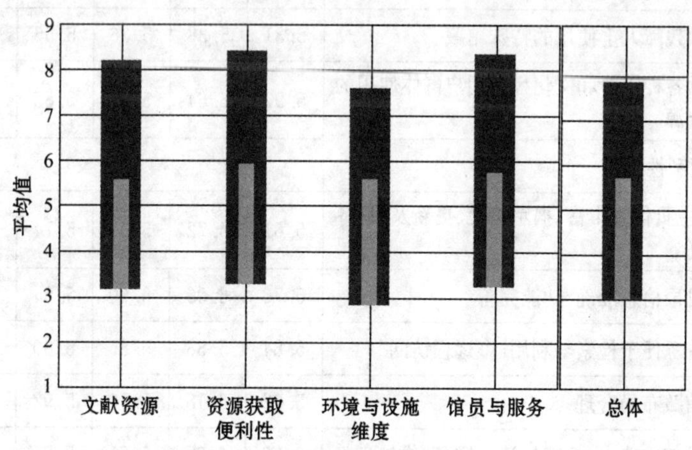

附5图6 可接受最低值、理想值、实际感受值

读图提示

图 6 中灰色区域表示每一个维度的可接受最低值平均值与理想期望值平均值之间的范围。内部斜线条形图表示可接受最低值平均值与实际感受值平均值之间的范围。斜线条形图的顶端与灰色区域顶端之间区域代表图书馆在该服务方面满足读者期望的程度和可努力空间的大小;灰色区域相对位置的高低代表读者对该方面服务的关注程度。

3.6.3 指标关注度

表 14 指标关注度

序号	评价指标	指标关注度					
		高校学生	科研人员	企事业人员	政府工作人员	其他	全部
A 文献资源							5.70
A-1	印刷型资源能够满足需求	5.47	5.75	5.51	5.50	5.52	5.51
A-2	电子资源能够满足需求	5.88	5.97	5.75	5.87	5.86	5.84
A-3	新资源能够满足需求	5.84	5.93	5.67	5.76	5.81	5.78
A-4	及时完成文献资源加工处理	5.61	5.82	5.50	5.67	5.60	5.59
A-5	馆藏特色鲜明	5.76	6.25	5.88	5.97	5.88	5.87
A-6	具有供残障人士使用的特殊馆藏	5.31	5.38	5.36	5.56	5.57	5.41
A-7	具有供各种年龄和文化程度用户群体使用的文献资源	5.97	5.64	5.81	5.83	6.00	5.90
B 资源获取便利性							5.85
B-1	网站/主页信息丰富、揭示清楚、更新及时、界面友好	5.61	5.72	5.55	5.74	5.75	5.64
B-2	馆藏目录信息准确、功能完善	5.76	6.06	5.69	5.84	5.77	5.77
B-3	电子资源便于检索与利用,可远程访问	5.84	5.88	5.85	6.00	5.86	5.86
B-4	馆舍馆藏布局合理	5.92	6.18	5.70	5.92	5.82	5.84
B-5	书刊排架准确,书标架标清晰完备、维护良好	5.66	6.07	5.70	5.95	5.85	5.76
B-6	借还书手续简便、快捷	5.97	6.22	6.07	6.25	6.05	6.06
B-7	借阅规则明确、合理	5.83	6.22	5.80	6.10	5.82	5.86

（续表）

序号	评价指标	指标关注度					
		高校学生	科研人员	企事业人员	政府工作人员	其他	全部
B-8	馆际互借与文献传递申请处理及时、满足率高	5.54	5.60	5.57	5.57	5.86	5.63
B-9	开放时间能够满足需求	6.10	6.28	6.05	6.20	6.06	6.09
B-10	入馆或办证手续简便	5.87	6.13	5.94	6.08	5.97	5.94
C环境与设施							5.22
C-1	文化氛围浓厚，有助于学习和研究	5.60	5.78	5.54	5.68	5.64	5.61
C-2	物理环境（光照、通风、温湿度等）良好	6.00	5.93	5.85	5.97	6.15	5.98
C-3	环境与设施安全可靠	6.06	6.23	5.97	6.03	6.16	6.06
C-4	馆舍空间和阅览座位充足	5.99	6.19	5.88	6.03	6.00	5.97
C-5	馆内标志与导引系统完备、清晰	5.59	6.06	5.73	5.83	5.68	5.70
C-6	电子设备及网络设施（电脑、网络、多媒体、复印机等）种类齐全，性能良好，使用方便	6.02	6.06	5.89	6.00	6.05	5.99
C-7	提供方便、清洁的配套服务设施（饮水、洗手间、公用电话等）	5.90	5.81	5.77	5.88	6.00	5.88
C-8	提供休闲区域及相关设施	5.47	5.69	5.48	5.55	5.56	5.51
C-9	提供必要的残障人士专用设施	5.35	5.50	5.29	5.47	5.47	5.38
C-10	提供自助借还、自助复印等设备	5.08	/	5.13	/	5.31	5.17
C-11	提供多种辅助软件工具	4.50	/	4.50	/	5.40	4.70
D馆员与服务							5.81
D-1	馆员态度友善，尊重并主动帮助用户，举止得体	5.93	6.17	5.96	6.20	6.03	6.00
D-2	馆员业务熟练，理解与沟通能力良好	6.12	6.38	6.07	6.28	6.22	6.15
D-3	服务规则健全、公开、易于理解，保护用户隐私	5.76	6.03	5.75	5.85	5.79	5.79
D-4	与用户沟通的渠道畅通有效	5.60	5.94	5.61	5.89	5.81	5.69
D-5	对用户个性化需求给予足够关注	5.67	5.90	5.55	5.68	5.75	5.67
D-6	提供各种形式的参考咨询服务，有效帮助用户	5.58	5.94	5.64	5.74	5.70	5.66

（续表）

序号	评价指标	指标关注度					
		高校学生	科研人员	企事业人员	政府工作人员	其他	全部
D-7	开展各种形式的培训活动或提供相关指南资料	5.62	6.16	5.74	5.68	5.74	5.72
D-8	举办各种展览、报告、讲座等科学文化传播活动	5.72	6.13	5.76	5.79	5.75	5.77

表 15　指标关注度排序(降序)

序号	评价指标	指标关注度	排序
D-2	馆员业务熟练,理解与沟通能力良好	6.15	1
B-9	开放时间能够满足需求	6.09	2
B-6	借还书手续简便、快捷	6.06	3
C-3	环境与设施安全可靠	6.06	3
D-1	馆员态度友善,尊重并主动帮助用户,举止得体	6.00	5
C-6	电子设备及网络设施(电脑、网络、多媒体、复印机等)种类齐全,性能良好,使用方便	5.99	6
C-2	物理环境(光照、通风、温湿度等)良好	5.98	7
C-4	馆舍空间和阅览座位充足	5.97	8
B-10	入馆或办证手续简便	5.94	9
A-7	具有供各种年龄和文化程度用户群体使用的文献资源	5.90	10
C-7	提供方便、清洁的配套服务设施(饮水、洗手间、公用电话等)	5.88	11
A-5	馆藏特色鲜明	5.87	12
B-3	电子资源便于检索与利用,可远程访问	5.86	13
B-7	借阅规则明确、合理	5.86	13
A-2	电子资源能够满足需求	5.84	15
B-4	馆舍馆藏布局合理	5.84	15
D-3	服务规则健全、公开、易于理解,保护用户隐私	5.79	17
A-3	新资源能够满足需求	5.78	18
B-2	馆藏目录信息准确、功能完善	5.77	19
D-8	举办各种展览、报告、讲座等科学文化传播活动	5.77	19

（续表）

序号	评价指标	指标关注度	排序
B-5	书刊排架准确，书标架标清晰完备、维护良好	5.76	21
D-7	开展各种形式的培训活动或提供相关指南资料	5.72	22
C-5	馆内标志与导引系统完备、清晰	5.70	23
D-4	与用户沟通的渠道畅通有效	5.69	24
D-5	对用户个性化需求给予足够关注	5.67	25
D-6	提供各种形式的参考咨询服务，有效帮助用户	5.66	26
B-1	网站/主页信息丰富、揭示清楚、更新及时、界面友好	5.64	27
B-8	馆际互借与文献传递申请处理及时、满足率高	5.63	28
C-1	文化氛围浓厚，有助于学习和研究	5.61	29
A-4	及时完成文献资源加工处理	5.59	30
A-1	印刷型资源能够满足需求	5.51	31
C-8	提供休闲区域及相关设施	5.51	31
A-6	具有供残障人士使用的特殊馆藏	5.41	33
C-9	提供必要的残障人士专用设施	5.38	34
C-10	提供自助借还、自助复印等设备	5.17	35
C-11	提供多种辅助软件工具	4.70	36

3.6.4 总体服务质量综合评价

表16 总体服务质量综合评价统计

读者身份	平均值	标准差	样本容量
高校学生	6.04	0.73	82
科研人员	6.50	0.63	16
企事业人员	6.07	0.60	83
政府工作人员	6.50	0.83	20
其他	6.05	0.71	59
总体	6.12	0.70	260

3.7 简单满意度/指标关注度综合分析

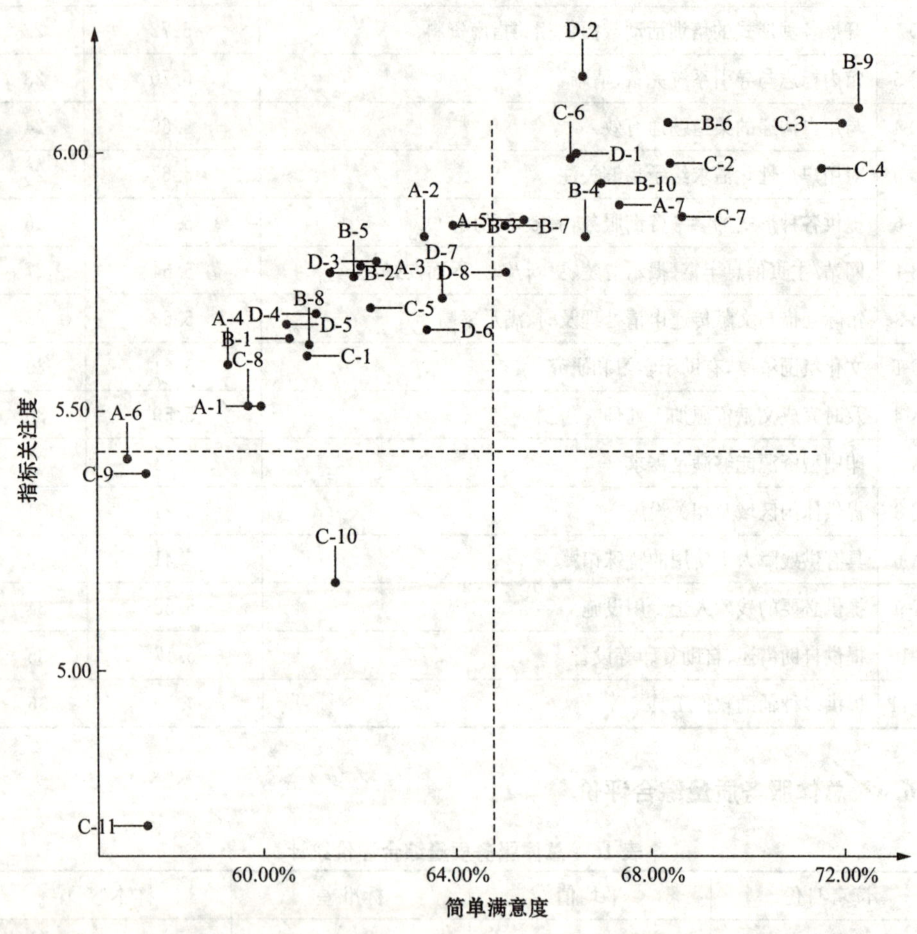

附5图7 简单满意度与指标关注度

读图提示

如某项指标具有较低的满意度,或较高的指标关注度,则表明本项服务应优先予以改进。以简单满意度为横坐标、以指标关注度为纵坐标所构成的散点图,可以明确给出图书馆改进工作、提高服务质量的工作次序。处于散点图最左上方的指标,是最迫切需要改善的服务。

4　对调查数据与用户开放意见进行深入分析的建议

建议根据本馆不同类型用户样本分布情况，做更细致更深入的数据分析。例如，对不确定选项按用户类型的统计、对服务合格度和服务优秀度分维度按用户类型或年龄的统计等。

用户开放意见是对定量分析的重要补充。建议图书馆重视对用户开放意见的分类整理和统计工作，可以考虑做一个统计报告，并组织相关部门讨论，进行工作整改措施的讨论和落实，公开对用户开放意见进行答复等。与用户建立一个良性互动渠道，吸引更多用户参与图书馆管理，关注图书馆工作。

附录6　用户满意度调查数据综合报告(高校版)

1　调查总体情况

清华大学图书馆暨国家社科基金《基于用户需求的图书馆服务质量评价研究》课题组(项目序号 06BTQ001),邀请并组织北京及全国各地 14 所高校馆,5 所公共馆和专业馆,共同参与用户满意度联合调查。从 2008 年 10 月 14 日至 12 月 29 日,各馆相继启动和完成了调查。调查数据报告已于 2008 年 12 月 24 日至 2009 年 1 月 8 日陆续提交给各参与馆。

为方便各参与馆更好地分析本馆服务优势与不足之处,我们编写了用户满意度调查数据综合报告(高校版),包括调查问卷与参与调查用户的总体情况,可供横向比较的服务质量评价指标的标杆数据。

调查问卷与参与调查用户统计采用 14 所高校馆全部用户样本数据计算,标杆数据采用 14 所高校馆调查结果数据计算。本报告不提供排名信息,各项标杆数据仅供参考。为遵循严格为参与馆保密的原则,我们为参与馆各分配一个代码,报告中不具实名。

用户满意度联合调查与综合数据报告仅是课题组一次研究实验,真诚希望各参与馆给予批评指正,积极反馈意见和建议。

1.1　参与馆地域分布情况

参与调查的 14 所高校图书馆分布在全国 8 个省、直辖市、自治区,其中 211 高校 14 所,教育部部属高校 13 所,985 高校 12 所,在地域分布、学校规模、参与馆数量等方面具有一定程度的代表性。

1.2　问卷回收情况

表1　问卷回收情况统计

序号	单位	调查天数	回收问卷数	有效问卷数	有效问卷比例	用户留言数
1	A	68	489	216	44%	229
2	B	47	369	276	75%	161
3	C	42	482	422	88%	289
4	D	35	950	806	85%	361
5	E	13	1061	774	73%	632
6	F	73	391	330	84%	229
7	G	46	857	791	92%	539
8	H	52	479	347	72%	199
9	I	33	417	358	86%	162
10	J	29	786	615	78%	295
11	K	53	340	301	89%	131
12	L	48	437	381	87%	231
13	M	31	1619	1487	92%	1161
14	N	32	666	556	83%	309

1.3　用户基本情况

1.3.1　年龄统计

表2　用户年龄统计

用户年龄	20岁以下	20～29岁	30～39岁	40～49岁	50岁及以上	总　计
样本容量	1435	5650	422	118	35	7660
百分比	18.7%	73.8%	5.5%	1.5%	0.5%	100%

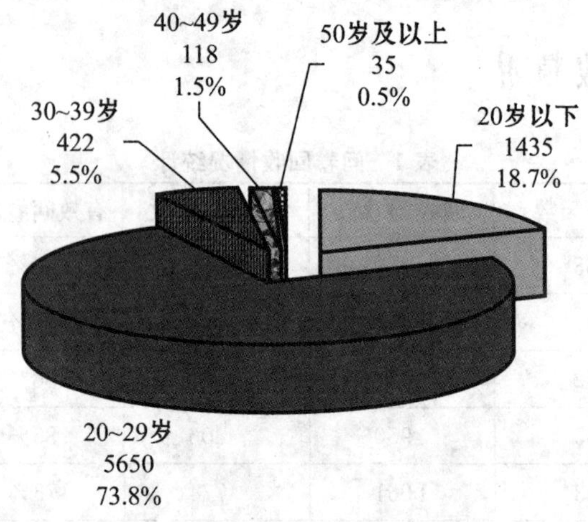

附6图1 用户年龄分布

1.3.2 身份统计

表3 用户身份统计

用户身份	本科生	研究生	教 师	科研人员	其 他	总 计
样本容量	4111	3079	321	64	85	7660
百分比	53.7%	40.2%	4.2%	0.8%	1.1%	100%

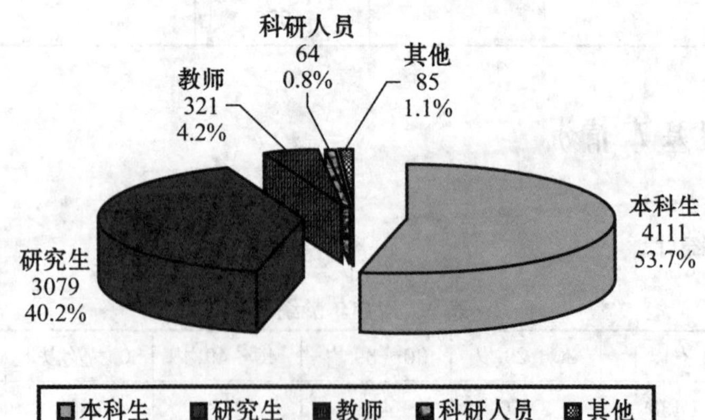

附6图2 用户身份分布

1.3.3　到馆频率统计

表 4　用户到馆频率统计

身份＼频率	几乎每天		每周一次以上		每月一次以上		很　少		总　计	
	样本容量	百分比	样本容量	百分比	样本容量	百分比	样本容量	百分比	样本容量	百分比
本科生	1453	35.3%	2072	50.4%	468	11.4%	118	2.9%	4111	100%
研究生	573	18.6%	1859	60.4%	553	18.0%	94	3.1%	3079	100%
教师	36	11.2%	124	38.6%	109	34.0%	52	16.2%	321	100%
科研人员	9	14.1%	26	40.6%	22	34.4%	7	10.9%	64	100%
其他	31	36.5%	23	27.1%	19	22.4%	12	14.1%	85	100%
总计	2102	27.4%	4104	53.6%	1171	15.3%	283	3.7%	7660	100%

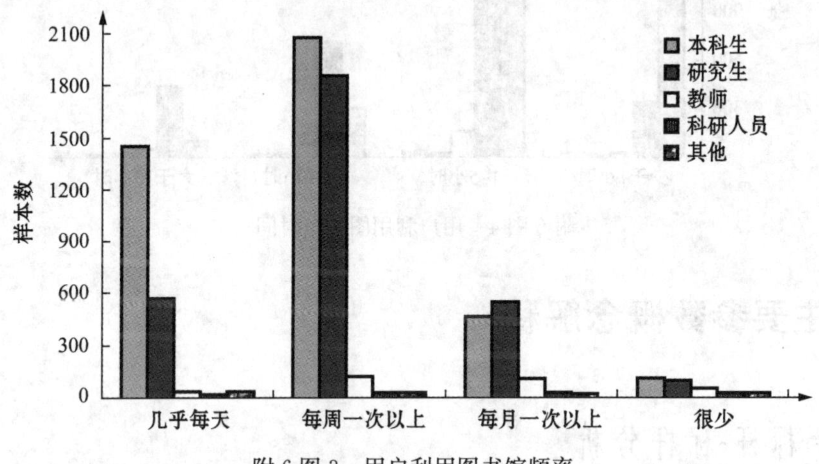

附 6 图 3　用户利用图书馆频率

1.3.4　每周使用图书馆网络资源与服务的时间统计

表 5　用户每周使用图书馆网络资源与服务的时间统计

身份＼时间	少于 1 小时		1～5 小时		5～10 小时		大于 10 小时		总　计	
	样本容量	百分比	样本容量	百分比	样本容量	百分比	样本容量	百分比	样本容量	百分比
本科生	1752	42.6%	1953	47.5%	310	7.5%	96	2.3%	4111	100%
研究生	344	11.2%	1584	51.4%	710	23.1%	441	14.3%	3079	100%
教师	31	9.7%	158	49.2%	78	24.3%	54	16.8%	321	100%

（续表）

身份 \ 时间	少于1小时		1～5小时		5～10小时		大于10小时		总　计	
	样本容量	百分比	样本容量	百分比	样本容量	百分比	样本容量	百分比	样本容量	百分比
科研人员	7	10.9%	29	45.3%	13	20.3%	15	23.4%	64	100%
其他	31	36.5%	36	42.4%	9	10.6%	9	10.6%	85	100%
总计	2165	28.3%	3760	49.1%	1120	14.6%	615	8.0%	7660	100%

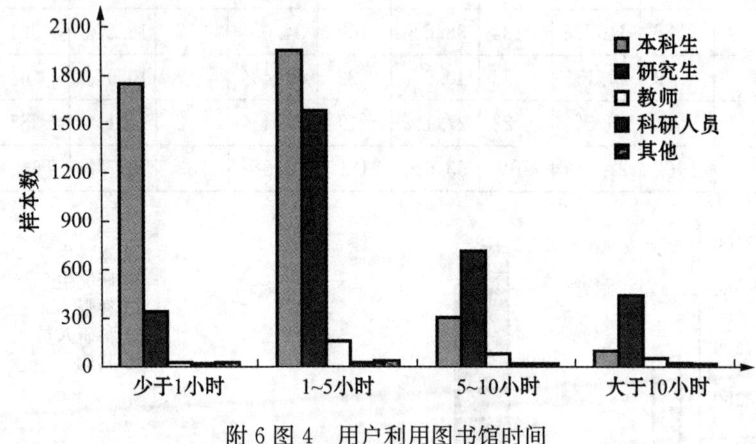

附6图4　用户利用图书馆时间

2　主要参数概念解释

2.1　标杆-标杆分析

标杆分析(benchmarking)，也称定标准超，是一个来源于企业质量管理的概念和方法，始于20世纪70年代，其定义是对照最强的竞争对手或公认的行业领先者，持续地对本组织的产品、服务以及行事方式进行衡量的过程，是某一组织机构将自己的各项活动与同行业中从事该项活动最佳者进行比较，从而确立业绩目标和质量改进项目，以改善现有工作和流程来弥补自身的不足。

标杆分析的过程实际上是一个调研与取经的过程：通过放眼组织外部，确保找到最佳的行为方式，并在本组织内采纳和实施。通过与最佳者进行比较，将会使参与其中的人受到启发和激励，从而产生改进自身工作的富于创造性的想法。标杆分析的终极目标是，使本组织实现领先的绩效水平，从而充分满足服务对象不断提高的期望,因为服务对象的期望是由本行业中最优秀的服务者所能达到的水准来决定①。

本报告中的标杆数据泛指其中所有可供参与馆实现横向比较的参考数据。

2.2　平均值

是一组数据相加后除以数据的个数得到的结果。

2.3　中位数

是一组数据排序后处于中间位置上的变量值。当变量值的项数 N 为奇数时,处于中间位置的变量值即为中位数,当 N 为偶数时,中位数则为中间位置的两个变量值的平均数。中位数主要用于测度顺序数据的集中趋势。

2.4　四分位数

也称四分位点,通常是指一组数据排序后处在25%位置上的数值,称为下四分位数,而处在75%位置上的数值则称为上四分位数。四分位数也是反映集中趋势的数据,本报告提供的是上四分位数②。

有关服务合格度、服务优秀度、简单满意度等相关概念请参见各馆数据报告。

3　三项评价分值标杆数据

3.1　可接受最低值

表6　可接受最低值

序号	评价指标	可接受最低值			
		平均值	中位数	上四分位数	最高值
A文献资源		4.88			

① 朱兰,J M,戈弗雷 A. 朱兰质量手册[M]. 焦叔斌,等译. 北京:中国人民大学出版社,2003:349.

② 贾俊平,等. 统计学[M]. 北京:中国人民大学出版社,2006:88-96.

（续表）

序号	评价指标	可接受最低值			
		平均值	中位数	上四分位数	最高值
A-1	印刷型资源能够满足需求	4.87	4.90	4.97	5.05
A-2	电子资源能够满足需求	5.04	5.03	5.21	5.33
A-3	新资源能够满足需求	4.89	4.90	5.05	5.14
A-4	及时完成文献资源加工处理	4.82	4.86	4.99	5.06
A-5	馆藏特色鲜明	4.59	4.60	4.67	4.89
A-6	有效地收集与整合网络资源	4.89	4.94	5.00	5.09
A-7	提供指定教学参考书服务	4.95	4.97	5.04	5.19
B资源获取便利性		5.23			
B-1	网站/主页信息丰富、揭示清楚、更新及时、界面友好	4.98	5.00	5.10	5.19
B-2	馆藏目录信息准确、功能完善	5.31	5.34	5.44	5.67
B-3	对文献资源进行有效整合、提供一站式检索	5.17	5.26	5.30	5.37
B-4	电子资源便于检索与利用,可远程访问	5.19	5.23	5.38	5.43
B-5	馆舍馆藏布局合理	5.00	5.06	5.11	5.15
B-6	书刊排架准确,书标架标清晰完备、维护良好	5.32	5.37	5.44	5.63
B-7	借还书手续简便、快捷	5.50	5.56	5.66	5.73
B-8	借阅规则明确、合理	5.40	5.44	5.54	5.71
B-9	馆际互借与文献传递申请处理及时、满足率高	5.07	5.07	5.25	5.32
B-10	开放时间能够满足需求	5.44	5.48	5.59	5.69
C环境与设施		4.97			
C-1	文化氛围浓厚,有助于学习和研究	5.39	5.44	5.55	5.75
C-2	物理环境(光照、通风、温湿度等)良好	5.36	5.38	5.50	5.66
C-3	环境与设施安全可靠	5.47	5.53	5.65	5.80
C-4	馆舍空间和阅览座位充足	5.33	5.34	5.50	5.57
C-5	馆内标志与导引系统完备、清晰	5.22	5.28	5.38	5.41
C-6	电子设备及网络设施(电脑、网络、多媒体、复印机等)种类齐全,性能良好,使用方便	5.12	5.19	5.25	5.28

(续表)

序号	评价指标	可接受最低值			
		平均值	中位数	上四分位数	最高值
C-7	提供方便、清洁的配套服务设施(饮水、洗手间、公用电话等)	5.13	5.21	5.31	5.43
C-8	提供个人学习或小组讨论空间	4.58	4.58	4.75	4.87
C-9	提供休闲区域及相关设施	4.31	4.35	4.47	4.72
C-10	提供必要的残障人士专用设施	4.53	4.52	4.63	4.86
C-11	提供自助借还、自助复印等设备	4.71	4.76	4.86	4.97
C-12	提供多种辅助软件工具	4.73	4.78	4.85	5.06
D馆员与服务		5.07			
D-1	馆员态度友善,尊重并主动帮助用户,举止得体	5.34	5.39	5.52	5.57
D-2	馆员业务熟练,理解与沟通能力良好	5.39	5.44	5.52	5.61
D-3	服务规则健全、公开、易于理解,保护用户隐私	5.39	5.45	5.50	5.58
D-4	与用户沟通的渠道畅通有效	5.15	5.22	5.28	5.36
D-5	对用户个性化需求给予足够关注	4.92	4.91	5.08	5.14
D-6	提供各种形式的参考咨询服务,有效帮助用户	5.01	5.05	5.18	5.23
D-7	开展各种形式的培训活动或提供相关指南资料	4.88	4.87	5.02	5.12
D-8	配备学科馆员,开展学科服务	4.74	4.77	4.83	5.01
D-9	举办各种展览、报告、讲座等科学文化传播活动	4.81	4.90	5.01	5.11

3.2　实际感受值

表7　实际感受值

序号	评价指标	实际感受值			
		平均值	中位数	上四分位数	最高值
A文献资源		5.62			
A-1	印刷型资源能够满足需求	5.68	5.75	5.82	6.33
A-2	电子资源能够满足需求	5.77	5.80	5.97	6.63

（续表）

序号	评价指标	实际感受值			
		平均值	中位数	上四分位数	最高值
A-3	新资源能够满足需求	5.37	5.33	5.61	5.96
A-4	及时完成文献资源加工处理	5.65	5.67	5.85	6.19
A-5	馆藏特色鲜明	5.57	5.55	5.77	6.10
A-6	有效地收集与整合网络资源	5.67	5.64	5.89	6.37
A-7	提供指定教学参考书服务	5.49	5.45	5.72	5.93
B资源获取便利性		6.30			
B-1	网站/主页信息丰富、揭示清楚、更新及时、界面友好	6.20	6.23	6.41	6.91
B-2	馆藏目录信息准确、功能完善	6.26	6.28	6.47	7.07
B-3	对文献资源进行有效整合、提供一站式检索	6.17	6.17	6.36	6.76
B-4	电子资源便于检索与利用，可远程访问	5.99	6.02	6.17	6.77
B-5	馆舍馆藏布局合理	6.05	6.11	6.20	6.97
B-6	书刊排架准确，书标架标清晰完备、维护良好	6.10	6.02	6.35	7.20
B-7	借还书手续简便、快捷	7.26	7.36	7.45	7.85
B-8	借阅规则明确、合理	6.86	6.80	7.06	7.60
B-9	馆际互借与文献传递申请处理及时、满足率高	5.89	5.93	6.19	6.54
B-10	开放时间能够满足需求	6.43	6.30	6.79	6.88
C环境与设施		5.64			
C-1	文化氛围浓厚，有助于学习和研究	6.53	6.56	6.73	7.48
C-2	物理环境（光照、通风、温湿度等）良好	6.49	6.53	6.66	7.23
C-3	环境与设施安全可靠	6.70	6.74	6.88	7.48
C-4	馆舍空间和阅览座位充足	5.37	5.52	5.72	5.82
C-5	馆内标志与导引系统完备、清晰	6.34	6.42	6.49	7.05
C-6	电子设备及网络设施（电脑、网络、多媒体、复印机等）种类齐全，性能良好，使用方便	5.63	5.67	5.84	6.44
C-7	提供方便、清洁的配套服务设施（饮水、洗手间、公用电话等）	6.04	5.97	6.69	7.01

（续表）

序号	评价指标	实际感受值			
		平均值	中位数	上四分位数	最高值
C-8	提供个人学习或小组讨论空间	4.88	4.91	5.36	5.74
C-9	提供休闲区域及相关设施	4.93	5.01	5.28	5.62
C-10	提供必要的残障人士专用设施	4.74	4.86	5.08	5.76
C-11	提供自助借还、自助复印等设备	4.88	4.98	5.33	5.74
C-12	提供多种辅助软件工具	5.22	5.30	5.56	5.84
D馆员与服务		6.01			
D-1	馆员态度友善，尊重并主动帮助用户，举止得体	6.40	6.38	6.70	7.34
D-2	馆员业务熟练，理解与沟通能力良好	6.60	6.54	6.90	7.48
D-3	服务规则健全、公开、易于理解，保护用户隐私	6.60	6.65	6.80	7.39
D-4	与用户沟通的渠道畅通有效	6.08	5.99	6.34	7.04
D-5	对用户个性化需求给予足够关注	5.51	5.38	5.87	6.25
D-6	提供各种形式的参考咨询服务，有效帮助用户	5.85	5.74	6.26	6.76
D-7	开展各种形式的培训活动或提供相关指南资料	6.13	6.28	6.48	7.25
D-8	配备学科馆员，开展学科服务	5.20	5.13	5.69	5.83
D-9	举办各种展览、报告、讲座等科学文化传播活动	5.97	6.21	6.42	7.04

3.3 理想期望值

表8 理想期望值

序号	评价指标	理想期望值			
		平均值	中位数	上四分位数	最高值
A文献资源		7.93			
A-1	印刷型资源能够满足需求	8.00	8.07	8.10	8.24
A-2	电子资源能够满足需求	8.13	8.11	8.28	8.48

（续表）

序号	评价指标	理想期望值			
		平均值	中位数	上四分位数	最高值
A-3	新资源能够满足需求	7.94	7.95	8.03	8.20
A-4	及时完成文献资源加工处理	7.78	7.78	7.92	7.99
A-5	馆藏特色鲜明	7.70	7.71	7.84	7.88
A-6	有效地收集与整合网络资源	7.93	7.97	8.03	8.17
A-7	提供指定教学参考书服务	7.92	7.96	8.02	8.11
B资源获取便利性		8.16			
B-1	网站/主页信息丰富、揭示清楚、更新及时、界面友好	8.04	8.06	8.18	8.28
B-2	馆藏目录信息准确、功能完善	8.18	8.23	8.28	8.46
B-3	对文献资源进行有效整合、提供一站式检索	8.11	8.16	8.20	8.36
B-4	电子资源便于检索与利用，可远程访问	8.17	8.18	8.28	8.46
B-5	馆舍馆藏布局合理	8.07	8.12	8.17	8.25
B-6	书刊排架准确，书标架标清晰完备、维护良好	8.22	8.27	8.30	8.47
B-7	借还书手续简便、快捷	8.29	8.32	8.39	8.56
B-8	借阅规则明确、合理	8.16	8.15	8.26	8.43
B-9	馆际互借与文献传递申请处理及时、满足率高	7.95	7.97	8.04	8.10
B-10	开放时间能够满足需求	8.28	8.33	8.36	8.55
C环境与设施		7.96			
C-1	文化氛围浓厚，有助于学习和研究	8.27	8.31	8.37	8.53
C-2	物理环境（光照、通风、温湿度等）良好	8.26	8.29	8.36	8.50
C-3	环境与设施安全可靠	8.25	8.28	8.34	8.47
C-4	馆舍空间和阅览座位充足	8.29	8.35	8.40	8.45
C-5	馆内标志与导引系统完备、清晰	8.14	8.15	8.24	8.39
C-6	电子设备及网络设施（电脑、网络、多媒体、复印机等）种类齐全，性能良好，使用方便	8.14	8.19	8.26	8.34
C-7	提供方便、清洁的配套服务设施（饮水、洗手间、公用电话等）	8.11	8.16	8.22	8.31

(续表)

序号	评价指标	理想期望值			
		平均值	中位数	上四分位数	最高值
C-8	提供个人学习或小组讨论空间	7.63	7.70	7.73	7.85
C-9	提供休闲区域及相关设施	7.35	7.39	7.49	7.71
C-10	提供必要的残障人士专用设施	7.42	7.50	7.56	7.67
C-11	提供自助借还、自助复印等设备	7.73	7.77	7.86	7.89
C-12	提供多种辅助软件工具	7.73	7.75	7.81	7.95
D馆员与服务		8.02			
D-1	馆员态度友善,尊重并主动帮助用户,举止得体	8.23	8.27	8.31	8.43
D-2	馆员业务熟练,理解与沟通能力良好	8.22	8.24	8.32	8.44
D-3	服务规则健全、公开、易于理解,保护用户隐私	8.16	8.16	8.28	8.37
D-4	与用户沟通的渠道畅通有效	8.05	8.06	8.16	8.26
D-5	对用户个性化需求给予足够关注	7.88	7.89	8.01	8.08
D-6	提供各种形式的参考咨询服务,有效帮助用户	7.96	7.93	8.12	8.16
D-7	开展各种形式的培训活动或提供相关指南资料	7.91	7.93	8.03	8.12
D-8	配备学科馆员,开展学科服务	7.72	7.72	7.85	8.00
D-9	举办各种展览、报告、讲座等科学文化传播活动	7.86	7.99	8.06	8.15

3.4　各维度综合均值

表9　各维度综合均值

维　度	可接受最低值	实际感受值	理想期望值
A文献资源	4.88	5.62	7.93
B资源获取便利性	5.23	6.30	8.16
C环境与设施	4.97	5.64	7.96
D馆员与服务	5.07	6.01	8.02
总体	5.05	5.91	8.00

4　服务质量评价标杆数据

4.1　服务合格度

表 10　服务合格度

序号	评价指标	服务合格度			
		平均值	中位数	上四分位数	最高值
A 文献资源		0.74			
A-1	印刷型资源能够满足需求	0.81	0.79	1.02	1.35
A-2	电子资源能够满足需求	0.74	0.71	0.93	1.30
A-3	新资源能够满足需求	0.48	0.39	0.73	1.06
A-4	及时完成文献资源加工处理	0.83	0.80	1.00	1.30
A-5	馆藏特色鲜明	0.98	0.92	1.17	1.60
A-6	有效地收集与整合网络资源	0.78	0.70	1.00	1.36
A-7	提供指定教学参考书服务	0.54	0.47	0.81	0.88
B 资源获取便利性		1.06			
B-1	网站/主页信息丰富、揭示清楚、更新及时、界面友好	1.23	1.25	1.44	1.77
B-2	馆藏目录信息准确、功能完善	0.95	0.92	1.18	1.40
B-3	对文献资源进行有效整合、提供一站式检索	1.00	0.95	1.21	1.42
B-4	电子资源便于检索与利用,可远程访问	0.81	0.75	1.08	1.39
B-5	馆舍馆藏布局合理	1.05	1.03	1.23	1.87
B-6	书刊排架准确,书标架标清晰完备、维护良好	0.79	0.76	1.09	1.58
B-7	借还书手续简便、快捷	1.75	1.70	1.87	2.21
B-8	借阅规则明确、合理	1.46	1.42	1.61	1.89
B-9	馆际互借与文献传递申请处理及时、满足率高	0.82	0.76	1.09	1.46
B-10	开放时间能够满足需求	0.99	1.02	1.25	1.34

(续表)

序号	评价指标	服务合格度			
		平均值	中位数	上四分位数	最高值
C 环境与设施		0.67			
C-1	文化氛围浓厚,有助于学习和研究	1.14	1.14	1.28	1.72
C-2	物理环境(光照、通风、温湿度等)良好	1.13	1.14	1.24	1.57
C-3	环境与设施安全可靠	1.23	1.21	1.31	1.69
C-4	馆舍空间和阅览座位充足	0.04	0.04	0.41	0.74
C-5	馆内标志与导引系统完备、清晰	1.13	1.12	1.22	1.67
C-6	电子设备及网络设施(电脑、网络、多媒体、复印机等)种类齐全,性能良好,使用方便	0.51	0.53	0.81	1.17
C-7	提供方便、清洁的配套服务设施(饮水、洗手间、公用电话等)	0.92	0.87	1.35	1.68
C-8	提供个人学习或小组讨论空间	0.30	0.36	0.57	1.29
C-9	提供休闲区域及相关设施	0.62	0.59	0.78	1.58
C-10	提供必要的残障人士专用设施	0.22	0.16	0.58	0.90
C-11	提供自助借还、自助复印等设备	0.18	0.19	0.66	0.88
C-12	提供多种辅助软件工具	0.49	0.45	0.76	1.27
D 馆员与服务		0.94			
D-1	馆员态度友善,尊重并主动帮助用户,举止得体	1.06	1.05	1.44	1.81
D-2	馆员业务熟练,理解与沟通能力良好	1.21	1.21	1.56	1.87
D-3	服务规则健全、公开、易于理解,保护用户隐私	1.22	1.21	1.38	1.84
D-4	与用户沟通的渠道畅通有效	0.93	0.87	1.22	1.68
D-5	对用户个性化需求给予足够关注	0.59	0.50	0.85	1.35
D-6	提供各种形式的参考咨询服务,有效帮助用户	0.84	0.76	1.16	1.72
D-7	开展各种形式的培训活动或提供相关指南资料	1.25	1.30	1.50	2.41
D-8	配备学科馆员,开展学科服务	0.46	0.39	0.77	1.18
D-9	举办各种展览、报告、讲座等科学文化传播活动	1.16	1.22	1.55	2.27

表 11 服务合格度平均值排序(降序)

序号	评价指标	服务合格度	排序
B-7	借还书手续简便、快捷	1.75	1
B-8	借阅规则明确、合理	1.46	2
D-7	开展各种形式的培训活动或提供相关指南资料	1.25	3
B-1	网站/主页信息丰富、揭示清楚、更新及时、界面友好	1.23	4
C-3	环境与设施安全可靠	1.23	4
D-3	服务规则健全、公开、易于理解,保护用户隐私	1.22	6
D-2	馆员业务熟练,理解与沟通能力良好	1.21	7
D-9	举办各种展览、报告、讲座等科学文化传播活动	1.16	8
C-1	文化氛围浓厚,有助于学习和研究	1.14	9
C-2	物理环境(光照、通风、温湿度等)良好	1.13	10
C-5	馆内标志与导引系统完备、清晰	1.13	10
D-1	馆员态度友善,尊重并主动帮助用户,举止得体	1.06	12
B-5	馆舍馆藏布局合理	1.05	13
B-3	对文献资源进行有效整合、提供一站式检索	1.00	14
B-10	开放时间能够满足需求	0.99	15
A-5	馆藏特色鲜明	0.98	16
B-2	馆藏目录信息准确、功能完善	0.95	17
D-4	与用户沟通的渠道畅通有效	0.93	18
C-7	提供方便、清洁的配套服务设施(饮水、洗手间、公用电话等)	0.92	19
D-6	提供各种形式的参考咨询服务,有效帮助用户	0.84	20
A-4	及时完成文献资源加工处理	0.83	21
B-9	馆际互借与文献传递申请处理及时、满足率高	0.82	22
A-1	印刷型资源能够满足需求	0.81	23
B-4	电子资源便于检索与利用,可远程访问	0.81	23
B-6	书刊排架准确,书标架标清晰完备、维护良好	0.79	25
A-6	有效地收集与整合网络资源	0.78	26

(续表)

序号	评价指标	服务合格度	排序
A-2	电子资源能够满足需求	0.74	27
C-9	提供休闲区域及相关设施	0.62	28
D-5	对用户个性化需求给予足够关注	0.59	29
A-7	提供指定教学参考书服务	0.54	30
C-6	电子设备及网络设施(电脑、网络、多媒体、复印机等)种类齐全,性能良好,使用方便	0.51	31
C-12	提供多种辅助软件工具	0.49	32
A-3	新资源能够满足需求	0.48	33
D-8	配备学科馆员,开展学科服务	0.46	34
C-8	提供个人学习或小组讨论空间	0.30	35
C-10	提供必要的残障人士专用设施	0.22	36
C-11	提供自助借还、自助复印等设备	0.18	37
C-4	馆舍空间和阅览座位充足	0.04	38

4.2 服务优秀度

表12 服务优秀度

序号	评价指标	服务优秀度			
		平均值	中位数	上四分位数	最高值
A 文献资源		−2.31			
A-1	印刷型资源能够满足需求	−2.32	−2.27	−2.09	−1.92
A-2	电子资源能够满足需求	−2.36	−2.32	−2.21	−1.85
A-3	新资源能够满足需求	−2.57	−2.59	−2.37	−2.07
A-4	及时完成文献资源加工处理	−2.13	−2.10	−2.00	−1.78
A-5	馆藏特色鲜明	−2.12	−2.11	−2.00	−1.60
A-6	有效地收集与整合网络资源	−2.26	−2.29	−1.98	−1.80

（续表）

序号	评价指标	服务优秀度			
		平均值	中位数	上四分位数	最高值
A-7	提供指定教学参考书服务	−2.43	−2.49	−2.18	−2.06
B资源获取便利性		−1.86			
B-1	网站/主页信息丰富、揭示清楚、更新及时、界面友好	−1.83	−1.86	−1.67	−1.36
B-2	馆藏目录信息准确、功能完善	−1.93	−1.95	−1.70	−1.39
B-3	对文献资源进行有效整合、提供一站式检索	−1.95	−1.96	−1.74	−1.60
B-4	电子资源便于检索与利用，可远程访问	−2.18	−2.21	−1.94	−1.70
B-5	馆舍馆藏布局合理	−2.02	−1.99	−1.82	−1.29
B-6	书刊排架准确，书标架标清晰完备、维护良好	−2.12	−2.18	−1.81	−1.27
B-7	借还书手续简便、快捷	−1.04	−1.07	−0.82	−0.71
B-8	借阅规则明确、合理	−1.31	−1.34	−1.15	−0.83
B-9	馆际互借与文献传递申请处理及时、满足率高	−2.06	−2.07	−1.80	−1.57
B-10	开放时间能够满足需求	−1.85	−1.88	−1.61	−1.45
C环境与设施		−2.32			
C-1	文化氛围浓厚，有助于学习和研究	−1.73	−1.74	−1.55	−1.05
C-2	物理环境（光照、通风、温湿度等）良好	−1.77	−1.77	−1.63	−1.26
C-3	环境与设施安全可靠	−1.54	−1.49	−1.43	−0.99
C-4	馆舍空间和阅览座位充足	−2.92	−2.85	−2.57	−2.36
C-5	馆内标志与导引系统完备、清晰	−1.80	−1.76	−1.66	−1.33
C-6	电子设备及网络设施（电脑、网络、多媒体、复印机等）种类齐全，性能良好，使用方便	−2.51	−2.43	−2.19	−1.90
C-7	提供方便、清洁的配套服务设施（饮水、洗手间、公用电话等）	−2.06	−2.11	−1.54	−1.28
C-8	提供个人学习或小组讨论空间	−2.75	−2.80	−2.34	−1.86
C-9	提供休闲区域及相关设施	−2.42	−2.40	−2.13	−1.61
C-10	提供必要的残障人士专用设施	−2.67	−2.76	−2.35	−1.75
C-11	提供自助借还、自助复印等设备	−2.85	−2.78	−2.43	−1.97

(续表)

序号	评价指标	服务优秀度			
		平均值	中位数	上四分位数	最高值
C-12	提供多种辅助软件工具	−2.51	−2.43	−2.25	−1.84
D馆员与服务		−2.01			
D-1	馆员态度友善,尊重并主动帮助用户,举止得体	−1.83	−1.92	−1.50	−1.08
D-2	馆员业务熟练,理解与沟通能力良好	−1.62	−1.72	−1.33	−0.96
D-3	服务规则健全、公开、易于理解,保护用户隐私	−1.56	−1.57	−1.37	−0.98
D-4	与用户沟通的渠道畅通有效	−1.97	−2.08	−1.74	−1.23
D-5	对用户个性化需求给予足够关注	−2.37	−2.44	−2.05	−1.72
D-6	提供各种形式的参考咨询服务,有效帮助用户	−2.11	−2.29	−1.76	−1.36
D-7	开展各种形式的培训活动或提供相关指南资料	−1.78	−1.70	−1.57	−0.86
D-8	配备学科馆员,开展学科服务	−2.52	−2.64	−2.22	−1.96
D-9	举办各种展览、报告、讲座等科学文化传播活动	−1.89	−1.82	−1.62	−1.08

表13　服务优秀度平均值排序(降序)

序号	评价指标	服务优秀度	排序
B-7	借还书手续简便、快捷	−1.04	1
B-8	借阅规则明确、合理	−1.31	2
C-3	环境与设施安全可靠	−1.54	3
D-3	服务规则健全、公开、易于理解,保护用户隐私	−1.56	4
D-2	馆员业务熟练,理解与沟通能力良好	−1.62	5
C-1	文化氛围浓厚,有助于学习和研究	−1.73	6
C-2	物理环境(光照、通风、温湿度等)良好	−1.77	7
D-7	开展各种形式的培训活动或提供相关指南资料	−1.78	8
C-5	馆内标志与导引系统完备、清晰	−1.80	9
D-1	馆员态度友善,尊重并主动帮助用户,举止得体	−1.83	10
B-1	网站/主页信息丰富、揭示清楚、更新及时、界面友好	−1.83	10
B-10	开放时间能够满足需求	−1.85	12

（续表）

序号	评价指标	服务优秀度	排序
D-9	举办各种展览、报告、讲座等科学文化传播活动	－1.89	13
B-2	馆藏目录信息准确、功能完善	－1.93	14
B-3	对文献资源进行有效整合、提供一站式检索	－1.95	15
D-4	与用户沟通的渠道畅通有效	－1.97	16
B-5	馆舍馆藏布局合理	－2.02	17
B-9	馆际互借与文献传递申请处理及时、满足率高	－2.06	18
C-7	提供方便、清洁的配套服务设施(饮水、洗手间、公用电话等)	－2.06	18
D-6	提供各种形式的参考咨询服务，有效帮助用户	－2.11	20
B-6	书刊排架准确，书标架标清晰完备、维护良好	－2.12	21
A-5	馆藏特色鲜明	－2.12	21
A-4	及时完成文献资源加工处理	－2.13	23
B-4	电子资源便于检索与利用，可远程访问	－2.18	24
A-6	有效地收集与整合网络资源	－2.26	25
A-1	印刷型资源能够满足需求	－2.32	26
A-2	电子资源能够满足需求	－2.36	27
D-5	对用户个性化需求给予足够关注	－2.37	28
C-9	提供休闲区域及相关设施	－2.42	29
A-7	提供指定教学参考书服务	－2.43	30
C-6	电子设备及网络设施(电脑、网络、多媒体、复印机等)种类齐全，性能良好，使用方便	－2.51	31
C-12	提供多种辅助软件工具	－2.51	31
D-8	配备学科馆员，开展学科服务	－2.52	33
A-3	新资源能够满足需求	－2.57	34
C-10	提供必要的残障人士专用设施	－2.67	35
C-8	提供个人学习或小组讨论空间	－2.75	36
C-11	提供自助借还、自助复印等设备	－2.85	37
C-4	馆舍空间和阅览座位充足	－2.92	38

4.3 简单满意度

表14 简单满意度

序号	评价指标	简单满意度(%)			
		平均值	中位数	上四分位数	最高值
A文献资源		62.42			
A-1	印刷型资源能够满足需求	63.11	63.89	64.64	70.33
A-2	电子资源能够满足需求	64.16	64.39	66.28	73.67
A-3	新资源能够满足需求	59.69	59.17	62.36	66.22
A-4	及时完成文献资源加工处理	62.76	62.94	65.00	68.78
A-5	馆藏特色鲜明	61.94	61.67	64.14	67.78
A-6	有效地收集与整合网络资源	63.01	62.61	65.44	70.78
A-7	提供指定教学参考书服务	60.98	60.50	63.56	65.89
B资源获取便利性		69.98			
B-1	网站/主页信息丰富、揭示清楚、更新及时、界面友好	68.90	69.22	71.22	76.78
B-2	馆藏目录信息准确、功能完善	69.52	69.78	71.89	78.56
B-3	对文献资源进行有效整合、提供一站式检索	68.51	68.56	70.61	75.11
B-4	电子资源便于检索与利用,可远程访问	66.59	66.89	68.58	75.22
B-5	馆舍馆藏布局合理	67.21	67.89	68.92	77.44
B-6	书刊排架准确,书标架标清晰完备、维护良好	67.81	66.83	70.50	80.00
B-7	借还书手续简便、快捷	80.61	81.72	82.72	87.22
B-8	借阅规则明确、合理	76.22	75.56	78.47	84.44
B-9	馆际互借与文献传递申请处理及时、满足率高	65.44	65.89	68.75	72.67
B-10	开放时间能够满足需求	71.45	70.00	75.44	76.44
C环境与设施		62.67			
C-1	文化氛围浓厚,有助于学习和研究	72.59	72.89	74.81	83.11
C-2	物理环境(光照、通风、温湿度等)良好	72.10	72.56	74.03	80.33

（续表）

序号	评价指标	简单满意度(%)			
		平均值	中位数	上四分位数	最高值
C-3	环境与设施安全可靠	74.48	74.89	76.39	83.11
C-4	馆舍空间和阅览座位充足	59.69	61.33	63.56	64.67
C-5	馆内标志与导引系统完备、清晰	70.46	71.33	72.06	78.33
C-6	电子设备及网络设施(电脑、网络、多媒体、复印机等)种类齐全,性能良好,使用方便	62.58	62.94	64.83	71.56
C-7	提供方便、清洁的配套服务设施(饮水、洗手间、公用电话等)	67.16	66.33	74.31	77.89
C-8	提供个人学习或小组讨论空间	54.17	54.56	59.56	63.78
C-9	提供休闲区域及相关设施	54.79	55.61	58.67	62.44
C-10	提供必要的残障人士专用设施	52.71	54.00	56.47	64.00
C-11	提供自助借还、自助复印等设备	54.25	55.28	59.19	63.78
C-12	提供多种辅助软件工具	57.99	58.83	61.75	64.89
D馆员与服务		66.83			
D-1	馆员态度友善,尊重并主动帮助用户,举止得体	71.15	70.83	74.47	81.56
D-2	馆员业务熟练,理解与沟通能力良好	73.37	72.67	76.61	83.11
D-3	服务规则健全、公开、易于理解,保护用户隐私	73.37	73.83	75.53	82.11
D-4	与用户沟通的渠道畅通有效	67.57	66.50	70.44	78.22
D-5	对用户个性化需求给予足够关注	61.24	59.72	65.19	69.44
D-6	提供各种形式的参考咨询服务,有效帮助用户	65.00	63.78	69.53	75.11
D-7	开展各种形式的培训活动或提供相关指南资料	68.07	69.72	71.94	80.56
D-8	配备学科馆员,开展学科服务	57.77	57.00	63.19	64.78
D-9	举办各种展览、报告、讲座等科学文化传播活动	66.32	68.94	71.31	78.22

表15 简单满意度平均值排序(降序)

序号	评价指标	简单满意度(%)	排序
B-7	借还书手续简便、快捷	80.61	1
B-8	借阅规则明确、合理	76.22	2

(续表)

序号	评价指标	简单满意度(%)	排序
C-3	环境与设施安全可靠	74.48	3
D-3	服务规则健全、公开、易于理解,保护用户隐私	73.37	4
D-2	馆员业务熟练,理解与沟通能力良好	73.37	4
C-1	文化氛围浓厚,有助于学习和研究	72.59	6
C-2	物理环境(光照、通风、温湿度等)良好	72.10	7
B-10	开放时间能够满足需求	71.45	8
D-1	馆员态度友善,尊重并主动帮助用户,举止得体	71.15	9
C-5	馆内标志与导引系统完备、清晰	70.46	10
B-2	馆藏目录信息准确、功能完善	69.52	11
B-1	网站/主页信息丰富、揭示清楚、更新及时、界面友好	68.90	12
B-3	对文献资源进行有效整合、提供一站式检索	68.51	13
D-7	开展各种形式的培训活动或提供相关指南资料	68.07	14
B-6	书刊排架准确,书标架标清晰完备、维护良好	67.81	15
D-4	与用户沟通的渠道畅通有效	67.57	16
B-5	馆舍馆藏布局合理	67.21	17
C-7	提供方便、清洁的配套服务设施(饮水、洗手间、公用电话等)	67.16	18
B-4	电子资源便于检索与利用,可远程访问	66.59	19
D-9	举办各种展览、报告、讲座等科学文化传播活动	66.32	20
B-9	馆际互借与文献传递申请处理及时、满足率高	65.44	21
D-6	提供各种形式的参考咨询服务,有效帮助用户	65.00	22
A-2	电子资源能够满足需求	64.16	23
A-1	印刷型资源能够满足需求	63.11	24
A-6	有效地收集与整合网络资源	63.01	25
A-4	及时完成文献资源加工处理	62.76	26
C-6	电子设备及网络设施(电脑、网络、多媒体、复印机等)种类齐全,性能良好,使用方便	62.58	27

（续表）

序号	评价指标	简单满意度(%)	排序
A-5	馆藏特色鲜明	61.94	28
D-5	对用户个性化需求给予足够关注	61.24	29
A-7	提供指定教学参考书服务	60.98	30
C-4	馆舍空间和阅览座位充足	59.69	31
A-3	新资源能够满足需求	59.69	31
C-12	提供多种辅助软件工具	57.99	33
D-8	配备学科馆员，开展学科服务	57.77	34
C-9	提供休闲区域及相关设施	54.79	35
C-11	提供自助借还、自助复印等设备	54.25	36
C-8	提供个人学习或小组讨论空间	54.17	37
C-10	提供必要的残障人士专用设施	52.71	38

4.4 总体服务质量评价

表 16 总体服务质量评价平均值

读者身份	平均值
本科生	6.45
研究生	6.49
教师	6.51
科研人员	6.62
其他	6.74
总体	6.47

表 17 各馆总体服务质量评价数据对比

单位	总体服务质量综合评价					
	本科生	研究生	教 师	科研人员	其 他	总 体
A	6.50	6.81	6.89	5.50	7.00	6.73
B	6.34	6.12	6.50	7.00	7.00	6.20

（续表）

单位	总体服务质量综合评价					
	本科生	研究生	教　师	科研人员	其　他	总　体
C	6.56	5.97	6.20	/	/	6.48
D	6.13	6.11	6.21	6.50	6.83	6.14
E	6.16	6.19	6.47	6.70	6.80	6.20
F	6.43	6.42	6.93	7.00	5.86	6.44
G	5.45	6.24	5.75	6.00	7.18	5.68
H	6.23	6.25	5.93	/	7.00	6.24
I	6.84	6.46	6.76	7.67	8.00	6.68
J	7.42	7.42	7.21	7.36	7.50	7.40
K	6.78	7.04	6.58	7.20	6.20	6.88
L	6.41	6.25	6.33	4.67	6.67	6.30
M	6.51	6.66	6.26	6.60	6.61	6.56
N	6.47	6.98	7.11	7.29	5.00	6.70

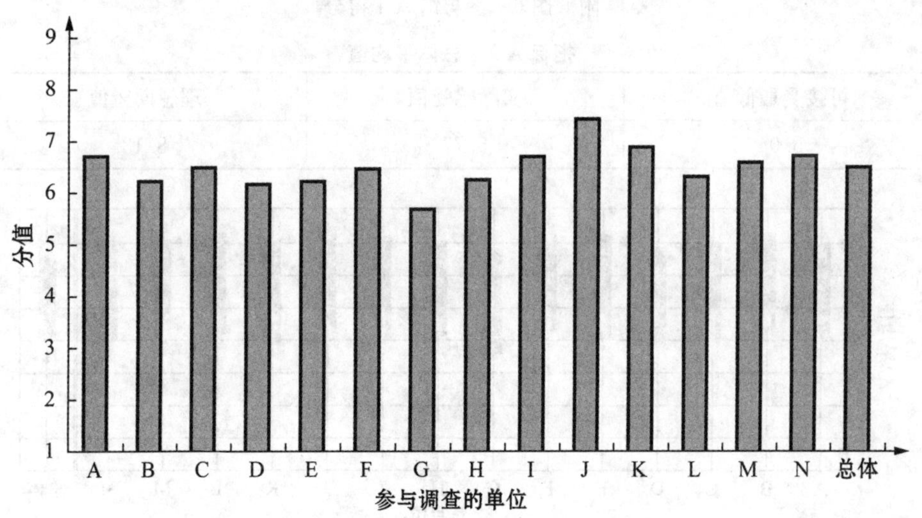

附6图5　各馆总体服务质量评价数据对比

5 附:参与馆各项指标平均值对比图

指标 A-1 总体平均值

可接受最低值	实际感受值	理想期望值
4.87	5.68	8.00

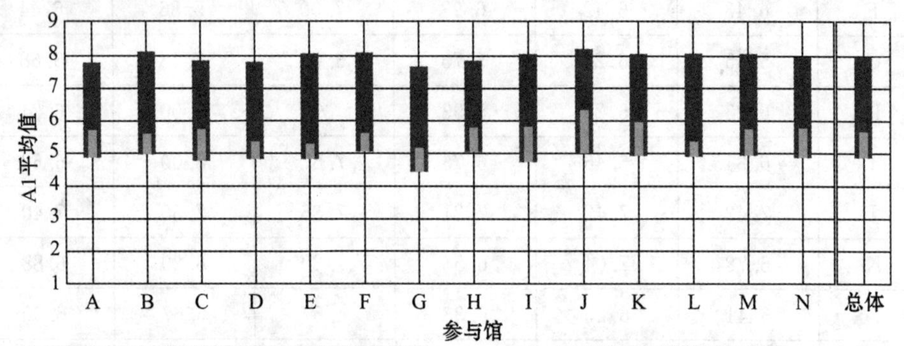

附 6 图 6 参与馆 A-1 得分

指标 A-2 总体平均值

可接受最低值	实际感受值	理想期望值
5.04	5.77	8.13

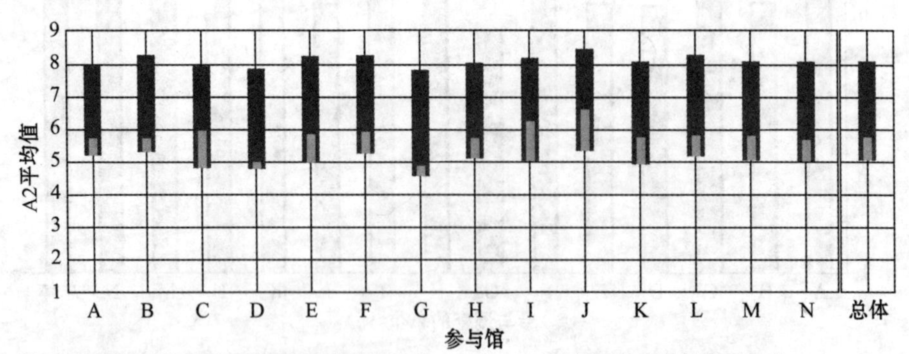

附 6 图 7 参与馆 A-2 得分

指标 A-3　总体平均值

可接受最低值	实际感受值	理想期望值
4.89	5.37	7.94

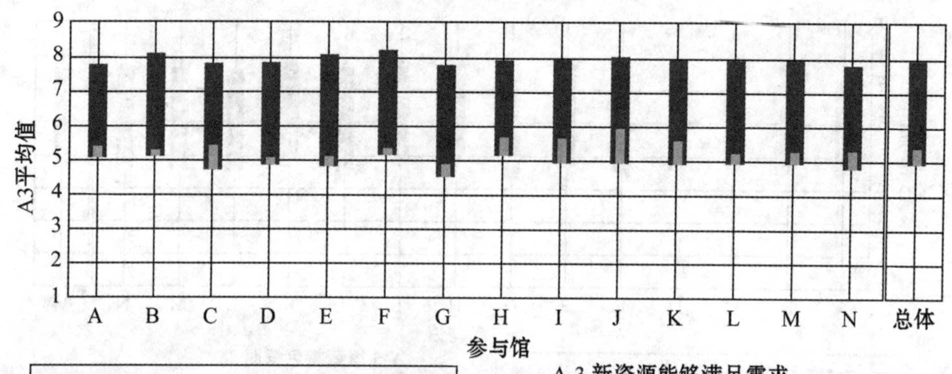

附 6 图 8　参与馆 A-3 得分

指标 A-4　总体平均值

可接受最低值	实际感受值	理想期望值
4.82	5.65	7.78

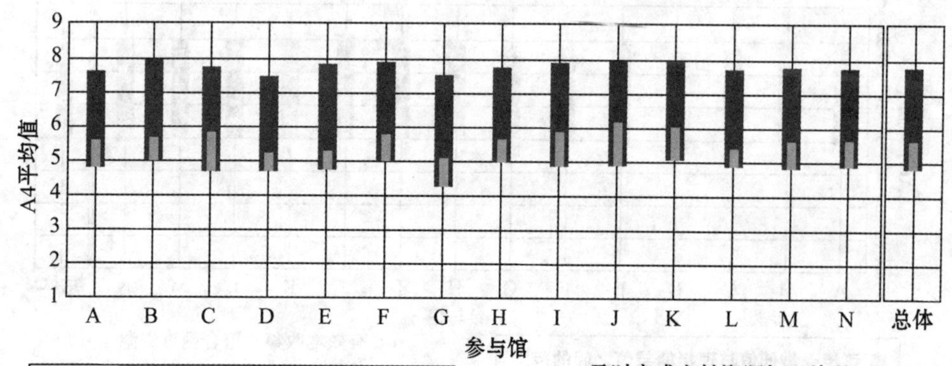

附 6 图 9　参与馆 A-4 得分

指标 A-5 总体平均值

可接受最低值	实际感受值	理想期望值
4.59	5.57	7.70

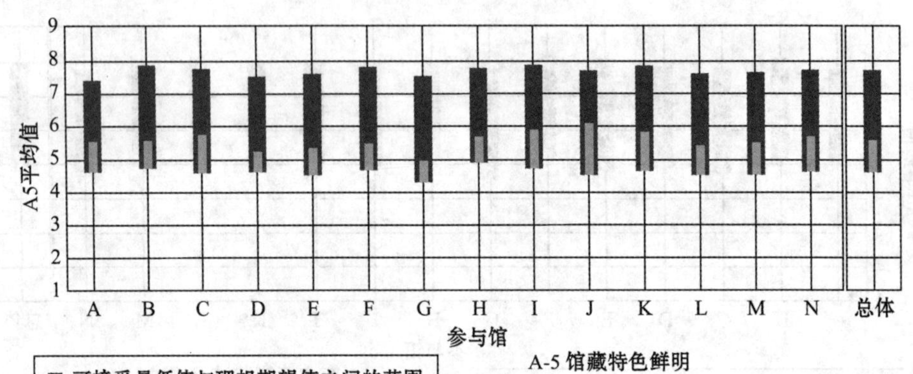

附 6 图 10 参与馆 A-5 得分

指标 A-6 总体平均值

可接受最低值	实际感受值	理想期望值
4.89	5.67	7.93

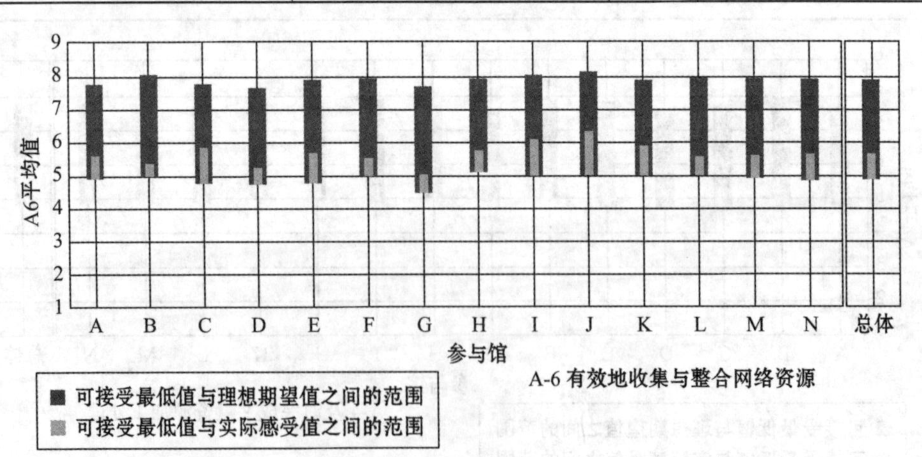

附 6 图 11 参与馆 A-6 得分

指标 A-7　总体平均值

可接受最低值	实际感受值	理想期望值
4.95	5.49	7.92

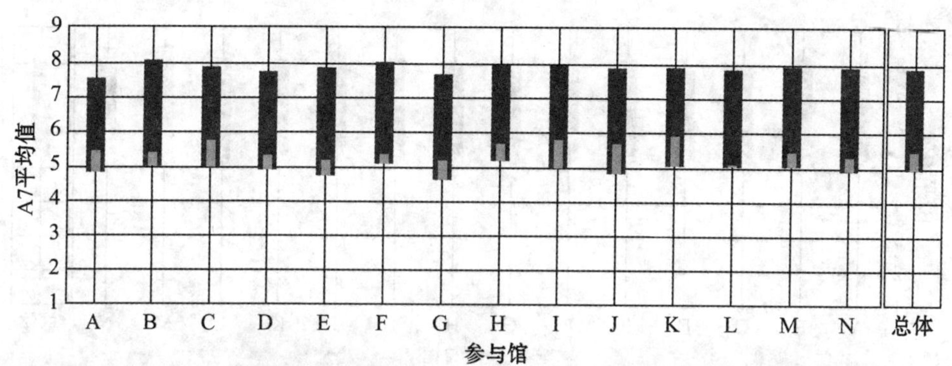

可接受最低值与理想期望值之间的范围
可接受最低值与实际感受值之间的范围

A-7 提供指定教学参考书服务

附 6 图 12　参与馆 A-7 得分

指标 B-1　总体平均值

可接受最低值	实际感受值	理想期望值
4.98	6.20	8.04

B1平均值

A B C D E F G H I J K L M N 总体

参与馆

可接受最低值与理想期望值之间的范围
可接受最低值与实际感受值之间的范围

B-1 网站/主页信息丰富、揭示清楚、更新及时、界面友好

附 6 图 13　参与馆 B-1 得分

指标 B-2 总体平均值

可接受最低值	实际感受值	理想期望值
5.31	6.26	8.18

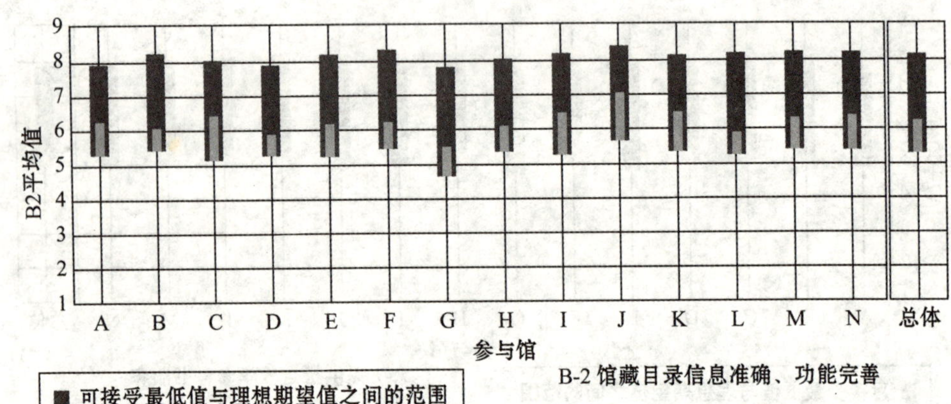

附 6 图 14 参与馆 B-2 得分

指标 B-3 总体平均值

可接受最低值	实际感受值	理想期望值
5.17	6.17	8.11

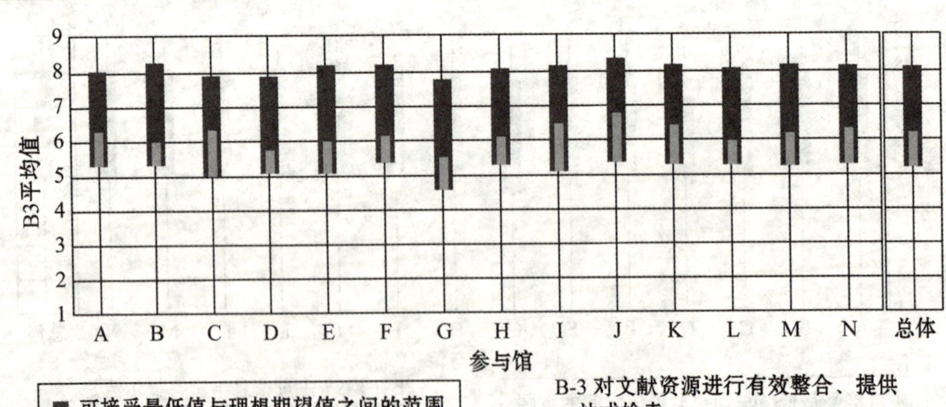

附 6 图 15 参与馆 B-3 得分

指标 B-4　总体平均值

可接受最低值	实际感受值	理想期望值
5.19	5.99	8.17

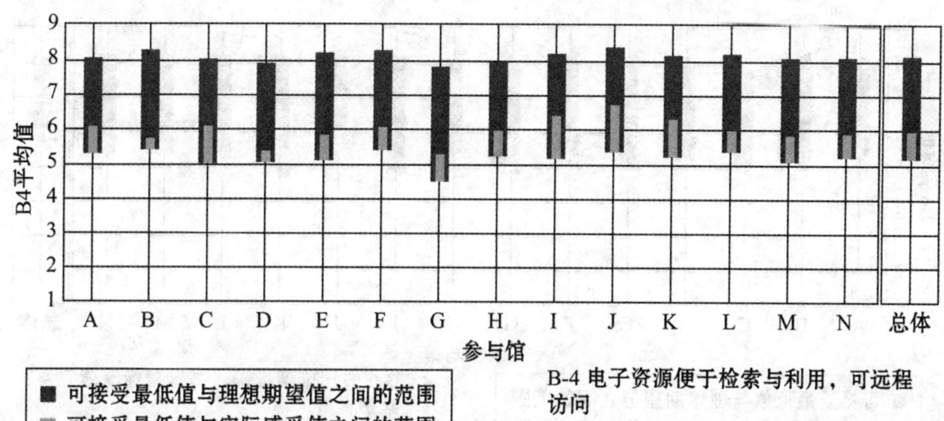

附 6 图 16　参与馆 B-4 得分

指标 B-5　总体平均值

可接受最低值	实际感受值	理想期望值
5.00	6.05	8.07

9
8
7
6
5
4
3
2
1
B5平均值
A B C D E F G H I J K L M N 总体
参与馆
可接受最低值与理想期望值之间的范围
可接受最低值与实际感受值之间的范围
B-5 馆舍馆藏布局合理

附 6 图 17　参与馆 B-5 得分

指标 B-6　总体平均值

可接受最低值	实际感受值	理想期望值
5.32	6.10	8.22

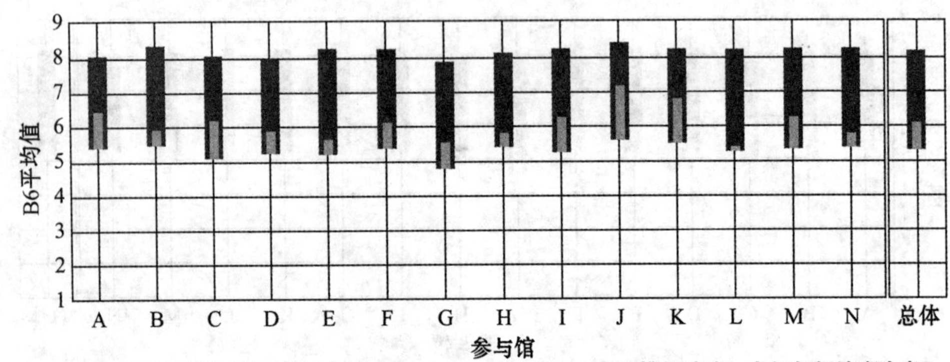

附 6 图 18　参与馆 B-6 得分

指标 B-7　总体平均值

可接受最低值	实际感受值	理想期望值
5.50	7.26	8.29

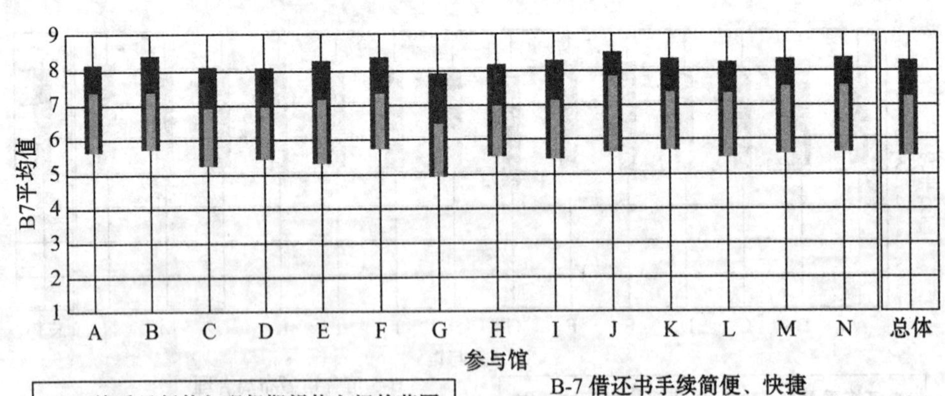

附 6 图 19　参与馆 B-7 得分

指标 B-8　总体平均值

可接受最低值	实际感受值	理想期望值
5.40	6.86	8.16

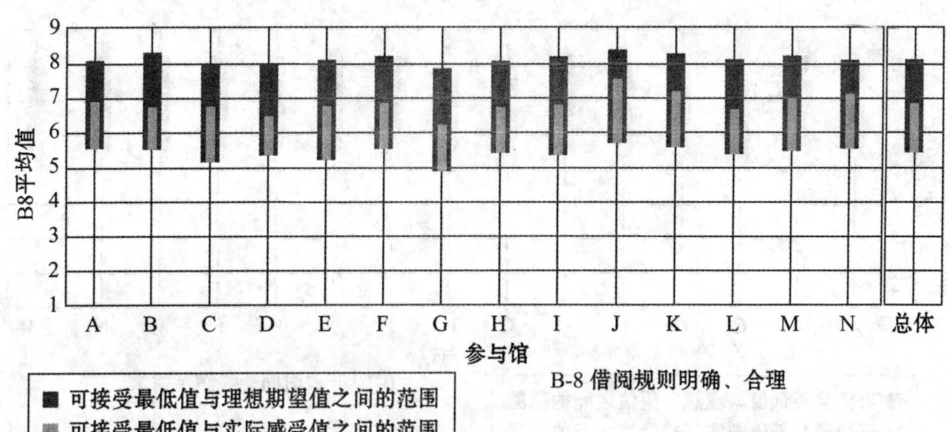

附6图20　参与馆B-8得分

指标 B-9　总体平均值

可接受最低值	实际感受值	理想期望值
5.07	5.89	7.95

B9平均值

9
8
7
6
5
4
3
2
1

A B C D E F G H I J K L M N 总体

参与馆

可接受最低值与理想期望值之间的范围

可接受最低值与实际感受值之间的范围

B-9 馆际互借与文献传递申请处理及时、满足率高

附6图21　参与馆B-9得分

指标 B-10　总体平均值

可接受最低值	实际感受值	理想期望值
5.44	6.43	8.28

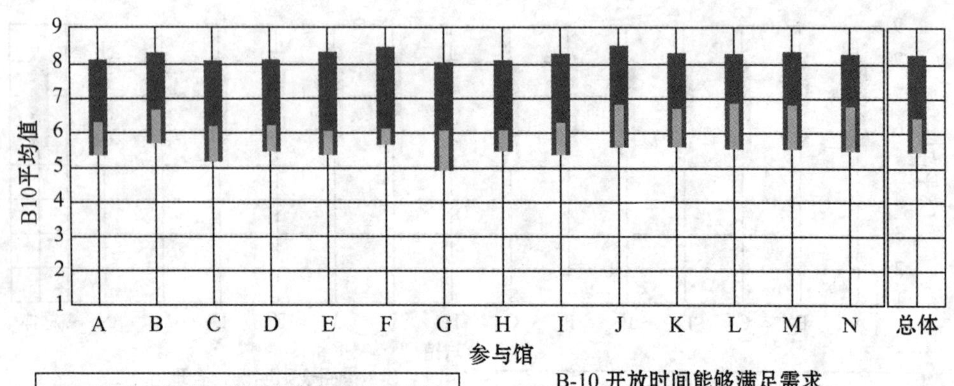

附 6 图 22　参与馆 B-10 得分

指标 C-1　总体平均值

可接受最低值	实际感受值	理想期望值
5.39	6.53	8.27

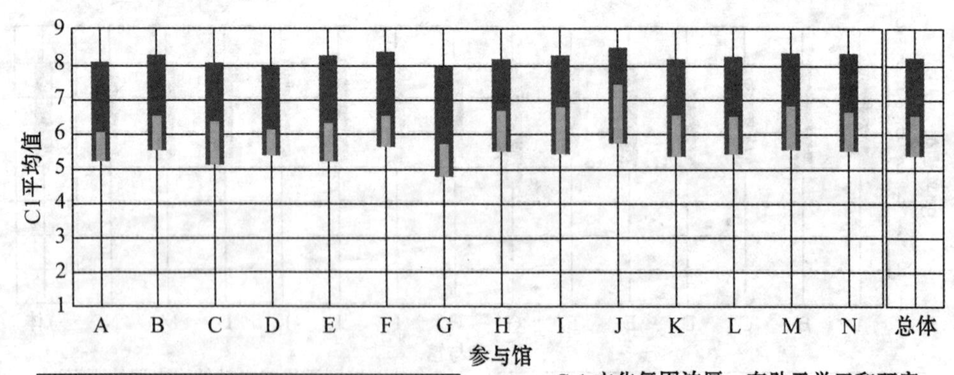

附 6 图 23　参与馆 C-1 得分

指标 C-2　总体平均值

可接受最低值	实际感受值	理想期望值
5.36	6.49	8.26

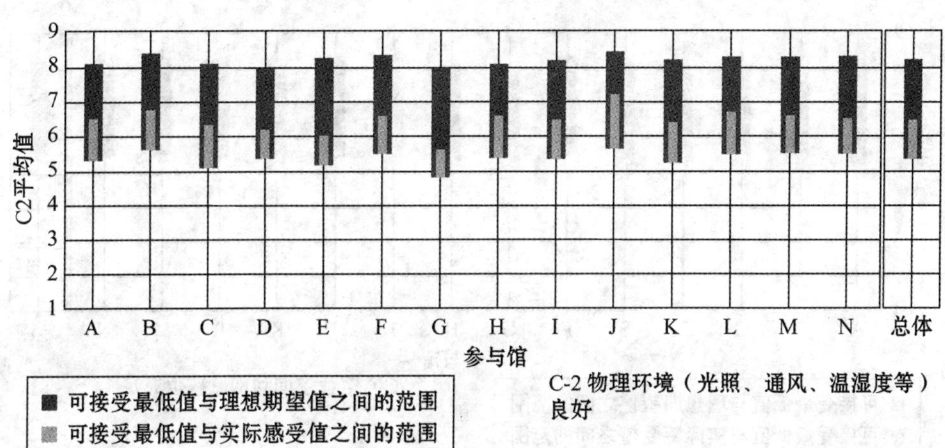

附 6 图 24　参与馆 C-2 得分

指标 C-3　总体平均值

可接受最低值	实际感受值	理想期望值
5.47	6.70	8.25

9
8
7
6
5
4
3
2
1
C3平均值
A B C D E F G H I J K L M N 总体
参与馆

C-3 环境与设施安全可靠

■ 可接受最低值与理想期望值之间的范围
■ 可接受最低值与实际感受值之间的范围

附 6 图 25　参与馆 C-3 得分

指标 C-4　总体平均值

可接受最低值	实际感受值	理想期望值
5.33	5.37	8.29

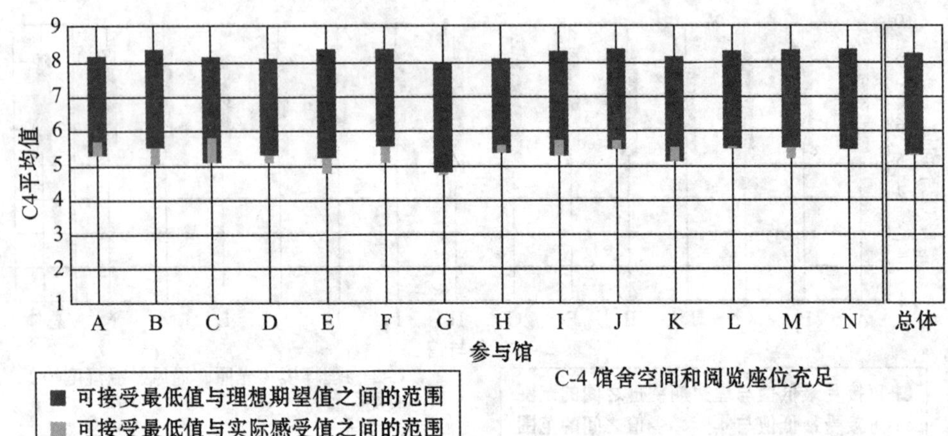

附 6 图 26　参与馆 C-4 得分

指标 C-5　总体平均值

可接受最低值	实际感受值	理想期望值
5.22	6.34	8.14

C5平均值
9
8
7
6
5
4
3
2
1
A B C D E F G H I J K L M N 总体
参与馆
C-5 馆内标识与导引系统完备、清晰
可接受最低值与理想期望值之间的范围
可接受最低值与实际感受值之间的范围

附 6 图 27　参与馆 C-5 得分

指标 C-6　总体平均值

可接受最低值	实际感受值	理想期望值
5.12	5.63	8.14

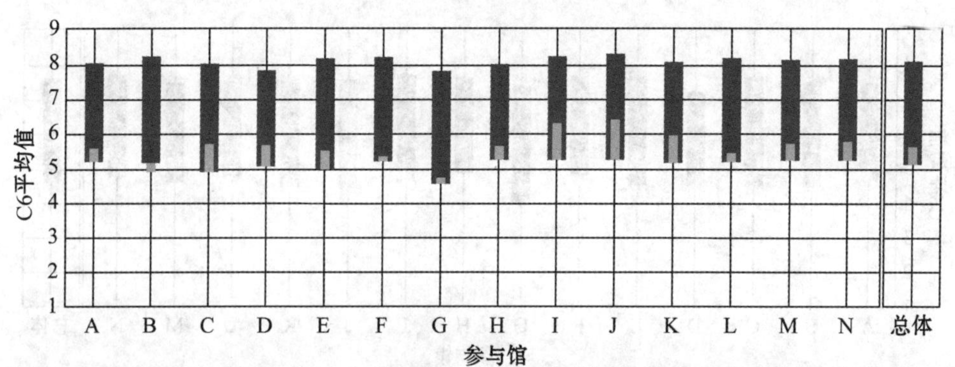

■ 可接受最低值与理想期望值之间的范围
■ 可接受最低值与实际感受值之间的范围

C-6 电子设备及网络设施（电脑、网络、多媒体、复印机等）种类齐全，性能良好，使用方便

附 6 图 28　参与馆 C-6 得分

指标 C-7　总体平均值

可接受最低值	实际感受值	理想期望值
5.13	6.04	8.11

9
8
7
6
5
4
3
2
1
C7平均值
A B C D E F G H I J K L M N 总体
参与馆

■ 可接受最低值与理想期望值之间的范围
■ 可接受最低值与实际感受值之间的范围

C-7 提供方便、清洁的配套服务设施（饮水、洗手间、公用电话等）

附 6 图 29　参与馆 C-7 得分

指标 C-8　总体平均值

可接受最低值	实际感受值	理想期望值
4.58	4.88	7.63

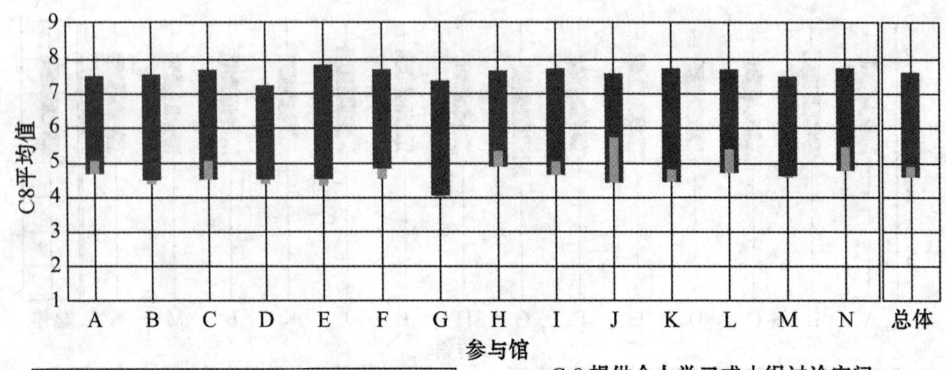

附 6 图 30　参与馆 C-8 得分

指标 C-9　总体平均值

可接受最低值	实际感受值	理想期望值
4.31	4.93	7.35

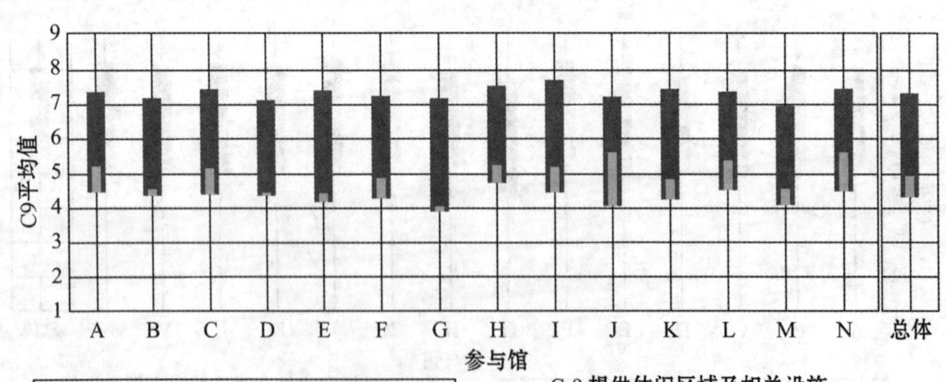

附 6 图 31　参与馆 C-9 得分

指标 C-10　总体平均值

可接受最低值	实际感受值	理想期望值
4.53	4.74	7.42

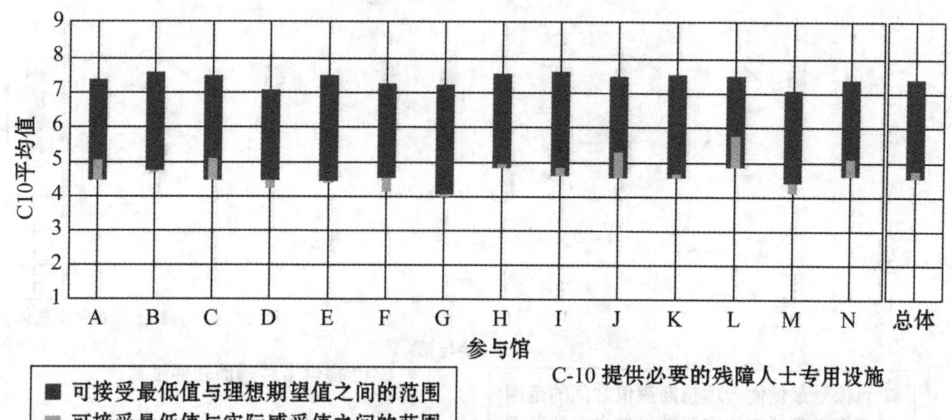

附6图32　参与馆 C-10 得分

指标 C-11　总体平均值

可接受最低值	实际感受值	理想期望值
4.71	4.88	7.73

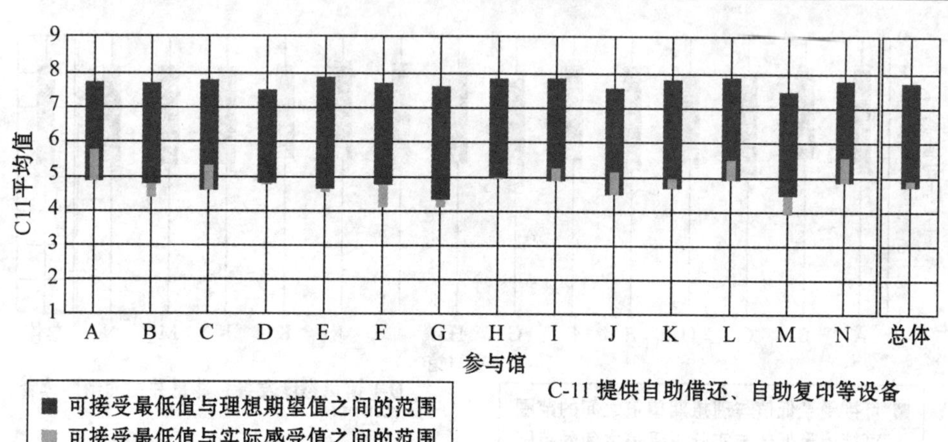

附6图33　参与馆 C-11 得分

指标 C-12 总体平均值

可接受最低值	实际感受值	理想期望值
4.73	5.22	7.73

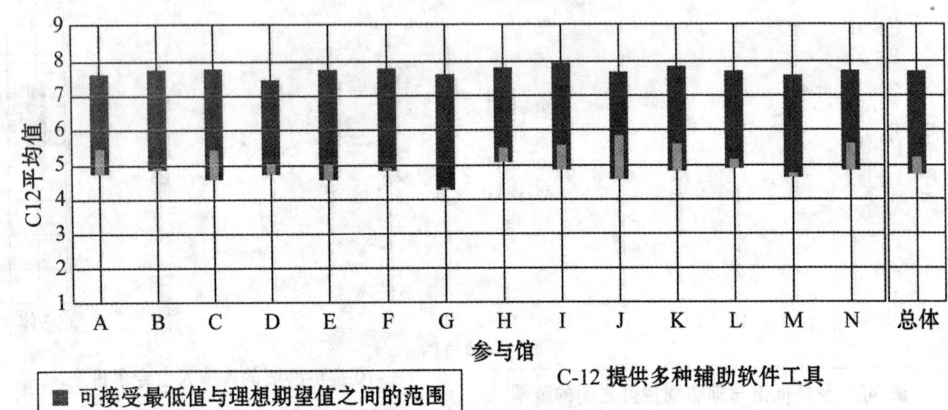

附 6 图 34 参与馆 C-12 得分

指标 D-1 总体平均值

可接受最低值	实际感受值	理想期望值
5.34	6.40	8.23

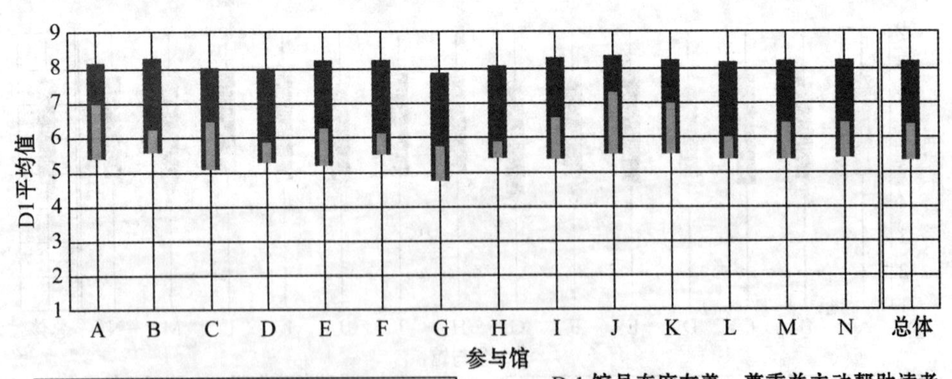

附 6 图 35 参与馆 D-1 得分

指标 D-2　总体平均值

可接受最低值	实际感受值	理想期望值
5.39	6.60	8.22

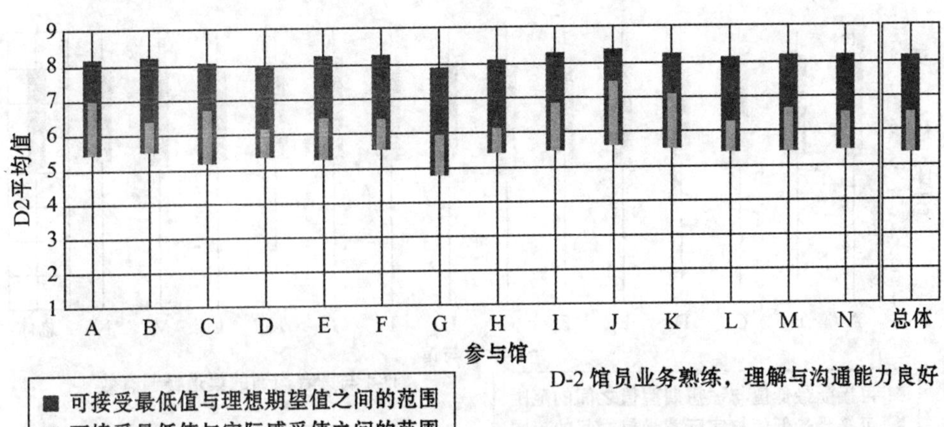

附 6 图 36　参与馆 D-2 得分

指标 D-3　总体平均值

可接受最低值	实际感受值	理想期望值
5.39	6.60	8.16

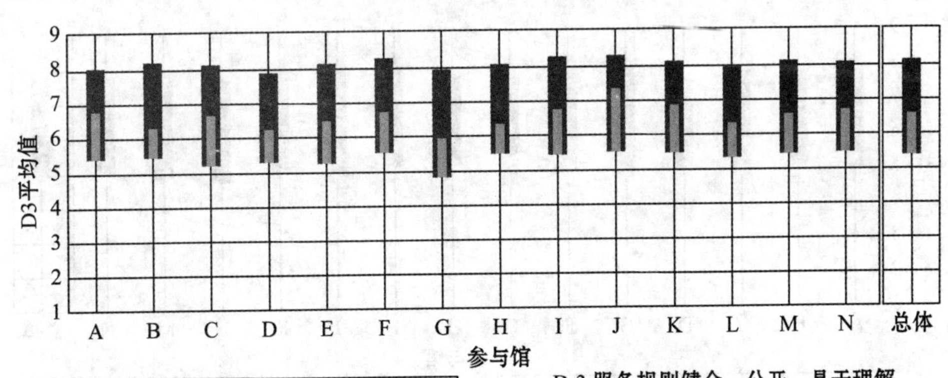

附 6 图 37　参与馆 D-3 得分

指标 D-4 总体平均值

可接受最低值	实际感受值	理想期望值
5.15	6.08	8.05

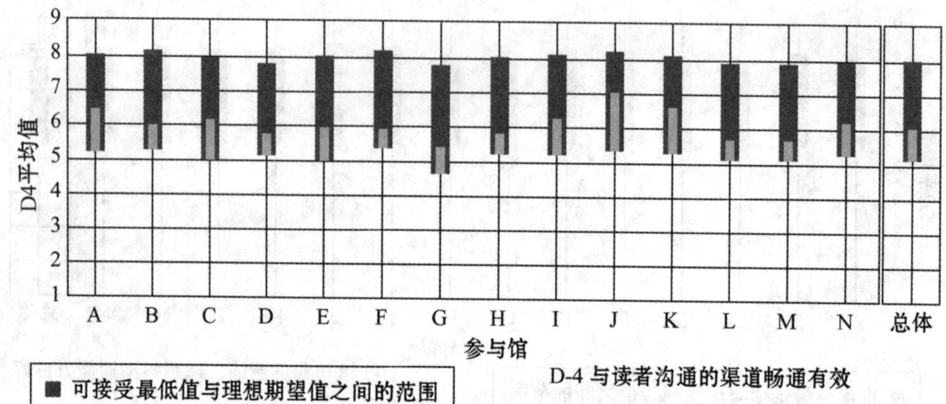

附 6 图 38 参与馆 D-4 得分

指标 D-5 总体平均值

可接受最低值	实际感受值	理想期望值
4.92	5.51	7.88

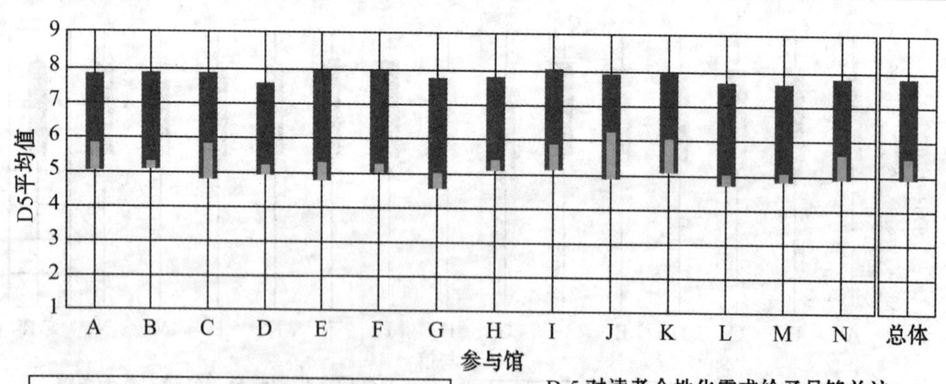

附 6 图 39 参与馆 D-5 得分

指标 D-6　总体平均值

可接受最低值	实际感受值	理想期望值
5.01	5.85	7.96

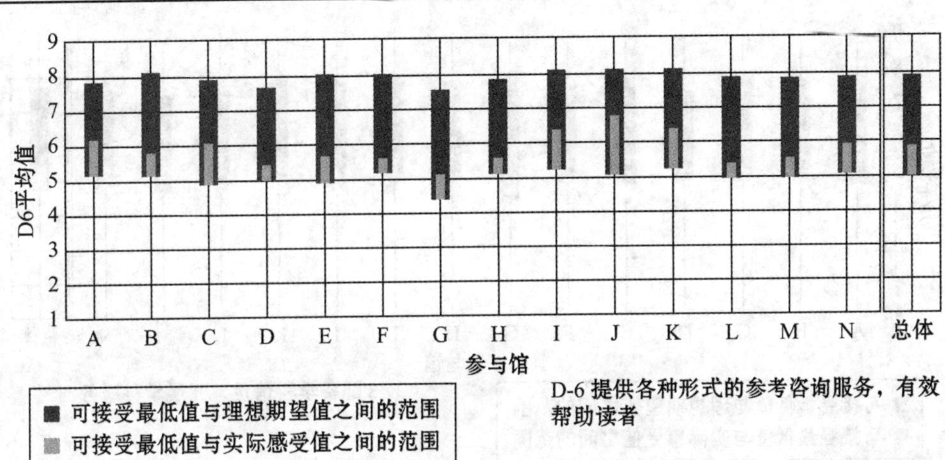

附 6 图 40　参与馆 D-6 得分

指标 D-7　总体平均值

可接受最低值	实际感受值	理想期望值
4.88	6.13	7.91

9
8
7
6
5
4
3
2
1
D7平均值
A B C D E F G H I J K L M N 总体
参与馆
可接受最低值与理想期望值之间的范围
可接受最低值与实际感受值之间的范围
D-7 开展各种形式的培训活动或提供相关指南资料

附 6 图 41　参与馆 D-7 得分

指标 D-8　总体平均值

可接受最低值	实际感受值	理想期望值
4.74	5.20	7.72

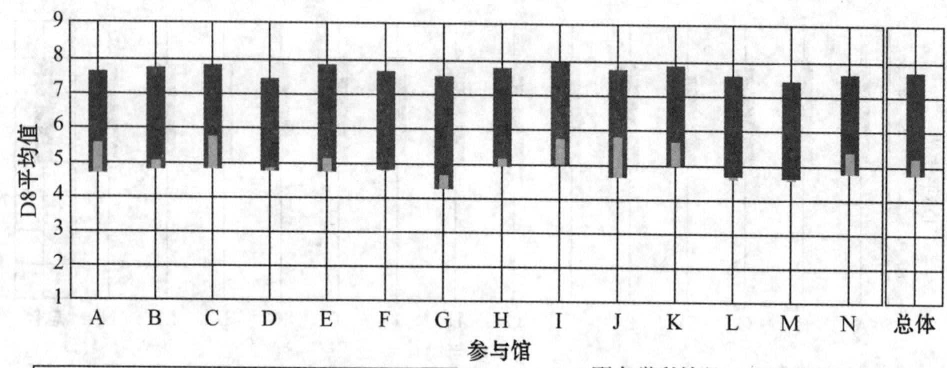

附 6 图 42　参与馆 D-8 得分

指标 D-9　总体平均值

可接受最低值	实际感受值	理想期望值
4.81	5.97	7.86

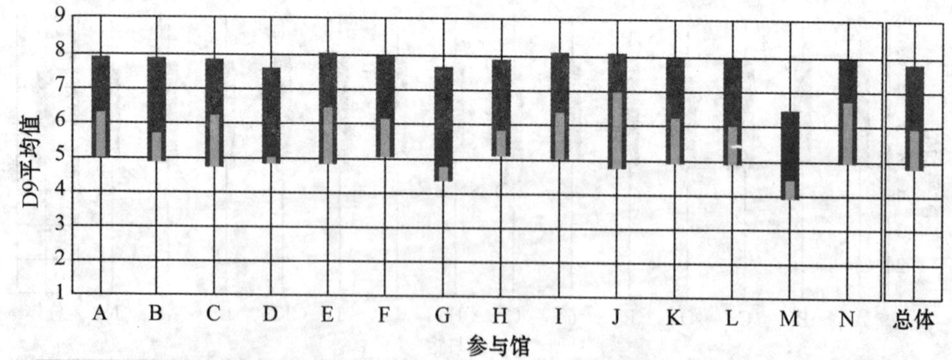

附 6 图 43　参与馆 D-9 得分

附录7　用户调查文档

高校馆用户调查工作流程及注意事项说明

本次用户调查采用填写网络问卷的方式，使用课题组研制的图书馆服务质量评价指标体系，并由清华大学图书馆提供技术支持，将于2008年10～11月启动和完成。为方便贵馆开展相应准备工作，取得比较理想的调查效果，现将工作流程及注意事项简要说明如下：

1. 调查前的准备

• 指定联系人

请指定一位主要联系人，可以是贵馆领导或相关业务部门的负责人。主要联系人应熟悉本次调查活动的工作流程，并得到馆长的授权，负责组织相关馆员落实各项准备工作，保证在整个过程中和我们保持通畅的联系，联系形式最好为常用E-mail和工作电话(或手机)。

• 抽取、确定调查样本

创建样本用户的E-mail地址库，确定用户样本数量和比例。

一般情况下，本科生参与度较高，回收率可达20%，研究生为15%左右，教师和其他人员10%以下。在抽取用户样本时，应考虑到不同类型用户可能的回收情况，适当调整E-mail抽取数量，并注意不同身份用户(本科生、研究生、教师、科研人员、其他)的抽取比例。样本容量越大，调查数据越具有代表性。

根据清华大学图书馆的已有经验，邮件地址可从本馆OPAC系统中的用户信息库抽取，来源比较可靠，且可有效区分用户身份类别。

• 了解调查问卷

在调查工作开始前，参与实施调查活动的工作人员需充分了解和掌握调查问卷各组成部分，能够解答用户在填写问卷时可能产生的疑问。

清华大学图书馆将为本次调查制作专用工作网页，并指定联系人随时向贵馆工作人员提供帮助。

清华大学图书馆联系人及联系方式(略)。

问卷主要内容如下：

测评方法

本问卷采用3层9级量表的测评方法。用户需根据自身感受分别对每个指标给出三个评价分值：可接受的最低值、实际感受值、理想期望值。

可接受最低值:表示用户能接受的最低水平,低于这个值则无法忍受;

实际感受值:表示用户亲自体验、感受到的实际水平;

理想期望值:表示用户认为图书馆在该项服务上应该达到的理想水平。

在9级分值中,1为最低值,9为最高值。其中,理想期望值不能低于可接受最低值。

如用户对某项指标没有感知,不能给出明确分值时,则应选择"不确定"。

可能用户不太习惯这种测评方法,需要给予必要的解释和引导,帮助正确理解三个评价值的含义,以保证问卷的质量。

说明语

此部分向用户简要介绍本次调查的目的,提醒填写调查问卷时的注意事项,举例说明打分方法,帮助用户尽快掌握本问卷所采用的测评方法。

问卷样式和内容(略)

综合评价

请用户根据自身感受,对图书馆服务质量进行总体评价。

意见与建议

由用户自愿填写对图书馆服务的个别意见与建议。

用户信息

请用户填写必要的个人信息:年龄、身份、平均到馆频率及网络访问图书馆主页、资源和服务的时间。

2. 工作流程及注意事项

• 个性化问卷

本网络调查系统建在清华大学图书馆的高速服务器上,通过 CERNET 接入 Internet,并以 7×24 的方式服务。我们将为您提供专属于贵馆的系统页面地址。

为避免用户产生疑惑,方便理解评价对象为贵馆,我们会根据您的要求对专属于贵馆的页面进行修改,使其更具贵馆特色,如添加贵馆的 logo、修改问卷页面说明语等。

• 系统测试及预调查

在正式调查开始之前,我们将请贵馆协助进行必要的测试工作,确认系统是否可以正常接收远程提交的数据,以保证调查活动的顺利开展。

• 调查的宣传与发动

在开始调查前和调查活动进行中,贵馆应采取多种方式进行适当的宣传动员,例如在学校和贵馆主页、BBS 上发布消息,张贴海报,广播宣传等,以扩大影响、广而告之。

建议除发送 E-mail 邀请之外,也在贵馆主页上公布网络问卷的访问地址,方便邮件样本库以外的用户自愿参与调查。

• 向样本用户群体发送邀请和提醒邮件

根据我们的已有经验，请用户参与调查的邀请信在周一发出的效果比较好。

在邀请信中应该说明进行调查的目的，诚恳邀请用户参与调查，并提供调查问卷的 URL 链接，建议同时提供贵馆联系人的电子邮件地址和电话，方便用户联络。

在邀请信发出后，可间隔 3～5 天后发送调查提醒信，特别在问卷提交数量不够理想时，适时地督促提醒很重要。

制定奖励政策，例如对成功提交问卷的用户发放一份小奖品，效果也不错。

调查结束后，建议再次发送邮件对用户的参与表示感谢。

• 追踪调查进度

您可以随时登陆贵馆的页面查看问卷提交情况，达到预期数量后，可通知我们结束本次调查。

3. 调查数据结果反馈和后续工作

调查活动结束之后我们会在一个月内将所有原始数据样本及数据报告提交给您。报告的格式为 PDF，主要内容包括：

• 调查问卷回收总份数，有效问卷份数
• 用户基本情况分析
• 各类用户答题率分析
• 各指标得分数值分析
• 用户意见及建议汇总
• 贵馆综合数据分析
• 如何更好利用调查数据做深入分析的建议

待所有参与馆的调查活动结束后，如贵馆需要，我们将提供：

• 本次参与馆各项数据的横向分析(我们承诺严格保护贵馆除数据以外的所有自然信息)。

• SPSS 数据文档

本次调查活动结束后，我们将根据调查总体情况，在征求参与馆意见的基础上，组织一次专题研讨会，交流实施用户调查及开展后续工作的经验，征求对组织工作和技术保障工作的意见与建议，完善调查流程。

我们热烈欢迎贵馆发表相关论文，共同宣传与促进图书馆服务文化，促进图书馆服务质量评价方法研究成果的推广。

4. 时间安排

9 月 22 日～9 月 30 日，工作准备阶段

落实具体工作负责人，筹建工作组，分头落实各项准备工作。

10 月 8 日～10 月 15 日，系统测试和宣传阶段

各馆修改问卷页面，提交问卷测试，对外宣传，发送调查邮件邀请信。

10 月 15 日～11 月 15 日，实施调查，数据收集阶段

调查提醒邮件发送，数据提交数量监控。

11 月 15 日～12 月 15 日，数据报告反馈，数据分析阶段

清华大学图书馆课题组

2008 年 9 月 18 日

参 考 文 献

[1] 吴冬曼,等. 网络环境下图书馆服务质量评价方法探析[J]. 大学图书馆学报,2006,(1):49-52.

[2] 初景利. 应用 SERVUAL 评价图书馆服务质量[J]. 大学图书馆学报,1998,(5):43-44.

[3] SERVQUAL. [2011-01-03] http://en. wikipedia. org/wiki/SERVQUAL

[4] 吴冬曼,等. 网络环境下图书馆服务质量评价方法探析[J]. 大学图书馆学报,2006,(1):49-52.

[5] 克里斯廷·格罗鲁斯(Christian Gronroos). 服务管理与营销:基于顾客关系的管理策略[M]. 韩经纶,等译. 北京:电子工业出版社,2002.

[6] 韩小芸,汪纯孝. 服务性企业顾客满意感与忠诚感关系[M]. 北京:清华大学出版社,2003.

[7] Parasuraman A., Zeithaml V. & Berry L. Theory Of The Gaps Model In Service Marketing. [2011-01-03] http://www. marketing. org. au/?i=mhOLQLXYtU8=&t=jZS6ngCVPug=.

[8] Parasuraman, A., Zeithaml, V. A. & Berry, L. L (1988) SERVQUAL: a multiple-item scale for measuring consumer perceptions of service quality, Journal of Retailing, 1988, 64 (1): 12.

[9] A. Parasuraman, V. A. Zeithaml, A. Malhotra. E-S-QUAL-A multiple-item scale for assessing electronic service quality. Journal of Service Research, 2005,(3): 213-233.

[10] 李玲,初景利.《信息与文献 图书馆统计》国家标准解读[J]. 新世纪图书馆,2010,(4):6-9.

[11] European Commission. EQUINOX: Library Performance Measurement and Quality Management System, 27th November 1998-26th November 2000. [2011-01-10] http://equinox. dcu. ie.

[12] 欧明臣,凌文辁. 标杆分析法在图书馆绩效评价上的应用[J]. 情报资料工作,2003,(6):47-49.

[13] 韩小芸,汪纯孝. 服务性企业顾客满意感与忠诚感关系[M]. 北京:清华大学出版社,2003.

[14] 于良芝,谷松,赵峥. SERVQUAL 与图书馆服务质量评价:十年研究述评[J]. 大学图书馆学报,2005,(1):51-57.

[15] Danuta A. Nitecki. Changing the concept and measure of service quality in academic libraries. The Journal of Academic Librarianship, 1996, (3): 181-190.

[16] Danuta A. Nitecki. Changing the concept and measure of service quality in academic libraries. The Journal of Academic Librarianship, 1996, (3): 181-190.

[17] Peter Hernon and Ellen Altman. Assessing service quality: Satisfying the expectations of library customers. American Library Association, Chicago, 1998.

[18] Grigoroudis E., Siskos Y., Saurais O. TELOS: a customer satisfaction evaluation software. Computers and Operations Research, 2000, 27(7): 799-817.

[19] Syed Saad Andaleeb, Patience L. Simmonds. Explaining User Satisfaction with Academic Libraries: Strategic Implications. Collee and Research Libraries, 1998, (3): 156-167.

[20] Danuta A Nitecki. Service quality: Research perspectives Library & information science research, 2005, (3): 411-413.

[21] Insync Surveys. [2011-02-11] http://www.insyncsurveys.com.au/

[22] DIGIQUAL [EB/OL]. [2011-03-31]. http://www.digiqual.org/digiqual/contact/index.cfm

[23] MINES for Libraries [EB/OL]. [2011-03-31]. http://www.arl.org/stats/initiatives/mines/index.shtml.

[24] StatsQUAL™ [EB/OL]. [2011-03-31]. http://www.digiqual.org/.

[25] 刘峥.图书馆服务评价与LibQUAL+[J].图书馆建设,2004,(1):45-47.

[26] Report comparing the UTS experience with client surveys using Rodski in 2003 and the LibQUAL+™ Survey 2004 for CAUL Septement 2004 [R/OL]. [2005-05-12] http://www.caul.edu.au/best-practice/caul20042RodskiLibQual.doc.

[27] Dudden R F et al. The Medical Library Association Benchmarking Network: development and implementation. JOURNAL OF THE MEDICAL LIBRARY ASSOCIATION, 2006, (2): 107-117.

[28] Surveys. [2010-06-18] http://www.reading.ac.uk/library/about-us/publications/lib-surveys.aspx

[29] Public Libraries User Survey. [2010-06-18] http://www.lrs.org/usersurveys.php.

[30] Adult public library user survey (aplus) 2006 countywide results [EB/OL]. [2009-02-06] www.northamptonshire.gov.uk/NR/rdonlyres/4AF53E71-DC75-48E0-9E1F-.

[31] ClimateQUAL®. [2010-06-18]http://climatequal.org.

[32] M. Kyrillidou, et al. ClimaeQUAL™: organizatonal climate and diversity assessment. Proceedings of the fourth national conference of the association of college and research libraries, March 12-15, 2009.

[33] 包平,周丽. ClimateQUAL®图书馆服务质量评价新体系[J].大学图书馆学报,2010,(5):96-100.

[34] 初景利.应用SERVUAL评价图书馆服务质量[J].大学图书馆学报,1998,(5):43-44.

[35] 庄育飞.我国图书馆服务质量管理研究[J].图书情报工作,2000,(10):78.

[36] 金更达.图书馆服务质量评价实现探讨[J].大学图书馆学报,2002,(3):49-54.

[37] 杨广锋,赵红. LibQUAL+的发展与实践[J].图书馆建设,2009,(9):81-84.

[38] 谭祥金.图书馆服务评价标准初探[J].中国图书馆学报,2001,(1):8-10.

[39] 王世伟.国际大都市图书馆指标体系研究[M].上海:上海科学技术文献出版社,2009.

[40] 谢春枝. LibQUAL+™～图书馆服务质量调查的实证分析——以武汉大学图书馆为例[J].大学图书馆学报,2009,(5):24-28,109.

[41] 王丹丹.基于LibQUAL+®的图书馆服务质量评价模式研究[J].图书馆理论与实践,2008,(6):1-4.

[42] 曹嵩.基于LibQUAL+™的图书馆服务质量评价——嘉兴职业技术学院图书馆服务质量调查与思考[J].图书馆建设,2008,(11):73-76.

[43] 郭宏伟,孙勇,孙汝杰.基于用户的图书馆服务质量评价系统设计与实现[J].上海高校图书情报工作研究,2009,(3):25-28.

[44] 夏有根,潘继进,徐一忠.基于LibQUAL的图书馆服务质量评价及实证研究[J].情报理论与实践,2009,(6):32-35,13.

[45] 朱良杰.StatsQUAL主要评价工具对海南省高校图书馆评价的启示[J].现代情报,2010,(2):11-15.

[46] 张敏,谢琳,邵诚敏,谢莹.基于LibQUAL的图书馆服务质量评价与提升——复旦大学图书馆读者满意度调查案例分析[J].上海高校图书情报工作研究,2009,(4):1-5.

[47] 张艳芳.神秘顾客法:突破LibQUAL+本土化制约因素的对策[J].图书情报工作,2010,(9):35-38.

[48] 钱蔚蔚.天津高校图书馆信息服务质量评价实证研究[J].情报杂志,2010,(5):133-136.

[49] 陈爱芳.基于LibQUAL+™的高校电子阅览室服务质量评价探讨[J].科技情报开发与经济,2007,(13):9-11.

[50] 孙静,粟慧.用户感知的服务质量评价模式——以用户为中心的图书馆服务质量评价[J].图书情报工作,2005,(11):105-109.

[51] 夏有根,潘继进,徐一忠.基于LibQUAL的图书馆服务质量评价及实证研究[J].情报理论与实践,2009,(6):32-35,13.

[52] 曹培培.LibQUAL+™服务质量评价方法的思考与改进——以高校图书馆为例[J].图书情报工作,2008,(4):100-103.

[53] 史继红.论LibQual作为图书馆服务质量评价工具的局限性[J].情报科学,2008(3):414-417.

[54] 朱宁.LibQUAL+与我国图书馆评价体系的比较研究[J].情报理论与实践,2008,(5):747-750.

[55] Colleen Cook. The maturation of assessment in academic libraries: the role of LibQUAL+ [2010-05-12]. http://www.emeraldinsight.com/Insight/ViewContentServlet?contentType=NonArticle&Filename=Published/NonArticle/Articles/27903baa.002.html.

[56] Bruce Thompson. Research and Practice: Key Elements of Success for LibQUAL. [2010-05-12]. http://www.libqual.org/documents/admin/BruceGreecePaper.doc.

[57] Sarah M Pritchard. Determining Quality in Academic Libraries. Library Trends, 1996, (3).

[58] ARL. LibQual+™: Charting Library Service Quality. [2011-3-05]. http://www.libqual.org/About/Information/index.cfm.

[59] Parasuraman, A, V A Zeithaml and L L Berry. SERVQUAL: A Multiple-Item Scale for Measureing Consumer Perceptions of Service Quality. journal of Retailing, 1988, (1): 12-40.

[60] 常唯.LibQUAL+™——图书馆服务质量评价方法新进展[J].大学图书馆学报,2003,(4):23-26.

[61] 于良芝,谷松,赵峥.SERVQUAL与图书馆服务质量评价:十年研究述评[J].大学图书馆

学报,2005,(1):51-57.

[62] 吴冬曼,等.网络环境下图书馆服务质量评价方法探析[J].大学图书馆学报,2006,(1):49-52.

[63] Welcome to LibQUAL+™. [EB/OL]. [2010-07-02]. http://www.Libqual.org/.

[64] The Origins/Birth of LibQUAL+. [2007-10-09] http://www.libqual.org/About/Birth/index.cfm.

[65] 2007 LibQUAL+® Survey Highlights [EB/OL]. [2010-07-10]. http://www.LibQUAL.org/documents/admin/LibQUALHighlights2007_SessionI.pdf.

[66] 王秀华,吴冬曼.从 LibQUAL+的变化探寻图书馆服务质量测评的发展方向[J].图书情报工作,2008,(7):67-70.

[67] About LibQUAL+® Lite. [2010-3-7] http://www.libqual.org/about/about_lq/LQ_lite.

[68] Kyrillidou, M. (2009). *Item Sampling in Service Quality Assessment Surveys to Improve Rates and Reduce Respondent Burden: The 'LibQUAL+® Lite' Randomized Control Trial* (*RCT*) (D). [2010-09-18] https://www.ideals.illinois.edu/bitstream/handle/2142/14570/Kyrillidou_Martha.pdf?sequence=3.

[69] 刘峥.图书馆服务评价与 LibQUAL+[J].图书馆建设,2004,(1):45-47.

[70] Colleen Cook, Fred Heath, Bruce Thompson. Users' hierarchical perspectives on library service quality: a "LibQUAL+" study [J]. Library Trends, 2001, 49(4): 549-574.

[71] Developing a National Science Digital Library (NSDL) LibQUAL+™ Protocol: An E-service for Assessing the Library of the 21st Century [EB/OL]. [2007-08]. http://www.libqual.org/Publications/results.cfm.

[72] LibQUAL+™ Spring 2003 Survey Institution Results: University of Texas [EB/OL]. [2007-07-07] http://www.lib.utexas.edu/vprovost/assessment/LibQUAL+/pdf/2003_LibQUAL+_Institution-Results.pdf.

[73] LibQUAL+(TM) Spring 2003 Survey Group Results: ARL. [EB/OL]. [2007-08-15] http://www.LibQUAL.org/documents/admin/ARL_Notebook2003.pdf.

[74] 吴冬曼,等.网络环境下图书馆服务质量评价方法探析[J].大学图书馆学报,2006,(1):49-52.

[75] 常唯.LibQUAL+™——图书馆服务质量评价方法新进展[J].大学图书馆学报,2003,(4):23-26.

[76] The LibQUAL+™ Policies and Procedures Manual [EB/OL]. [2007-06-15]. http://www.LibQUAL.org/documents/admin/procedures_final2007.pdf.

[77] 侯壮.大学图书馆用户满意度调查方法研究及启示[J].四川图书馆学报,2004,(3):30-34.

[78] Colleen Cook, Fred Heath, Bruce Thompson. LibQUAL+: Service Quality Assessment in Research Libraries [J]. IFLA Journal, 2001, (4): 264-267.

[79] 初景利.图书馆服务质量评价新理论[J].大学图书馆学报,1999,(11):3-5.

[80] 吴冬曼,等.网络环境下图书馆服务质量评价方法探析[J].大学图书馆学报,2006,(1):49-52.

[81] 什么是效度分析[EB/OL].[2010-12-10]http://www.360doc.com/content/08/1228/23/50235_2219510.shtml.

后　记

从事图书馆工作20多年，首次主持国家级研究课题，能够争取到这个课题，主要得益于2004年清华大学图书馆所开展的用户满意度调查活动。那是一次团队作业，任务完成后大家意犹未尽，几位同事开始策划申请国家科研课题，我被推举做课题主持人，牵头负责申报课题各项准备工作，很幸运获得批准。

课题获批后，因持续有临时和紧急工作任务在身，课题延迟启动，2007～2009年完成大部分工作，结题报告的撰写和汇总修改拖延到2011年才最后完成。

回想整个研究历程，因课题组成员都是部门主任和业务骨干，工作繁忙，研究工作主要在业余时间进行，研究任务重，处理的数据量巨大，课题组成员为此付出很多心血和汗水，从申请课题到最后完成研究工作，共同经历很多艰辛和曲折。在馆领导和同事、参与调查馆的领导和同行朋友的大力支持和帮助下，课题组成员互相鼓励，默默坚持，终于完成研究任务。

首先感谢课题组馆内成员。

邵敏和郭依群当时分别是参考部正副主任，她们具有扎实的学术功底和严谨的工作风格。凭借在参考部结下的深厚友谊，她们欣然同意参加课题组，分别挑起文献研究和指标设计、数据整理和分析等工作重担。邵敏很勤勉认真，工作力求尽善尽美，各关键环节哪怕一个微小的错误，都逃不过她的法眼；郭依群理论功底厚重扎实，在项目进行各关键阶段，提出很多建议和提醒，默默地关注和支持着课题研究的全过程。

赵熊副馆长当初是清华大学图书馆读者调查工作组组长，之后他继续支持我们申报课题，做课题研究的坚强后盾，负责联络北京地区各馆参与指标设计和读者调查工作。

张喜来中途加入课题组，很快进入角色并成为课题组主力成员，在读者调查技术准备、技术测试、数据回收和整理、调查报告研制等重大进程中，任劳任怨地承担很多繁重的任务。他工作责任心很强，数据回收阶段多次及时发现问题，及时补救，为数据报告研制顺利完成立下汗马功劳。

董丽是主张申报课题的始作俑者。她鼓动大家以2004年读者调查为基础，积极发表文章，为申报课题做准备，为课题成功获批奠定了基础。在课题研究工作中，主要负责为课题组提供技术支持，包括安排和指导助博参与课题。周虹为解决课题组在攻关阶段的难题做了很大贡献，尤其在研制数据报告之时，解决了如何制作“蜡烛图”的难题。

课题组工作最紧张的时候，为了抢时间，开会都安排在中午，叫外卖解决午饭问题。2008 年下半年在联合调查数据回收和研制数据报告阶段，课题组几位主要成员连续苦战 3 个月，白天照常工作，晚上做项目，经常熬到下半夜，一鼓作气完成 19 所图书馆联合调查工作。

感谢课题组馆外成员：卢海燕和张冬荣，她们分别是国家图书馆、中国科学院国家科学图书馆的同行专家。她们加入课题组，加强了课题组的研究力量。在不同类型图书馆指标设计、组织公共馆和专业馆调查等方面做了大量工作，为课题研究范围扩展到大学以外的研究型图书馆提供了十分宝贵的支持。李玲在课题组联合调查数据分析工作的节骨眼上加入，在百忙之中抽出宝贵时间讲授 SPSS 软件使用方法和要领并参与工作讨论，使我们顺利完成了各馆调查报告的研制和撰写。王秀华当时是国家科学图书馆在读硕士，她协调同学叶兰和李忠霞，承担搜集整理和翻译大量国外相关文献的任务，并发表研究成果，为课题顺利完成提供了很大帮助。

还要特别感谢清华大学图书馆领导和同事、兄弟馆领导和同行等给予我们的大力支持。

课题组需要动员一定数量的图书馆参与指标设计和联合调查，如何动员是个很大的难题。薛芳渝馆长（时任）提议并支持我们在 2008 年工科院校馆长联席会上作项目介绍，成功动员一批 985 院校图书馆参与调查，使调查的地域覆盖面遍及全国。

感谢杨林畅同学为读者调查做技术开发和支持工作。在课题组进行指标设计、网络调查压力测试的时候，参考部等多部门馆员积极协助进行压力测试，反馈修改意见，还有清华学生们（常宝军等）为指标设计提出很多有价值的修改意见。

组织共 19 家图书馆做读者满意度联合调查工作难度和工作量很大，紧急时刻人手不够，我们多方寻求帮助和支持：魏成光在韩国留学期间，给我们很多提醒和指导；于宁做清华大学图书馆读者调查数据整理；我们甚至动员课题组成员家属参与试做问卷，借助家属的学生关系征求修改意见等等。

薛芳渝馆长、朱强馆长、代根兴馆长（社长）、杨沛超馆长、初景利教授等多位馆长和专家为指标设计提供修改意见。代根兴馆长（社长）还参加了一次课题组会议，为策划联合调查贡献了很多关键意见和参考资料。

很感谢众多同行馆领导和同行为顺利实施联合调查实验付出很多辛苦，参加联合调查的图书馆有：北京航空航天大学图书馆、同济大学图书馆、华中科技大学图书馆、东北大学图书馆、厦门大学图书馆、电子科技大学图书馆、天津大学图书馆、清华大学图书馆、大连理工大学图书馆、北京师范大学图书馆、北京交通大学图书馆、北京工业大学图书馆、北京科技大学图书馆、西安交通大学图书馆、国家图书馆、浙江省图书馆、辽宁省图书馆、中国科学院文献情报中心、中国社会科学院文献信息中心、中国农业科学院图书馆。在指标设计阶段,北京地区部分图书馆参与用户开放调查:清华大学图书馆、国家图书馆、中国科学院国家科学图书馆、北京交通大学图书馆、北京航空航天大学图书馆、北京师范大学图书馆、中国政法大学图书馆、北京科技大学图书馆、北京工业大学图书馆、北京化工大学图书馆、北京石油化工学院图书馆等。

感谢我的大学老师、老系主任单行先生。他老人家很关注我的工作进展,给我很多热情的鼓励。可惜他老人家于 2010 年 2 月猝然病逝于加拿大,过早离开了我们。

研究项目即将完成之时,我很怀念我的同事解春伟。项目启动之初,解春伟经大家一致推荐,来到课题组做秘书,她为课题组筹办会议、搜集研究资料等做了许多工作,不幸的是,2008 年 12 月她因患病离世。

特别感谢我的先生初景利,他一直关心和支持研究项目的进展,对研究提出很多指导建议。很愧疚的是,在研究项目的攻关阶段,因为时间紧张忽略很多对他的关心照顾。也感谢我的儿子初征,当时他还在高中读书,很体谅我的忙碌,支持我全力做课题。

回顾整个研究历程,不禁让人感慨万千,做这个课题对我来说是一段宝贵的人生经历,更是一个难得的机会,结识许多我所敬佩的各位专家、领导、同事和同行朋友,一起合作。课题总有结题的时候,但我们的友谊天长地久!

最后,特别要感谢恩师——中国社科院图书馆馆长杨沛超欣然应允作序。

吴冬曼

2011 年 8 月 14 日于北京